安徽省高水平高职教材
高职经管类精品教材

统计学基础与应用

（第2版）

主　编　王稼才

副主编　马正奇　曹永年　钱　锦

编写人员（以姓氏笔画为序）

　　　　马正奇　王晓庆　王稼才
　　　　尹　莺　吕　英　李梦莹
　　　　汪　星　倪银珠　钱　锦
　　　　高荣明　曹永年

中国科学技术大学出版社

内 容 简 介

本书按照《国家中长期教育改革和发展规划纲要》，根据高职高专教育的培养目标和要求编写。全书共9章，分别是总论、统计调查、统计整理、综合指标、动态数列分析、抽样推断法、指数分析法、相关与回归分析法、统计技能实训。

本书在注重教学内容先进性、实用性和可操作性的同时，力求体现统计知识的完整性和系统性，注重理论联系实际，通过案例、习题和技能实训来强化和提高学生的技能。

本书可作为高职高专院校经济管理类专业的基础课教材，也可作为从事经济管理工作的人员的参考读物。

图书在版编目(CIP)数据

统计学基础与应用/王稼才主编. —2版. —合肥：中国科学技术大学出版社，2023.1
ISBN 978-7-312-05457-0

Ⅰ.统… Ⅱ.王… Ⅲ.统计学—高等职业教育—教材 Ⅳ.C8

中国版本图书馆 CIP 数据核字(2022)第 107917 号

统计学基础与应用
TONGJIXUE JICHU YU YINGYONG

出版	中国科学技术大学出版社 安徽省合肥市金寨路 96 号，230026 http://press.ustc.edu.cn https://zgkxjsdxcbs.tmall.com
印刷	合肥皖科印务有限公司
发行	中国科学技术大学出版社
开本	787 mm×1092 mm 1/16
印张	19
字数	436 千
版次	2013 年 2 月第 1 版 2023 年 1 月第 2 版
印次	2023 年 1 月第 5 次印刷
定价	46.00 元

前　言

统计学是高职高专院校经济管理类各专业的重要专业基础课程。随着我国市场经济体系的发展和完善，统计信息日趋丰富，统计作用日益增强，统计素质和统计知识已成为从事社会经济管理和科学研究工作所必需具备的。特别是大数据时代来临，在数据经济浪潮中，统计作用日益凸显，统计学教学面临新环境和新问题，统计学教材的适时更新与不断完善势在必行。

本书以适应理论教学改革的需要为出发点，努力贴近教学实际，突出应用能力培养，强化实践教学环节，把握理论与实践并重的原则，形成如下特色：

1. 顺应时代发展要求。大数据时代给统计学带来了新的机遇，熟练掌握统计方法对数据分析处理尤为重要，能极大地提高数据处理的效率。

2. 以"必须、够用"为原则精选教材内容。教材以统计数据搜集、整理与分析为主线，合理精选教材内容，突出了教材内容的应用性和实践性。

3. 以模块化方式组合教学内容。全书共分9章，第1~3章介绍了统计学的基本概念和统计数据搜集、整理的理论方法；第4~8章介绍了常用统计分析方法的基本内容；第9章介绍了统计实验实训的操作方法，着重强化了实践性和应用性。

4. 将课程思政和人文知识融入教材体系。在介绍统计学基本理论、基本知识和基本方法的同时，对统计人文思想和课程思政进行了灵活的展示和渗透。

5. 理论与实践紧密结合，强化实训环节。本书对重要的统计方法，配有实例进行阐述，结合 Excel 在统计中的应用，配合数据实例演示，注重学做结合，突出了统计技能和统计方法的应用性。

本书初版自2013年出版以来，受到了广大读者和学生的欢迎，多次重印，并被多所高职院校作为教材使用。本次修订在保留第一版教材的基本框架和内容体系的基础上，对各章体例进行了调整，适时更新了数据和案例，将最新的统计数据引入教材，在教学资料等内容的时效性方面进行了更新和充实。

本书为安徽省高水平高职教材(2018yljc196),由王稼才教授担任主编,马正奇、曹永年、钱锦担任副主编。本书的编写工作分配如下:合肥职业技术学院王稼才编写第一章、第四章;合肥职业技术学院马正奇编写第二章、第三章;宿州职业技术学院王晓庆编写第五章;安徽城市管理职业学院李梦莹编写第六章、第八章;安徽城市管理职业学院钱锦编写第七章;合肥职业技术学院曹永年编写第九章。合肥职业技术学院高荣明、尹莺、倪银珠、吕英收集和整理了部分资料,本书由王稼才拟定大纲,设计框架,并对全书总纂、修改和定稿。

在本书修订过程中,我们参考和借鉴了国内同行的有关论著、教材及研究成果,利用了统计部门的有关统计资料。修订过程中也得到了兄弟院校有关领导和专家同行的大力支持,在此一并致谢。

由于编写时间仓促,统计课程本身也在改革和发展中,书中难免有错漏之处,敬请专家、读者批评指正。

编 者

2022 年 6 月

目　录

前言 ··· （ⅰ）

第一章　总论 ·· （001）
　知识目标 ··· （001）
　技能目标 ··· （001）
　内容概要 ··· （002）
　关键术语 ··· （002）
　引例 ··· （002）
　第一节　统计学概述 ··· （002）
　第二节　统计的任务与工作过程 ·· （006）
　第三节　统计学中常用的基本概念 ·· （009）
　本章小结 ··· （012）
　思考与练习 ··· （013）
　技能训练 ··· （013）

第二章　统计调查 ··· （018）
　知识目标 ··· （018）
　技能目标 ··· （018）
　内容概要 ··· （018）
　关键术语 ··· （019）
　引例 ··· （019）
　第一节　统计调查的意义与种类 ·· （019）
　第二节　统计调查方案 ··· （023）
　第三节　统计调查方法 ··· （029）
　本章小结 ··· （047）
　思考与练习 ··· （047）
　技能训练 ··· （047）

第三章　统计整理 ··· （052）
　知识目标 ··· （052）
　技能目标 ··· （052）
　内容概要 ··· （052）

  关键术语 ·· (053)

  引例 ·· (053)

  第一节 统计整理的意义和步骤 ·· (054)

  第二节 统计分组 ·· (056)

  第三节 统计分布 ·· (061)

  第四节 统计资料显示方法 ··· (069)

  本章小结 ·· (075)

  思考与练习 ·· (076)

  技能训练 ·· (076)

第四章 综合指标 ··· (083)

  知识目标 ·· (083)

  技能目标 ·· (083)

  内容概要 ·· (084)

  关键术语 ·· (084)

  引例 ·· (084)

  第一节 总量指标 ·· (085)

  第二节 相对指标 ·· (089)

  第三节 平均指标 ·· (099)

  第四节 标志变异指标 ··· (115)

  本章小结 ·· (121)

  思考与练习 ·· (122)

  技能训练 ·· (122)

第五章 动态数列分析 ·· (130)

  知识目标 ·· (130)

  技能目标 ·· (130)

  内容概要 ·· (130)

  关键术语 ·· (131)

  引例 ·· (131)

  第一节 动态数列概述 ··· (131)

  第二节 动态数列的水平指标 ··· (135)

  第三节 动态数列的速度指标 ··· (144)

  第四节 现象长期趋势变动和季节变动的分析 ································ (151)

  本章小结 ·· (163)

  思考与练习 ·· (163)

  技能训练 ·· (163)

第六章　抽样推断法 (169)

- 知识目标 (169)
- 技能目标 (169)
- 内容概要 (169)
- 关键术语 (170)
- 引例 (170)
- 第一节　抽样推断法概述 (170)
- 第二节　抽样误差计算与分析 (178)
- 第三节　抽样估计方法 (184)
- 第四节　抽样组织形式 (192)
- 本章小结 (194)
- 思考与练习 (195)
- 技能训练 (195)

第七章　指数分析法 (200)

- 知识目标 (200)
- 技能目标 (200)
- 内容概要 (201)
- 关键术语 (201)
- 引例 (201)
- 第一节　统计指数概述 (202)
- 第二节　统计指数编制方法 (204)
- 第三节　指数体系与因素分析方法 (211)
- 本章小结 (222)
- 思考与练习 (222)
- 技能训练 (223)

第八章　相关与回归分析法 (228)

- 知识目标 (228)
- 技能目标 (228)
- 内容概要 (228)
- 关键术语 (229)
- 引例 (229)
- 第一节　相关分析法 (229)
- 第二节　回归分析法 (235)
- 本章小结 (239)
- 思考与练习 (240)

技能训练 …………………………………………………………………………（240）

第九章　统计技能实训 ………………………………………………………………（244）
　　实训任务一　拟定统计调查方案 ……………………………………………………（244）
　　实训任务二　运用 Excel 进行数据整理 ……………………………………………（246）
　　实训任务三　统计整理和分析（绘制统计表和统计图）……………………………（253）
　　实训任务四　统计整理方法应用 ……………………………………………………（258）
　　实训任务五　用 Excel 计算描述统计量 ……………………………………………（265）
　　实训任务六　用 Excel 进行动态数列分析 …………………………………………（269）
　　实训任务七　用 Excel 指数计算并进行因素分析 …………………………………（273）
　　实训任务八　用 Excel 建立回归方程并计算 ………………………………………（276）
　　实训任务九　进行抽样估计 …………………………………………………………（283）

附表 ……………………………………………………………………………………（285）
　　附表一　标准正态分布表 ……………………………………………………………（285）
　　附表二　正态分布概率表 ……………………………………………………………（287）
　　附表三　累计法速度查对表（摘选）…………………………………………………（290）

参考文献 ………………………………………………………………………………（294）

总　论

通过本章的学习，从总体上对统计学有基本的认识，对其基本内容有所了解；初步认识统计的含义；理解统计的研究对象、任务、特点、方法和职能；熟练掌握统计学中的一些基本概念及其相互关系。

技能目标

通过对统计学基本概念和范畴的学习和理解，认识统计、了解统计并初步掌握与统计相关的基本知识；对统计总体及其相关概念能够作出准确判断；能识别统计的含义及相互关系；能结合具体统计任务区分统计的不同职能，以及统计学中几个基本概念间的区别和联系。

本章是全书的总纲,是学习其他章节的基础。本章主要介绍:统计的含义、统计的产生和发展、统计学的研究对象及特点;统计工作和统计研究的基本方法、统计工作的任务和政府统计的基本职能;统计学中常用的基本概念及其相互关系等。

统计学　总体　标志　指标　统计工作　统计职能

2021年11月,国家统计局发布商品住宅销售价格变动情况,70个大中城市商品住宅销售价格环比延续下降态势,同比涨幅持续回落。

据测算,11月,一线城市新建商品住宅和二手住宅销售价格同比分别上涨4.8%和5.8%,涨幅比上月分别回落0.2和0.9个百分点。二线城市新建商品住宅和二手住宅销售价格同比分别上涨3.3%和2.0%,涨幅比上月分别回落0.4和0.5个百分点。三线城市新建商品住宅和二手住宅销售价格同比分别上涨1.4%和0.5%,涨幅比上月分别回落0.4和0.5个百分点。

如何看待这些数据及其变化,让我们通过分析统计的研究对象来认识这个问题。

第一节　统计学概述

一、统计的含义

"统计"一词有三种含义:统计工作、统计资料和统计学。

统计工作,是运用科学的统计方法,按照预先确定的任务和要求,对事物的数量进行收集、整理和分析这一工作过程的总称。一个完整的统计工作包含了统计设计、统计调查、统计整理和统计分析等阶段。参加统计实践的工作人员被称为统计工作者。领导、组织并从事统计工作的部门被称为统计机构或统计部门。

统计资料，是对在统计工作过程中取得的各项数字资料及与之相联系的文字分析资料的总称。统计资料一般都反映在统计手册、统计汇编、统计年鉴及统计公报中。这些统计数字和统计分析资料是分析、研究社会经济问题不可缺少的重要依据。

统计学也称统计理论，它是将统计实践工作中的方法经验总结、概括、提炼出来，根据统计研究对象，系统地论述统计理论和方法的科学。

上述三个方面之间存在着密切的联系：统计资料是统计工作的重要成果，统计学产生于统计实践，又指导统计实践的进行，为统计工作提供科学依据。三者是一个密不可分的整体。

本书介绍的统计学基础仅研究社会经济现象。它主要阐述的是社会经济统计的基本原理、原则和方法。

二、统计的产生与发展

（一）统计实践的产生与发展

统计的起源很早，其实践活动已经存在了几千年，它是随着社会生产力的发展，为适应国家的管理需要和社会政治经济的发展需要而产生和发展起来的。

我国早在原始社会时期就有结绳记事、绘图记事等计量方法。郑玄的《周易注》中记载："事大，大结其绳；事小，小结其绳。结之多少，随物众寡。"原始社会尚无文字，结绳记事和绘图记事等应为我国统计的萌芽。相传在4 000多年前的夏朝，统治者为治理国家，已开始进行国情统计，把全国分为九州，人口1 355万人。这说明当时我国已有人口和土地统计。

封建社会的社会经济统计实践已初具规模。秦统一六国后，为了国防和财政的需要，进行了户口、土地、物产和赋税统计。1906年，清政府设立了统计局，作为全国的最高统计机关。这说明我国在封建社会末期已正式设立统计机构，进行关于国情、国力的统计。当然，由于封建社会的生产力水平较低，商品经济不发达，统计只在有限范围内对国情、国力进行一些简单的登记和计算，发展缓慢。

在资本主义国家，由于社会生产力和商品经济的高度发展，国内外竞争日趋激烈，为适应竞争和扩张、了解国内外经济情报，欧洲各国相继设立统计机构，建立人口、工业、农业普查制度，并先后成立了统计学会。

我国的社会主义制度为统计的充分发展提供了必要条件。我国统计工作经历了三个时期的发展。第一个时期为1949～1966年，这是新中国统计工作建立、健全和发展的时期。第二个时期为1967～1977年，统计工作遭受了严重破坏。第三个时期是统计工作恢复和重新发展的时期。特别是党的十一届三中全会以后，统计工作和统计理论研究得到了迅速恢复和发展:全面恢复了统计机构,调整了统计指标,制定了《中华人民共和国统计法》(以下简称《统计法》),装备了一大批电子计算机等先进设备,广泛开展了统计工作和统计理论的国际交流。1996年5月15日修正的《统计法》的颁布施行,标志着我国统计法治建设取得了突破性进展。

(二) 统计学的产生与发展

随着统计实践活动的产生和发展,人们对统计实践经验不断地进行科学总结和理论概括,进而形成了指导统计实践的统计科学。统计科学的发展史与各种不同学派的发展紧密相关。

1. 政治算术学派

政治算术学派(有实无名的统计学派)是17世纪中叶在英国兴起的统计学派,其创始人是英国皇家学会副会长威廉·配第(William Petty),其名称来自配第1671年编写、1690年出版的《政治算术》一书的书名,书中采用数量对比分析的实证方法来表达思想和观点,为统计学的创立奠定了方法论基础。马克思在《资本论》第一卷中对配第的评价是:"威廉·配第是政治经济学之父,在某种意义上也可以说是统计学的创始人(政府统计创始人)。"

政治算术学派的另一著名代表人物是英国人约翰·格朗特(John Craunt),他在1662年出版了《关于死亡表的自然观察与政治观察》一书。通过大量观察的方法,他研究并发现了人口与社会现象中重要的数量规律,如新生儿的男女性别比例为107:100、男性在各年龄组的死亡率均高于女性、新生儿和大城市的人口死亡率较高等,因此他被称为"人口统计的创始人"。

政治算术学派的特点:研究目的在于揭示以数量表现的社会经济现象的规律性,为制定政策提供依据;研究对象是社会经济现象,包括人口、资本、土地、军事等;研究方法采用以数字、重量、尺度为基础的方法,对社会经济现象进行比较和推算。配第首创的数量对比分析方法为统计学的创立奠定了方法论基础。

2. 国势学派

国势学派,又称记述学派或德国大学统计学派。它是17世纪中叶在德国兴起的统计学派,其创始人是德国赫姆斯特大学教授海尔曼·康令(Hermann Conring)。康令在大学开设了一门新课程——"国势学",其研究内容是国家显著事项,向统治者提供治国之术,主要继承人是德国哥廷根大学教授哥特弗里德·阿亨华尔(Gottfried Achenwall)。阿亨华尔继承和发展了康令的思想,认为国势学就是研究国家显著事项的学问,他在《近代欧洲各国国势学纲要》一书中首次将"国势学"改名为"Statistik"(即统计学),后该德语词汇被英译为"Statistics",并沿用至今。

国势学派对统计学的产生和发展的影响主要体现在其名称和研究对象上。这一学派的主要特点:研究目的在于为从政者提供管理国家的必要知识,探索国家盛衰的因果关系;研究对象是有关国家富强的重大事项,包括地理、政治、经济、法律等;研究方法是对各国情况进行比较,以文字记述为主。阿亨华尔在其著作中首先提出了"统计学",统一了统计学的名称,这是该学派的主要贡献。后人称该学派为有名无实的统计学派。

3. 数理统计学派

数理统计学派产生于19世纪中叶,该学派的奠基人是比利时科学家阿道夫·凯特勒(Adolphe Quetelet)。凯特勒将概率论正式引入统计学,用大数定律研究现象的数量规律性,提出了误差理论,丰富了统计方法体系,把统计方法发展成为既可应用于自然现象,也可应用于社会现象的通用方法,使统计学产生了质的飞跃,为近代统计学奠定了基础。

数理统计学以概率论为基础,以抽样为核心,研究随机变量(不确定的变量)的数量规律,是具有普遍性的纯方法论科学。

4. 社会统计学派

社会统计学派也是统计学历史上比较有影响的学派,其主要代表人物是德国学者恩格尔(Engel)等。该学派的特点:研究目的在于查明社会生活中的规律性;研究对象是社会整体,包括政治、经济、道德、文化等;研究方法是大量观察法,并强调全面调查。

这些统计学派构成了现代统计学历史的主体,其不同观点中的科学内容构成了现代统计学的基础。现代统计学正是对上述统计学派的观点进行归纳、提炼和总结的结果,是它们的精华部分。

我国统计学的发展和应用大致可分为4个阶段。新中国成立前,沿用英美的数理统计理论及方法;20世纪50~60年代,沿用苏联、东欧社会主义国家的社会经济统计理论(主要为规律派);70~80年代,应用社会经济统计理论(主要为方法论派);90年代以后,随着市场经济体制的形成和完善,统计学在社会科学分类中上升为一级学科,自然科学统计理论与社会科学统计理论得到融合,形成了"大统计"的概念。

三、统计学的研究对象及特点

统计学是研究如何收集统计资料、进行统计整理和统计分析的一门方法论的社会科学。其研究对象是社会经济现象和自然现象总体的数量表现、数量特征和数量规律等。因此,统计学具有如下特点:

(1) 数量性。统计学研究的是社会经济现象的数量方面,而不是其质的方面,具有数量性的特点。

(2) 综合性。统计学研究的是大量社会经济现象的综合数量方面,而不是个别社会经济现象的数量方面,具有综合性的特点。

(3) 具体性。统计学研究的是具体事物的数量方面,即研究社会现象在一定时间、地点、条件下的数量表现,而不研究抽象的数量,具有具体性的特点。

四、统计的性质

（一）统计学是一门方法论科学

统计学运用统计所特有的方法对大量社会现象的数量方面进行计算与分析，是一门方法论的学科。

（二）统计是认识社会的一种武器

统计是一种调查研究方法。认识来源于实践，正确认识是实践对客观世界的正确反映。通过对现象数量变化的分析，从数量了解情况，达到认识事物的目的，这是一种科学的认识方法。

（三）统计是管理国家、组织生产的一种重要工具

加强统计工作，提供充分可靠的反映社会经济发展变化过程及整体情况的统计信息，是各级政府和企事业单位制定政策、规划和进行决策的重要依据，是加强国家管理、加快经济建设的基础工作。

第二节 统计的任务与工作过程

一、统计的任务

1996年5月15日，第八届全国人民代表大会常务委员会第十九次会议审议通过了《关于修改〈中华人民共和国统计法〉的决定》，就统计的职能和基本任务以法律的形式作出明确规定，修订后的《统计法》第二条规定："统计的基本任务是对国民经济和社会发展情况进行统计调查、统计分析，提供统计资料和咨询意见，实行统计监督。"

由此可见，统计的基本任务主要包括两个方面：一方面是以国民经济和社会发展为统计调查对象，在对其数量方面进行科学的统计分析基础上，为党政领导制定政策、各部门编制计划、指导经济和社会发展及进行科学管理提供信息和咨询服务；另一方面则是对国民经济和社会的运行状态、国家政策、计划的执行情况等进行统计监督。

二、统计的职能

统计部门作为国家管理系统的重要组成部分，国家统计局表述了政府统计的三大职能：

统计信息职能、统计咨询职能和统计监督职能。

（一）统计信息职能

统计信息职能是指统计部门根据统计方法制度，系统地收集、整理、分析、存储和传递以数量描述为特征的社会经济信息的一种服务职能。未来社会是信息社会。统计信息是社会经济信息的主体，是监测国民经济和社会运行的一把尺子，是党和政府进行宏观管理、决策的根本依据。党和政府在进行宏观经济决策和调控时经常碰到以下三个问题：一是当前的国民经济和社会运行处于什么状态？二是国民经济和社会运行是否正常？如果不正常，则如何进行调控？三是宏观调控措施出台之后的效果如何？其正确回答与解决离不开统计所提供的信息服务。

统计信息也是企业转换经营机制不可或缺的重要依据。随着经营机制的转换和市场体系的发育，企业生产经营活动将主要取决于市场的需求，及时准确地掌握市场需求信息，了解市场的走向与变化态势，科学地组织生产经营活动，显得尤为重要。然而，由于市场的广阔与千变万化，仅靠企业自身的力量是难以把握与驾驭的。而统计部门则具有不可替代的优势，它能广泛收集商品、资金、劳动、技术等众多市场的有用信息，为企业经营决策提供优质的信息服务。

（二）统计咨询职能

统计咨询职能是统计部门利用已掌握的丰富的统计信息资源，运用科学的分析方法和先进的技术手段，深入开展综合分析和专题研究，为科学决策和管理提供各种可供选择的咨询建议和对策方案的一种服务职能。

当前，各级统计部门参与党政领导决策，定期向人民代表大会汇报经济形势，参与制定国民经济和社会发展规划，已成为国家重要的咨询机构之一。

（三）统计监督职能

统计监督职能是根据统计调查和分析，及时、准确地从总体上反映经济、社会的运行状况，并对其实行全面和系统的定量检查、监测和预警，以促进国民经济按照客观规律的要求，持续、快速、健康地发展，并提供统计支持的一项服务职能。

统计监督是更高层次上的一种社会服务，它服务于党的基本路线和社会主义建设事业的总方针，并起到保证国民经济和社会发展不偏离正常轨道的监督职能作用。

统计的三种职能相辅相成、缺一不可。采集和提供统计信息是统计最基本的职能，是统计咨询职能和监督职能能够得以发挥的前提；统计咨询职能是统计信息职能的延续和深化；统计监督职能是在统计信息和统计咨询职能基础上的进一步拓展和保障。

三、统计的工作过程

对社会经济现象的研究过程，也是对社会经济现象的认识过程。这种认识过程和其他认识活动一样，是一个深化的、无止境的过程。但就一次统计活动来讲，一个完整的统计工作过程一般可分为统计设计、统计调查、统计整理和统计分析四个阶段。

（一）统计设计

统计设计是根据统计的任务、目的及被研究对象的性质特点，对统计工作各方面、各环节进行通盘考虑和安排。它是统计研究或统计工作的第一阶段。

统计设计的工作成果是统计工作方案，如统计指标体系、统计分类目录、统计调查方案、统计整理方案、统计资料保管和提供等一系列统计方法制度，它们是统计工作的依据。

（二）统计调查

统计调查是指按照预定的研究目的和任务，采用科学的方式和方法，对某一社会经济现象进行有组织、有计划地收集统计资料的过程。它是定量认识的起点，也是进一步进行统计资料整理和分析的基础环节。

（三）统计整理

统计资料整理是指根据统计研究目的，将统计调查所收集的原始资料进行科学分类、汇总，使之系统化、条理化，为统计分析提供能描述现象总体数量综合特征资料的工作过程。它是统计研究的中间环节。

（四）统计分析

统计分析是指对经过加工整理的统计资料进行分析研究，采用各种统计分析方法，计算各种统计分析指标，揭示社会经济现象的发展趋势和比例关系，阐明社会经济现象和过程的特征和规律性，并根据分析研究结果作出科学的判断和结论。这属于认识的理性阶段，是统计研究的决定性环节。

四、统计工作的方法

在统计工作过程的各个阶段，统计运用各种专业方法对社会经济现象进行分析和研究。其中最基本的研究方法有大量观察法、统计分组法、综合指标法、归纳推断法和统计模型法等。

（一）大量观察法

大量观察法是指在统计研究社会经济现象时，要反映社会经济现象的数量特征，必须从总体上进行观察，对总体中的全部单位或足够多的单位进行调查的方法。这是由社会经济现象的复杂性所决定的，各单位的数量特征有很大差别，必须从总体出发，收集大量调查单位的材料，才能从中认识社会经济现象的规律性。大量观察法是社会经济统计学的基本观察方法。

统计研究以大量观察为基础,首先对大量现象的数量进行调查,继而展开整理和分析。

(二)统计分组法

统计分组法是指在定性分析的基础上,按照某种标志将社会经济现象总体区分为类型不同或性质不同的组并加以整理、分析的一种统计方法。社会经济现象总体是由具有某种同质性的许多单位组成的群体,但因为在不同总体范围内的单位之间具有一定的差别,所以有必要进行统计分组,以区分社会经济现象的不同类型和形态。统计分组法是统计研究的基本方法之一。

(三)综合指标法

综合指标法是指利用所占有的经过整理的大量观察资料计算各种综合指标,以反映社会经济现象总体数量特征的方法。利用综合指标法可以研究总体的规模、相对水平、平均水平和差异程度等。

综合指标是指综合反映社会经济现象总体数量特征和数量关系的指标。常用的综合指标有总量指标、相对指标和平均指标等。

(四)归纳推断法

归纳推断法是指对所获得的大量观察资料,通过观察各单位的特征来归纳推断总体特征的方法。这是从个别到一般、由具体事实到抽象概括的推理方法。归纳推断法可以用于估计总体数量特征,也可以对总体的某些假设进行检验,在统计研究中有广泛的用途,是现代统计学的基本方法。

(五)统计模型法

统计模型法是指以实际数据为依据,分析经济变量间的关系,建立数量模型,对经济现象加以模拟的一种研究方法。

第三节 统计学中常用的基本概念

一、统计总体与总体单位

统计总体是指客观存在的、在同一性质基础上结合起来的许多个别事物或个别单位的整体,一般简称总体。构成统计总体的个别事物称作总体单位。例如,进行全校学生的身体健康检查,则全校所有的学生就构成了一个统计总体。首先,它是客观存在的;其次,该总体中每一个学生都具有相同的性质,即均为该校学生;再次,全校学生是一个整体,而不是一个个体,构成该总体的每一个学生即为总体单位。

各总体单位在某一点上的同质性(共同性)是形成统计总体的一个必要条件,同时也是总体的一个重要特征。例如,上例中该校的每个学生之间是存在诸多不同点的,但在为该校学生这一特点上都是相同的,即具有相同性质。

一个统计总体所包含的总体单位数有时是无法计量的,如宇宙中星球的个数,即为无限总体;有时是可以计量的,如一个国家或地区的人口总数,即为有限总体。社会经济现象一般都是有限总体。

统计研究的目的和任务不同,构成统计总体的总体单位也不尽相同。总体单位可以是人,如一个学生;可以是物,如一本书;可以是企事业单位,如一家企业;也可以是一个事件;等等。

统计总体和总体单位的确定是由统计研究的目的和任务决定的,因此总体和总体单位不是一成不变的。当统计研究的目的和任务发生变化时,统计总体和总体单位必将随之发生变化,甚至可能会出现二者的换位。

把统计总体、总体单位联系起来,可以概括出统计总体的三个基本特征:

(1) 同质性,是指根据一定的研究目的,总体单位在某一标志上的性质相同。它表明构成总体的所有单位都必须具有某一方面的共同性质,它是确定总体范围的依据。

(2) 变异性,又称差异性,是指总体各单位在某些标志上具有完全相同的性质,但在另一些标志上又有其不一致性。差异性的存在形成了统计分析研究的基础。

(3) 大量性,是指形成一个统计总体必须要有足够多的总体单位数。只有满足大量性的要求,才能真实地反映现象总体的特征及其发展变化的规律。

二、标志与变量

标志是说明总体单位属性或数量特征的名称,如学生的身高、体重、性别、成绩等,企业的收入、规模、经济性质等。总体单位是标志的直接承担者。统计研究往往从登记标志开始,进而去反映总体的数量特征,因此单位标志的设计成为统计研究的起点。

标志除有名称外,还有其具体表现。标志表现是指标志的具体表现,是标志所反映的总体单位质或量的特征的具体内容,如某学生的成绩是 90 分、性别为男性,某单位的经济性质是国有企业等。

标志按其具体表现的不同可分为品质标志和数量标志。品质标志是说明总体单位的属性特征的名称,一般只能用文字表现,如人口的性别、民族、文化程度,企业的经济类型、规模等。数量标志则是用来说明总体单位的数量特征的名称,一般只能用数值表现,如人的年龄、学生的成绩、企业的产量和增加值等。数量标志的标志表现又称标志值或变量值,如某学生的年龄为 18 岁、某学科的学习成绩是 85 分、某企业年利润总额为 500 万元等。

标志按其标志表现在总体各单位是否相同,可分为不变标志和可变标志。不变标志是指总体中各总体单位在某个标志的具体表现上都相同。例如,调查某企业的女职工情况时,该企业所有女职工是总体,每一位女职工都是总体单位,职工的"性别""工作单位"就是不变标志。不变标志即为总体各单位同质性的标志,同时也确定了总体的空间范围。可变标志是指总体各单位在某一标志的具体表现上不尽相同,如学生的学习成绩、企业的利润额等。可变标志即为总体各单位差异性的标志,可变标志的存在是统计分析研究的前提条件。

统计研究对象中普遍存在着差别,这种差别就是变异。变异的存在是统计研究的前提条件,没有变异就用不着统计了。

可变的数量标志和统计指标名称叫作变量,其具体表现称为变量值。变量按其变量值是否连续,分为离散型变量和连续型变量。离散型变量,是指可以按一定顺序一一列举其整数变量值,且两个相邻整数变量值之间不可能存在其他数值的变量,如企业数、设备数、学生人数等。连续型变量,是指其变量值不能一一列举,任何相邻整数变量值之间存在无限多个变量值的变量,如职工的月工资额、工龄,设备利用率等。

三、统计指标和指标体系

统计指标简称指标,它是用来综合说明现象总体数量特征的科学范畴和具体数值。一个完整的统计指标一般应包括指标名称、指标数值、空间范围、时间条件、计量单位和计算方法等构成要素。在统计设计阶段,统计指标指的是说明总体现象的数量特征的名称。如"国内生产总值",它不含数值,只有名称,因为其指标数值尚待统计。在统计整理和分析阶段,统计指标应包括完整的统计指标。例如,"截至2020年11月1日零时,全国总人口为1 443 497 378人"就是一个完整的统计指标。

统计指标按其作用和表现形式不同,可分为总量指标、相对指标和平均指标。总量指标是反映社会经济现象总体在一定时间、地点和条件下所达到的总规模、总水平或工作总量的综合指标,一般用绝对数表示,如工资总额、总人口数、利润总额、固定资产原值等。相对指标是反映社会经济现象总体相对水平、工作质量,现象间数量联系程度、数量对比关系的综合指标,用来表明现象的结构、比例、速度、强度和计划完成程度等,一般用相对数表示,如劳动生产率、人口密度、人均GDP等。平均指标则是反映社会经济现象总体各单位某一数量标志值的一般水平的综合指标,用来表明总体标志值分布的集中趋势,一般用平均数表示,如平均成绩、单价、单位成本等。

统计指标按其所反映总体现象的数量特征的性质不同,又可分为数量指标和质量指标。数量指标是反映现象总体在一定时间地点和条件下的规模、水平和工作总量的综合指标,包括总体标志总量和总体单位总量,如国内生产总值、销售总额、职工总数等。质量指标是反映总体相对水平、工作质量,现象间数量联系程度和数量对比关系,以及总体一般水平的统计指标,如人均国内生产总值、销售利润率、产值利税率、恩格尔系数、平均工资、产品单位成本等。

统计指标和统计标志是既有联系又有区别的两个重要的统计范畴。指标和标志的区别主要表现在：指标用于说明现象统计总体综合数量特征，而标志则用于说明总体单位属性或数量特征；指标都能用数量来反映，而标志中只有数量标志能用数量来说明；标志无综合性特点，而指标是在对总体各单位标志值进行综合后得到的，具有综合性特点。同时，指标和标志又存在着联系：标志是指标的基础，大多数指标值是由数量标志值汇总而来的；指标和标志的确定也不是一成不变的，当总体和总体单位随研究目的发生变化时，指标和标志也必然随之发生相应的变化，甚至是二者位置的互换。

因为某一单个指标只能反映总体某一个特定的数量特征，所以采用某一个指标来说明现象总体的数量特征，有着明显的局限性。为了较为全面、深入地认识总体现象的特征，需要将一系列有联系的统计指标有机地结合起来进行分析研究。由一系列相互联系的统计指标所构成的整体被称为统计指标体系。统计指标体系可分为基本指标体系和专题指标体系两大类。

小知识

地方主要经济指标

1. 地区生产总值(GDP)
2. 工业增加值
3. 固定资产投资
4. 地方财政一般预算收入
5. 地方财政一般预算支出
6. 对外贸易(海关进出口总额)
7. 社会消费品零售总额
8. 消费物价指数(CPI)
9. 城镇居民人均可支配收入
10. 农牧民人均现金收入
11. 外商直接投资(FDI)
12. 外汇储备
13. 货币存量或流通量

本 章 小 结

统计是为了适应国家管理需要和社会政治经济的发展需要而产生并发展起来的。

统计学的发展过程中曾产生过政治算术学派、国势学派、数理统计学派和社会统计学派等不同的学术流派。

"统计"一词有统计工作、统计资料和统计学三种含义。社会经济统计学是统计学的一个分支，它的研究对象是在质与量的辩证统一中研究大量社会现象的数量方面，研究社会现象在一定时间、地点、条件下的数量表现的一门方法论科学。统计学具有数量性、综合性和具体性的特点。

统计工作过程一般包括统计设计、统计调查、统计整理和统计分析等四个阶段。统计工作有统计信息、统计咨询和统计监督三大职能。统计研究的基本方法有大量观察法、统计分组法、综合指标法、归纳推断法和统计模型法等。

统计总体是指客观存在的、在同一性质基础上结合起来的许多个别事物的整体。构成统计总体的个别事物称作总体单位。总体具有同质性、变异性和大量性的特点。

标志是说明总体单位属性或数量特征的名称,有品质标志和数量标志、不变标志和可变标志之分。

统计指标,又称指标,是说明总体数量特征的科学范畴和具体数值。指标具有总体性、数量性和综合性的特点,按其作用和表现形式不同分为总量指标、相对指标和平均指标,按性质和内容不同分为数量指标和质量指标。标志与指标既有联系又有区别。可变的数量标志和指标名称统称为变量。变量可分为连续型变量和离散型变量。

思考与练习

1. "统计"一词有哪些含义？它们之间的相互关系是什么？
2. 历史上统计学产生过哪些学术流派？
3. 统计学研究的对象及特点是什么？
4. 简述统计工作过程和统计研究的基本方法。
5. 什么是统计总体和总体单位？它们的关系如何？
6. 什么是统计标志和统计指标？它们有何联系与区别？
7. 什么是变量和变量值？什么是连续型变量和离散型变量？
8. 什么是数量指标和质量指标？两者有何关系？

技 能 训 练

一、单项选择题

1. 对某城市工业企业设备进行普查,总体单位是(　　)。
   A. 工业企业全部设备　　　　　　B. 工业企业每一台设备
   C. 每个工业企业的每台设备　　　D. 每一个工业企业
2. 标志是说明总体单位特征的名称,下列说法正确的是(　　)。
   A. 它有品质标志值和数量标志值两类　B. 品质标志具有标志值
   C. 数量标志具有标志值　　　　　　　D. 品质标志和数量标志都具有标志值
3. 工业企业的设备台数、产品产值(　　)。
   A. 都是连续型变量　　　　　　　B. 都是离散型变量

C. 前者是连续型变量,后者是离散型变量　　D. 前者是离散型变量,后者是连续型变量

4. 下列指标中属于质量指标的是(　　)。

   A. 国内生产总值　　B. 产品合格率　　C. 产品总成本　　D. 人口总数

5. 指标是说明总体特征的,标志是说明总体单位特征的,(　　)。

   A. 标志和指标之间的关系是固定不变的

   B. 标志和指标之间的关系是可以变化的

   C. 标志和指标都是可以用数值表示的

   D. 只有指标才可以用数值表示

6. 离散型变量可以(　　)。

   A. 被无限分割,无法一一列举　　　　B. 按一定次序一一列举,通常取整数

   C. 连续取值,取非整数值　　　　　　D. 间断取值,无法一一列举

7. 某班 5 名同学的某门课的成绩分别为 60、70、75、80、85,这 5 个数是(　　)。

   A. 指标　　　　B. 标志　　　　C. 变量　　　　D. 变量值

8. 调查某市职工家庭的生活状况时,统计总体是(　　)。

   A. 该市全部职工家庭　　　　　　　B. 该市每个职工家庭

   C. 该市全部职工　　　　　　　　　D. 该市职工家庭户数

9. 调查某班 50 名学生的学习情况,则总体单位是(　　)。

   A. 该班 50 名学生　　　　　　　　B. 该班每一名学生

   C. 该班 50 名学生的学习情况　　　D. 该班每一名学生的学习情况

10. 构成统计总体的基础和前提是(　　)。

    A. 综合性　　　B. 同质性　　　C. 大量性　　　D. 变异性

11. 一个统计总体(　　)。

    A. 只能有一个标志　　　　　　　　B. 只能有一个指标

    C. 可以有多个标志　　　　　　　　D. 可以有多个指标

12. 变量是可变的(　　)。

    A. 品质标志　　B. 数量标志　　C. 数量标志和指标　　D. 质量指标

13. 研究某企业职工文化程度时,职工总人数是(　　)。

    A. 数量标志　　B. 数量指标　　C. 变量　　　　D. 质量指标

14. 某银行的某年末的储蓄存款余额(　　)。

    A. 一定是统计指标　　　　　　　　B. 一定是数量标志

    C. 可能是统计指标,也可能是数量标志　　D. 既不是统计指标,也不是数量标志

15. 年龄是(　　)。

    A. 变量值　　　B. 离散型变量　　C. 连续型变量

    D. 连续型变量,但在应用中常作为离散型变量处理

二、多项选择题

1. 要了解某地区的就业情况,下列说法正确的是( )。
   A. 全部成年人是研究的总体
   B. 成年人口总数是统计指标
   C. 成年人口就业率是统计标志
   D. 反映每个人特征的职业是数量指标
   E. 某人职业是教师是标志表现

2. 统计研究运用的方法包括( )。
   A. 大量观察法
   B. 统计分组法
   C. 综合指标法
   D. 统计模型法
   E. 归纳推断法

3. 社会经济统计学研究对象的特点可概括为( )。
   A. 社会性
   B. 数量性
   C. 总体性
   D. 同质性
   E. 变异性

4. 国家统计系统的功能或统计的职能有( )。
   A. 信息职能
   B. 咨询职能
   C. 监督职能
   D. 决策职能
   E. 协调职能

5. 在全国人口普查中,( )。
   A. 全国人口数是统计总体
   B. 总体单位是每一个人
   C. 全部男性人口数是统计指标
   D. 男女性别比是总体的品质标志
   E. 人的年龄是变量

6. 在工业普查中,( )。
   A. 工业企业总数是统计总体
   B. 每一个工业企业是总体单位
   C. 固定资产总额是统计指标
   D. 机器台数是连续型变量
   E. 职工人数是离散型变量

7. 下列各项中,属于统计指标的有( )。
   A. 全国人均国内生产总值
   B. 某台机床使用年限
   C. 某市年供水量
   D. 某地区原煤生产量
   E. 某学员平均成绩

8. 下列统计指标中,属于质量指标的有( )。
   A. 工资总额
   B. 单位产品成本
   C. 出勤人数
   D. 人口密度
   E. 合格品率

9. 下列指标中属于数量指标的有( )。
   A. 国民总收入
   B. 国内生产总值
   C. 固定资产净值
   D. 劳动生产率
   E. 平均工资

10. 下列各项中,属于连续型变量的有( )。
    A. 基本建设投资额
    B. 企业个数
    C. 国内生产总值
    D. 居民消费价格指数
    E. 就业人口数

11. 总体、总体单位、标志、指标间的相互关系表现为(　　)。
　　A. 没有总体单位就没有总体,总体单位离不开总体而存在
　　B. 总体单位是标志的承担者
　　C. 统计指标的数值来源于标志
　　D. 指标是说明总体特征的,标志是说明总体单位特征的
　　E. 指标和标志都是用数值表示的
12. 统计总体的特征表现为(　　)。
　　A. 大量性　　　B. 数量性　　　C. 同质性　　　D. 变异性
　　E. 客观性
13. 下列标志中属于数量标志的有(　　)。
　　A. 性别　　　B. 出勤人数　　　C. 产品等级　　　D. 产品产量
　　E. 文化程度
14. 下列标志中属于品质标志的有(　　)。
　　A. 人口性别　　B. 工资级别　　C. 考试分数　　D. 商品使用寿命
　　E. 企业所有制性质
15. 研究某企业职工的工资水平,"工资"对于各个职工而言是(　　)。
　　A. 标志　　　B. 数量标志　　　C. 指标　　　D. 数量指标
　　E. 变量
16. 连续型变量的数值(　　)。
　　A. 是连续不断的　　　　　　　B. 是以整数断开的
　　C. 可用测量或计算方法取得　　D. 相邻两值之间可取无限数值
　　E. 相邻两值之间不可能有小数

三、判断题

1. 统计的研究对象是社会经济现象总体的各个方面。　　　　　　　　(　　)
2. 统计调查过程中采用的大量观察法,是指必须对研究对象的所有单位进行调查。
　　　　　　　　　　　　　　　　　　　　　　　　　　　　　　　(　　)
3. 总体的同质性是指总体中的各个单位在所有标志上都相同。　　　　(　　)
4. 个人的工资水平和全部职工的工资水平,都可以称为统计指标。　　(　　)
5. 对某市工程技术人员进行普查,该市工程技术人员的工资收入水平是数量标志。
　　　　　　　　　　　　　　　　　　　　　　　　　　　　　　　(　　)
6. 品质标志说明总体单位的属性特征,质量指标反映现象的相对水平或工作质量,二者都不能用数值表示。　　　　　　　　　　　　　　　　　　　　　(　　)
7. 某一职工的文化程度在标志的分类上属于品质标志,职工的平均工资在指标的分类上属于质量指标。　　　　　　　　　　　　　　　　　　　　　　(　　)
8. 总体单位是标志的承担者,标志是依附于总体单位的。　　　　　　(　　)

9. 统计学和统计工作的研究对象是完全一致的。 ( )
10. 运用大量观察法，必须对研究对象的所有单位进行观察调查。 ( )
11. 统计学是对统计实践活动的经验总结和理论概括。 ( )
12. 一般而言，指标总是依附在总体上，而总体单位则是标志的直接承担者。 ( )
13. 数量指标是由数量标志汇总来的，质量指标是由品质标志汇总来的。 ( )
14. 某同学计算机考试成绩 80 分，这是统计指标值。 ( )
15. 统计资料就是统计调查中获得的各种数据。 ( )
16. 指标都是用数值表示的，而标志则不能用数值表示。 ( )
17. 质量指标是反映工作质量等内容的，所以一般不能用数值来表示。 ( )
18. 总体和总体单位可能随着研究目的的变化而相互转化。 ( )
19. 绝对数形式表示的指标都是数量指标，相对数或平均数表示的指标都是质量指标。 ( )
20. 构成统计总体的条件是各单位的差异性。 ( )

统 计 调 查

 知识目标

理解统计调查的意义和种类;明确统计调查方案的内容;熟练掌握各种统计调查方式与方法。

 技能目标

能够根据调查目的制定详细的统计调查方案;能够根据实际需要设计科学的统计调查问卷或调查表;能运用适当的调查方法开展收集统计资料的工作。

 内容概要

统计调查是统计工作的基础和关键阶段。本章主要介绍:统计调查的意义与种类;完整、科学的统计调查方案的内容;统计调查基本方法,包括普查、抽样调查、统计报表、重点调

查和典型调查等。在我国统计调查体系中,周期性的普查是基础,通常性的抽样调查是主要形式,同时辅以其他调查形式。通过本章学习,能根据调查目的和客观实际情况,采用正确的调查方法,组织搜集准确、及时、全面的统计资料,为后继统计整理作好铺垫。

统计调查　调查对象　抽样调查　典型调查　重点调查

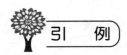

某市自来水公司承担着为该市城镇居民、农村居民和企业用户提供自来水的业务。为进一步提高服务质量,了解自来水公司服务水平和存在的问题,公司拟对本市城镇居民进行一次客户满意度调查。如果由你承担该调查项目,那么你该如何开展这项工作呢?

思考:

1. 你应向谁调查?
2. 调查时应从哪些方面了解客户的满意度?
3. 如何从总体上评价客户的满意度?
4. 如何开展这项工作?

第一节　统计调查的意义与种类

一、统计调查的概念与意义

(一)统计调查的概念

统计调查是指根据统计研究的预定目的、要求和任务,运用各种科学的调查方法,有组织、有计划地搜集统计调查对象各项原始资料的工作过程。统计调查要搜集的资料有两种:一种是调查单位未作系统加工整理的原始资料,又称初级资料(第一手资料)。例如,在奥运会上每天要统计各参赛国获得的金、银、铜牌的数量;某市向全市调查工业生产情况,每个被调查的工业企业要报送该企业的产值、产品产量、产品质量、劳动生产率、职工人数、原材料消耗、成本、资金状况等,这些资料未经过任何一个部门的加工、汇总,就是初级资料。另一种是搜集次级资料(第二手资料),次级资料是指已经经过某个部门或地区加工整理过的、综合说明某个部门或地区综合情况的统计资料。例如,从统计年鉴、会计报表、报纸杂志上有选择地搜集资料。一切次级资料都是从原始的初级资料过渡而来的。

统计调查一般是指对原始资料的搜集,并将其进行加工整理、汇总,使其成为从个体特征过渡到总体特征的资料,但有时也包括对次级资料的搜集。

在对次级资料进行搜集与处理时,要注意对资料作基于主客观原因导致可能性偏差的调整。

(二)统计调查的意义

统计调查是统计工作的基础环节,在统计工作中具有重要意义。一方面,统计调查是统计工作的起点,也是正确认识被统计对象本质及其规律的途径。人们只有通过大量的调查研究,掌握第一手资料,才能获得丰富的感性认识,把握客观实际。另一方面,统计调查是统计资料整理和统计分析的前提。统计调查做得好就能准确、及时、全面、系统地占有丰富的统计资料,有利于正确认识被统计对象的本质及其规律性;如果统计调查工作做得不好,搜集的原始资料不准确或不完整,即便使用的统计整理与分析方法完全科学合理,也仍然会使统计分析得出片面甚至错误的结论。

二、统计调查的种类

社会经济现象错综复杂,调查对象千差万别,统计研究的任务多种多样。因此,在组织统计调查时,应根据不同的调查对象和调查目的灵活采用不同的调查方式与方法(见图2.1)。

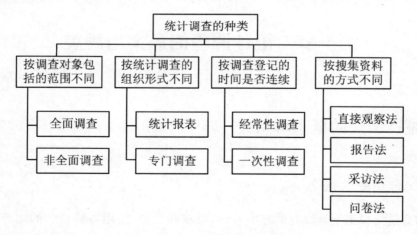

图 2.1　统计调查的种类

(一)全面调查与非全面调查

统计调查按调查对象包括的范围不同,可以分为全面调查与非全面调查。

全面调查是指对调查对象全体中的单位,无一例外地进行登记或观察的调查方式。例如,2020年第七次全国人口普查要对全国人口无一例外地进行登记;又如,要了解全国的汽车产量,就要对全国汽车厂家的汽车产量都进行登记调查;等等。全面调查主要包括普查和全面统计报表。通过全面调查,人们能够掌握全面、完整的资料,了解总体的全貌,但它涉及面广,组织复杂,需要耗费较多的人力、物力、财力,因此只适用于有限总体,一般仅在有关国情国力的重要统计指标的调查中使用。

非全面调查是只对调查研究对象总体的一部分单位进行调查。例如,为了研究城市居民家庭的生活水平,可以只对一定数量的住户进行调查;又如,对灯泡、汽车等产品进行破坏性质量检验,只能采用非全面调查。非全面调查主要包括重点调查、典型调查和抽样调查。非全面调查涉及的单位较少,可以用较少的人力、物力、财力和时间调查较多的内容,搜集到较深入、细致的情况和资料。但要注意的是,因为未包括总体范围中所有的全部单位,所以常常需要与全面调查结合使用。

(二)统计报表与专门调查

统计调查按调查组织的形式不同,可以分为统计报表与专门调查。

统计报表是指按照国家有关法规的规定,按一定的表式和要求,自上而下统一布置任务,自下而上逐级汇总上报,提供统计资料的一种统计调查方式。我国已建立了统计报表制度,所有机关、企业、事业单位都有责任按照规定的表式、项目、日期和程序,向上级领导机关提交报表。在这些报表中就包括了国家政治、经济和文化生活各个方面的基本指标,通过对报表中反映的这些指标进行观察和分析,可为各级领导制定各项方针、政策以及领导的日常工作提供资料和建议。统计报表包括国民经济基本统计报表、部门统计报表和地方统计报表。

专门调查是指为了了解某种现象或研究某些专门问题,由调查单位专门组织进行的调查。它多属于一次性调查。统计报表反映的是社会、经济、科技发展状况的基本指标,这些指标在一定时期内是相对稳定的,但是客观形势总是在不断发展和变化着,并且不断产生新情况和新问题。要了解这些情况,不可能采取经常性调查的统计报表方法,只能组织专门的统计调查。例如,人口普查、全国经济单位普查、工农业普查、城镇和农村住户抽样调查、钢铁生产情况重点调查、职工就业情况典型调查等属于专门调查。统计专门调查包括普查、重点调查、典型调查和抽样调查四种。

(三)经常性调查与一次性调查

统计调查按调查登记的时间是否连续,可以分为经常性调查与一次性调查。

经常性调查是指在一定时期内对调查对象情况的发展变化情况进行连续不断的登记,以了解事物在一定时期内发生、发展的全部过程。例如,要对某个房屋建筑工程的质量水平进行调查,就需要随着工程进度的推进,连续不断地调查登记此工程的质量情况和相关情况,直至工程全面竣工、验收。再如,产品产量调查、商品销售收入调查等,这些调查对象的数值随时都在无重复地变动，只有经常调查登记才能满足工作需要。经常性调查的对象一般是时期现象。

一次性调查是指对调查对象的变化情况每间隔一定时间进行一次登记的调查，以了解事物在一定时点上的状态。如某市学校数、农贸市场数、固定资产原价和生产设备数量调查等，这些调查对象的数值在短时间内变动不大，没必要进行经常性调查，每间隔一段时间登记一次即可满足工作需要。一次性调查既可定期进行也可以不定期进行，如我国根据客观条件需要，分别于1953年、1964年、1982年、1990年、2000年、2010年、2020年进行了7次全国人口普查。一次性调查的调查对象通常是时点现象，不能理解为只调查一次。

（四）统计调查搜集资料方法：直接观察法、报告法、采访法与问卷法

统计调查技术是指搜集资料的具体方法和技巧。按搜集资料的方式不同，常用的资料搜集方法有直接观察法、报告法、采访法与问卷法等几种。

直接观察法是调查人员亲自到现场，对调查对象的调查项目进行观察、清点、测定、计量，以取得第一手资料的一种方法。例如，在对农田水稻收获量进行调查时，调查人员到调查地块参加实割实测、脱粒、晾晒、计量；研究工人劳动消耗量时，由调查者来测定完成作业所需的时间；调查销售商品的质量时，由调查者亲临现场，接触商品，辨认真假伪劣；等等。直接观察取得的资料，具有较高的准确性，但需要大量的人力、物力、财力和时间，同时有些社会经济现象还不能用直接观察法进行测量，如对农民或职工收入情况资料的搜集，一般不宜直接计量和观察。因此，直接观察法的应用受到一定的限制。

报告法是由报告单位利用原始记录和核算资料作基础，依据统计报表格式的要求，按照隶属关系，逐级向有关部门提供统计资料的一种调查方法。当前，我国各企业、机关向上级填报统计报表，就是报告法。报告法具有统一项目、统一表式、统一要求和统一上级程序的特点。如果报告系统和监督系统健全，原始记录和核算工作完整，那么采用报告法也可以取得比较精确的资料。

采访法是根据调查提纲，由调查人员访问被调查者，向被调查者提出问题，根据被调查者的答复来搜集统计资料的一种方法。具体分为个别访问法和开调查会两种。个别访问法是由调查人员向被调查者逐一询问来搜集资料的方法，其优点表现在：由于调查人员对调查项目有深入的理解，能按统一口径逐项询问而取得资料，可在很大程度上保证调查资料的准确性。但该方法需要花费大量的人力和时间，不适于进行全面调查。开调查会是指邀请了解情况的人参加座谈会，以此来搜集资料的方法。采用此方法，可以共同商讨、相互启发、相互核实，能深入了解实际情况，取得比较准确可靠的资料，但是这种方法也有不足：参加会议的人容易受权威人士或第一发言人的影响，以致出现信息偏差。尽管如此，只要我们注意扬长避短，采访法还是有用武之地的，它在典型调查中被广泛采用。

问卷法是指调查者利用统一设计问卷这种工具向被调查者了解情况，采集资料。它随机或有意识地选择若干调查单位，发出问卷，要求被调查者在规定的时间内反馈信息，借以对调查对象总体作出估计。问卷法按传递方式不同又可分为网络调查问卷、报刊问卷、邮政

问卷、送发问卷、访问问卷等。

随着现代互联网的普及,越来越多的统计资料均可通过网上调查法取得,它是通过网络向被调查者发出调查提纲、表格或问卷,被调查者通过网络向调查者反馈信息。网络调查法具有所需经费少、调查范围广、传播速度快、客观性高、易于统计等优点,目前有关部门或单位,特别是民间调查机构经常采用网络问卷方法进行舆论调查、民意测验、商情调查等。

第二节 统计调查方案

统计调查是一项复杂细致的工作,一项全国性调查往往涉及亿万人民群众,通常需要动员成千上万人协同工作,才能完成。即使一项小型调查,有时也需要许多人合作,其内容也涉及许多方面。从我国统计工作的实践来看,为了在调查工作中统一认识、统一内容、统一方法和步调,顺利完成统计调查任务,无论采用什么样的调查方式方法搜集资料,都要事先根据需要和可能,对调查对象进行调查研究,制定出周密的调查方案,以保证统计调查有组织、有计划地进行。一个完整的统计调查方案应该包括五个方面内容。

一、确定调查目的

统计调查总是为一定的研究目的服务的,制定统计调查方案的首要问题是确定调查目的。确定调查目的,就是明确为什么要进行调查,调查要解决什么问题。不同的研究目的和任务决定着不同的调查内容和范围。如果调查目的不明确,那么就无法确定向谁调查、调查什么以及用什么方式调查等,一方面会在调查中因了解一些无关紧要的问题浪费人力、物力,降低资料的时效性,另一方面又会漏掉一些主要问题,不能满足调查的要求。调查目的和任务主要根据社会效益或经济效益的需要,并结合调查者与调查对象本身的特点来进行确定。具体来说,一般要考虑以下几点:第一,调查者具备有效实施统计调查的可能性;第二,社会全局或局部迫切要解决的问题;第三,企业经营管理的需要。例如,如果是为了掌握总体的基本情况,根据调查对象的特点,则可以考虑采用重点调查的方式,从总体中选择一部分重点单位进行调查;如果是为了掌握总体的新情况和新问题,则要采用典型调查的方式方法。

二、确定调查对象和调查单位

确定调查对象和调查单位是为了回答向谁调查、由谁来具体提供调查资料的问题。确定调查对象和调查单位,必须以调查目的为依据。

调查对象是指需要进行调查的某个社会经济现象的总体,是由性质上相同的许多调查单位组成的。调查单位是指所要调查对象总体组成中的各个个体,也就是调查对象中所要调查的具体单位,是要进行调查的标志承担者,是统计信息源。例如,调查目的如果是要掌握全国高校招生生源质量的情况,这时全国所有的高校是调查对象,即这一社会经济现象的总体,而每所高校所招生源则是调查单位,它是构成全国高校总体的各个个体。

在确定调查单位的同时,还要明确报告单位,即由谁负责回答或填报统计调查所规定的各项问题,一般在行政上、经济上具有一定独立性,而调查单位是调查项目的直接承担者,可以是人、企事业单位,也可以是物。根据调查的目的,调查单位和报告单位有时一致,有时又不一致,这要根据研究与调查任务进行确定。前面关于高校招生情况的调查,其调查单位是每所高校所招生源,而报告单位是每所高校,二者不一致。如果我们的调查任务是了解全国高校的资金、人力、物力情况,则调查单位与报告单位都是每所高校。

三、拟定调查提纲和调查表

调查提纲由调查项目构成,调查项目指确定对调查单位需要登记哪些标志,即要调查什么内容,确定调查项目应根据调查目的和调查单位的特点而定,如表 2.1 所示。

具体来说,确定调查项目要注意以下几点:

(1) 取得资料的必要性和准确性。即只列出调查目的所必需的项目,且该调查项目可以获得确实客观准确的答案。

(2) 取得资料的可能性。从实际出发,只列出能够取得资料的项目,不应把不可能取得资料的项目列入提纲。

(3) 调研内容解释的单一性。列入调查提纲的内容含义要明确、具体,不能有两种或两种以上的解释,以免被调查人员按照各自不同的理解填写,使得调查结果无法汇总。

(4) 调研项目间的衔接性。即调查项目之间彼此联系和衔接,以便相互核对,提高调查资料的质量。

(5) 调研时间上的可比性。即本次调查项目与过去同类项目尽可能一致,以便进行动态对比,研究发展变化。

表 2.1 第七次全国人口普查短表

第七次全国人口普查短表

经国务院批准进行第七次全国人口普查
普查试点登记的标准时间为:2020 年 6 月 11 日零时
普查的原始资料不向任何单位和个人提供,仅供汇总使用
公民应履行如实申报普查项目的义务

表号: R 7 1 1 表
制表机关: 国 家 统 计 局 国务院第七次全国人口普查办公室
批准文号: 国发（2019）24 号
有效期至: 2020 年 10 月

本户地址: _____ 县 (市、区) _____ 乡 (镇、街道) _____ 普查区 _____ 普查小区 _____

地址码: □□□□□□

建筑物编号: □□□□

H 户编号	H1.户别	H2. 本户应登记人数	2019年6月11日—2020年6月10日		H5.住所类型	H6.本户住房建筑面积	H7.本户现住房间数
—号	1.家庭户 □ 2.集体户 □	2020年6月10日晚居住本户的人数: ___人 户口在本户,2020年6月10日晚住本户的人数: ___人	H3.出生人口 男___人 女___人	H4.死亡人口 男___人 女___人	1.普通住宅 2.集体住所 3.工作住所 4.其他住所 5.无住房	___ 平方米	(不包括厨房、过道、厅) ___ 间

每个人都填报

（选择2-5的,跳至个人项目）

D1.姓名	D2.与户主关系	D3.公民身份证号码	D4.性别	D5.出生年月	D6.民族	D7.调查时点 (2020年6月11日零时)居住地	D8.户口登记地	D9.离开户口登记地时间	D10.离开户口登记地原因	D11. 3周岁及以上的人填报受教育程度	D12. 15周岁及以上人填报是否识字
□□□	0.户主 1.配偶 2.子女 3.父母 4.岳父母或公婆 5.祖父母 6.媳婿 7.孙子女 8.兄弟姐妹 9.其他	□□□□□□□□□□□□□□□□□□	1.男 □ 2.女 □	出生于: ___年 ___月	___族	1.本调查小区 2.本村(居)委会其他调查小区 3.本乡(镇、街道)其他村(居)委会 4.本县(市、区)其他乡(镇、街道) 5.其他县(市、区),请填写下面地址 6.港澳台或国外 ___省(区、市)___市(地、州、盟)___县(市、区、旗)	1.本村(居)委会 2.本乡(镇、街道)其他村(居)委会 3.本县(市、区)其他乡(镇、街道) 4.其他县(市、区),请填写下面地址 5.户口待定→D11 ___省(区、市)___市(地、州、盟)___县(市、区、旗)	1.没有离开户口登记地→D11 2.不满一年 3.半年以上、不满一年 4.一年以上、不满二年 5.二年以上、不满三年 6.三年以上、不满四年 7.四年以上、不满五年 8.五年以上、不满十年 9.十年以上	0.工作就业 1.学习培训 2.随同离开 3.投亲靠友 4.寄挂户口 5.拆迁/搬家 6.婚姻嫁娶 7.为子女就学 8.养老/康养 9.其他	0.未上过学 1.学前教育 2.小学 3.初中 4.高中 5.大学专科 6.大学本科 7.硕士研究生 8.博士研究生	1.是 □ 2.否 □
□□□	0.户主 1.配偶 2.子女 3.父母 4.岳父母或公婆 5.祖父母 6.媳婿 7.孙子女 8.兄弟姐妹 9.其他	□□□□□□□□□□□□□□□□□□	1.男 □ 2.女 □	出生于: ___年 ___月	___族	1.本调查小区 2.本村(居)委会其他调查小区 3.本乡(镇、街道)其他村(居)委会 4.本县(市、区)其他乡(镇、街道) 5.其他县(市、区),请填写下面地址 6.港澳台或国外 ___省(区、市)___市(地、州、盟)___县(市、区、旗)	1.本村(居)委会 2.本乡(镇、街道)其他村(居)委会 3.本县(市、区)其他乡(镇、街道) 4.其他县(市、区),请填写下面地址 5.户口待定→D11 ___省(区、市)___市(地、州、盟)___县(市、区、旗)	1.没有离开户口登记地→D11 2.不满一年 3.半年以上、不满一年 4.一年以上、不满二年 5.二年以上、不满三年 6.三年以上、不满四年 7.四年以上、不满五年 8.五年以上、不满十年 9.十年以上	0.工作就业 1.学习培训 2.随同离开 3.投亲靠友 4.寄挂户口 5.拆迁/搬家 6.婚姻嫁娶 7.为子女就学 8.养老/康养 9.其他	0.未上过学 1.学前教育 2.小学 3.初中 4.高中 5.大学专科 6.大学本科 7.硕士研究生 8.博士研究生	1.是 □ 2.否 □

续表

	D1.姓名	D2.户主关系 与户主关系	D3.公民身份证号码	D4.性别	D5.出生年月	D6.民族	D7.调查时点（2020年6月11日零时）居住地	D8.户口登记地	D9.离开户口登记地时间	D10.离开登记地原因	D11.受教育程度（3周岁及以上的人填报）	D12.是否识字（15周岁及以上的人填报）
每个人都填报		0.户主 1.配偶 2.子女 3.父母 4.岳父母或公婆 5.祖父母 6.媳婿 7.孙子女 8.兄弟姐妹 9.其他		1.男 2.女	出生于： 年 月	族	1.本调查小区 2.本乡（镇、街道）其他村（居）委会 3.本县（市、区）其他乡（镇、街道） 4.本县（市、区），请填写下面地址 5.其他县（市、区），请填写下面地址 6.港澳台或国外 省（区、市） 市（地、州、盟） 县（市、区、旗）	1.本村（居）委会 2.本乡（镇、街道）其他村（居）委会 3.本县（市、区）其他乡（镇、街道） 4.其他县（市、区），请填写下面地址 5.户口待定→D11 省（区、市） 市（地、州、盟） 县（市、区、旗）	0.没有离开户口登记地→D11 1.不满半年 2.半年以上、不满一年 3.一年以上、不满二年 4.二年以上、不满三年 5.三年以上、不满四年 6.四年以上、不满五年 7.五年以上、不满十年 8.十年以上	0.工作就业 1.学习培训 2.随同离开 3.亲友/投亲靠友 4.拆迁/搬家 5.寄挂户口 6.婚姻嫁娶 7.照料孙子女 8.为子女就学 9.养老/康养 9.其他	0.未上过学 1.学前教育 2.小学 3.初中 4.高中 5.大学专科 6.大学本科 7.硕士研究生 8.博士研究生	1.是 2.否
		0.户主 1.配偶 2.子女 3.父母 4.岳父母或公婆 5.祖父母 6.媳婿 7.孙子女 8.兄弟姐妹 9.其他		1.男 2.女	出生于： 年 月	族	1.本调查小区 2.本乡（镇、街道）其他村（居）委会 3.本县（市、区）其他乡（镇、街道） 4.本县（市、区），请填写下面地址 5.其他县（市、区），请填写下面地址 6.港澳台或国外 省（区、市） 市（地、州、盟） 县（市、区、旗）	1.本村（居）委会 2.本乡（镇、街道）其他村（居）委会 3.本县（市、区）其他乡（镇、街道） 4.其他县（市、区），请填写下面地址 5.户口待定→D11 省（区、市） 市（地、州、盟） 县（市、区、旗）	0.没有离开户口登记地→D11 1.不满半年 2.半年以上、不满一年 3.一年以上、不满二年 4.二年以上、不满三年 5.三年以上、不满四年 6.四年以上、不满五年 7.五年以上、不满十年 8.十年以上	0.工作就业 1.学习培训 2.随同离开 3.亲友/投亲靠友 4.拆迁/搬家 5.寄挂户口 6.婚姻嫁娶 7.照料孙子女 8.为子女就学 9.养老/康养 9.其他	0.未上过学 1.学前教育 2.小学 3.初中 4.高中 5.大学专科 6.大学本科 7.硕士研究生 8.博士研究生	1.是 2.否
		0.户主 1.配偶 2.子女 3.父母 4.岳父母或公婆 5.祖父母 6.媳婿 7.孙子女 8.兄弟姐妹 9.其他		1.男 2.女	出生于： 年 月	族	1.本调查小区 2.本乡（镇、街道）其他村（居）委会 3.本县（市、区）其他乡（镇、街道） 4.本县（市、区），请填写下面地址 5.其他县（市、区），请填写下面地址 6.港澳台或国外 省（区、市） 市（地、州、盟） 县（市、区、旗）	1.本村（居）委会 2.本乡（镇、街道）其他村（居）委会 3.本县（市、区）其他乡（镇、街道） 4.其他县（市、区），请填写下面地址 5.户口待定→D11 省（区、市） 市（地、州、盟） 县（市、区、旗）	0.没有离开户口登记地→D11 1.不满半年 2.半年以上、不满一年 3.一年以上、不满二年 4.二年以上、不满三年 5.三年以上、不满四年 6.四年以上、不满五年 7.五年以上、不满十年 8.十年以上	0.工作就业 1.学习培训 2.随同离开 3.亲友/投亲靠友 4.拆迁/搬家 5.寄挂户口 6.婚姻嫁娶 7.照料孙子女 8.为子女就学 9.养老/康养 9.其他	0.未上过学 1.学前教育 2.小学 3.初中 4.高中 5.大学专科 6.大学本科 7.硕士研究生 8.博士研究生	1.是 2.否

户编号： 　　　本户共___张，本张是第___张　　　申报人（签字）：　　　普查员（签字）：　　　填报日期： 　月　日

×××学院2020届毕业生跟踪调查表(用人单位)

尊敬的用人单位领导:

  为深入了解我院毕业生的工作情况,分析毕业生在实际工作中存在的问题,以便我们改进教育教学方法,深化素质教育,为用人单位培养高素质的复合型人才,我们设计了本问卷,请贵单位填写。谢谢合作!

一、用人单位情况

单位名称(盖章)		联系电话	
地址			
邮编		我院毕业生姓名	

二、评价情况

1. 贵单位认为我院的毕业生在以下方面的表现如何(请在选择的条目上打"√")?

序号	评价条目	满意	基本满意	不满意
1	敬业精神			
2	理论基础和专业知识能力			
3	实践能力			
4	创新能力			
5	团队合作意识			
6	组织协调能力			
7	解决问题能力			
8	综合素质与能力			
9	社会礼仪			

2. 贵单位对我院毕业生称职情况的评价是( )。
  A. 称职   B. 基本称职   C. 不称职

3. 贵单位认为我院毕业生在素质培养方面存在的主要问题(可多选)有( )。
  A. 道德品质   B. 心理素质   C. 组织管理能力   D. 团队协作
  E. 敬业精神   F. 人际关系   G. 其他

4. 贵单位认为我院在学生的知识与技能培养方面存在的主要问题有(可多选)( )。
  A. 理论基础   B. 实践能力   C. 专业面   D. 创新能力
  E. 其他

5. 贵单位对我院人才培养工作(知识、能力、思想教育)有何建议?

×××学院2020届毕业生跟踪调查表(毕业生)

一、毕业生基本情况

毕业生姓名		性别		年 龄	
现工作单位					
现任职务		所学专业			

二、工作情况

1. 您对目前的工作(　　)。
   A. 很满意　　　B. 比较满意　　　C. 基本满意　　　D. 不满意
2. 您获得目前工作单位的方式是(　　)。
   A. 院、系推荐　　B. 家人或朋友帮助　C. 社会招聘会　　D. 自主创业
   E. 其他
3. 您现在所从事的工作与所学专业(　　)。
   A. 对口　　　　B. 基本对口　　　C. 不对口
4. 结合工作实际,您认为自己适应工作主要靠(可多选)(　　)。
   A. 专业实践技能过硬　　　　　B. 组织管理能力较强
   C. 勤奋刻苦、边工作边学习　　D. 其他
5. 您认为母校的教学环节对您的工作影响较大的是(可多选)(　　)。
   A. 基础理论　　　　　　　　　B. 专业知识
   C. 实习实训、社会实践　　　　D. 毕业生设计或论文
   E. 其他(请写明)
6. 您认为在母校学习期间最大的收获是(　　)。
   A. 学到扎实的基础理论和专业知识　B. 培养了思考、分析、解决问题的能力
   C. 培养了自己的组织管理能力　　　D. 培养了自己的综合能力
   E. 其他
7. 您认为我院毕业生应该加强(可多选)(　　)的训练。
   A. 理论基础和专业知识能力　　B. 综合素质能力
   C. 创新能力　　　　　　　　　D. 解决问题能力
   E. 实践、动手能力　　　　　　F. 团队意识、协调能力
   G. 社交礼仪　　　　　　　　　H. 其他
8. 目前您的岗位薪酬情况是(　　)。
   A. 1 000元/月以下　　　　　B. 1 000～2 000元/月
   C. 2 000～3 000元/月　　　　D. 3 000元/月以上
9. 您认为在校大学生还应掌握哪些必要知识?注意培养哪些能力?具备哪些素质?

四、确定调查时间和调查方法

统计调查的及时性要求在调查前应规定调查时间和调查方法。调查时间包括两个方面的含义。首先,调查时间是指调查资料所属的时间,即登记各项数字资料发生的时间。当调查的数据是时期现象时,就要明确规定反映的是调查对象从何年何月何日起到何年何月何日止的资料;当调查的数据是时点资料时,就必须规定统一的标准时点,一般称为标准时间。例如,调查某大超市2020年第一季度商品销售额,调查时间为2020年1月1日到3月31日。又如,我国第七次人口普查的标准时点是2020年11月1日零时。其次,调查时间是指调查期限,即整个调查工作的起止时间,也就是搜集资料和报送资料的整个工作所需的时间。为了保证调查资料的及时性,调查期限应尽可能缩短。规定调查期限时,一要考虑调查内容的复杂程度,二要保证调查资料的时效性,三要考虑现象本身的特点。调查方法包括调查的组织形式和搜集资料的具体方法,主要根据调查的目的要求和调查对象的特点而定。

第七次人口普查的标准时点

所谓人口普查的标准时点,就是规定一个时间点,无论普查员入户登记在哪一天进行,登记的人口及其各种特征都是反映那个时间点上的情况。根据上述规定,不管普查员在哪天进行入户登记,普查对象所申报的都应该是2020年11月1日零时的情况。通过这个标准时间,所有普查员普查登记完成后,经过汇总就可以得到2020年11月1日全国人口的总数和各种人口状况数据。

五、制定调查工作的组织实施计划

在完成前期相关工作准备后,经过周密考虑的组织实施计划是从组织上保证调查工作顺利开展的重要依据。其主要内容包括:调查工作的组织领导机构和调查人员的组成;调查前的准备工作,包括宣传教育、人员培训、调查文件的准备等;调查资料的报送方法;调查经费的预算与开支方法;调查结果的提交或公布时间等。

第三节 统计调查方法

统计调查能否完成基本任务和达到基本要求,既取决于调查对象的复杂程度,也与统计调查方法运用是否恰当密切相关。《统计法》第十六条规定:"搜集、整理统计资料,应当以周期性普查为基础，以经常性抽样调查为主体，综合运用全面调查、重点调查等方法，并充分利用行政记录等资料。"因此，根据调查对象的特点选择的统计调查方法，对于实现调查任务和目的具有重要意义。接下来将重点介绍几种统计调查方法。

一、普查

（一）普查的概念

普查，为特定目的而专门组织的一次性的全面调查，主要是指一个国家或者一个地区为详细调查某项重要的国情、国力，专门组织的一次性大规模的全面调查。其主要用来调查不能够或不适宜用定期全面的调查报表来搜集的资料，也可用来搜集那些反映国情、国力基本情况，但不是经常变动的统计资料或用以核对定期统计报表数字质量，如耕地面积普查、物资库存普查等。通过普查可以系统地掌握国家或地区的人力、物力、财力资源及其利用的详细情况，对于制定国民经济与社会发展的长远规划、安排人民物资和文化生活都具有重大意义。

普查主要用来调查属于一定时点上的社会经济现象的总量，也可以用来调查反映一定时期现象的总量，如每年出生人口总数、人口增长总数等。世界各国对于本国的国情、国力调查都普遍采用普查的方法来完成。因为进行一次调查要动用大量的人力、物力，工作量大，涉及面广，组织工作比较繁杂，所以普查不像定期报表那样制度化、经常化，一般不适宜经常进行。

目前我国国家普查项目主要有人口普查（每 10 年一次，在逢"0"的年份进行）、农业普查（每 10 年一次，在逢"6"的年份进行）、经济普查（工业普查、第三产业普查、基本单位普查合并，加上建筑业普查，每 10 年进行两次，在逢"3""8"的年份进行）。

我国于 1994 年建立了周期性的普查制度。国务院于 1994 年 7 月 20 日批转国家统计局《关于建立国家普查制度，改革统计调查体系的请示》（国发〔1994〕42 号），明确了普查在统计调查体系中的基础地位，正式确立国家周期性普查制度。普查项目包括人口普查、农业普查、工业普查、第三产业普查和基本单位普查等 5 项。其中人口普查、第三产业普查、工业普查、农业普查每 10 年进行一次，分别在逢"0""3""5""7"的年份实施；基本单位普查每 5 年进行一次，在逢"1""6"的年份实施。2003 年国统字〔2003〕44 号文对国家普查项目作了重新调整。

（二）普查的特点

普查作为一种特殊的数据搜集方式，具有以下特点。

1. 普查通常是一次性的或周期性的

由于普查涉及面广、调查单位多，需要耗费大量的人力、物力和财力，通常需要间隔较长的时间，一般每隔若干年进行一次。如我国的人口普查从 1953 年至 2020 年共进行了 7 次。今后，我国的普查将规范化、制度化。

2. 规定统一的标准时点

标准时点是指对调查对象进行登记时所依据的统一时点。调查资料必须反映调查对象的这一时点上的状况,以避免调查时因情况变动而产生重复登记或遗漏现象。例如,我国第七次人口普查的标准时点为 2020 年 11 月 1 日零时,就是要反映这一时点上我国人口的实际状况;农业普查的标准时点定为普查年份的 1 月 1 日零时。

3. 规定统一的普查期限

在普查范围内各调查单位或调查点尽可能同时进行登记,并在最短的期限内完成,以便在方法和步调上保持一致,保证资料的准确性和时效性。

4. 规定普查的项目和指标

普查时必须按照统一规定的项目和指标进行登记,不准任意改变或增减,以免影响汇总和综合,降低资料质量。同一种普查,每次调查的项目和指标应力求一致,以便进行历次调查资料的对比分析和观察社会经济现象发展变化情况。

5. 可为其他调查提供基本依据

普查的数据一般比较准确,规范化程度也较高,因此它可以为抽样调查或其他调查提供基本依据。

6. 使用范围比较窄,只能调查一些最基本及特定的现象

普查既是一项技术性很强的专业工作,又是一项广泛性的群众工作。我国历次人口普查都认真贯彻群众路线,做好宣传和教育工作,得到群众的理解和配合,因而取得了令世人瞩目的成果。

(三)普查的优缺点

1. 普查的优点

(1)因为调查的是某一人群的所有成员,所以在确定调查对象上比较简单。

(2)所获得的资料全面,可以知道全部调查对象的相关情况,准确性高。

(3)普查所获得的数据可为抽样调查或其他调查提供基本依据。

2. 普查的缺点

(1)工作量大,花费大,组织工作复杂。

(2)调查内容有限。

(3)可能产生重复和遗漏现象。

(4)因工作量大而可能导致调查的精确度下降,调查质量不易控制。

(四)普查的组织方式

普查的组织方式一般有两种:

(1)建立专门的普查机构,配备大量的普查人员,对调查单位进行直接的登记,如人口普查等。

(2)利用调查单位的原始记录和核算资料,颁发调查表,由登记单位填报,如物资库存

普查等。

第二种方式比第一种简便,适用于内容比较单一、涉及范围较小的情况,特别是为了满足某种紧迫需要而进行的"快速普查",就可以采用这种方式,它由登记单位将填报的表格越过中间一些环节直接报送到最高一级机构集中汇总。例如,我国采取第一种方式普查的有:1953年第一次全国人口普查,1995年私营商业及饮食业普查,1964年第二次全国科技人员普查,1977年全民所有制单位实际用工人数普查,1978年全国科技人员普查,1982年第三次全国人口普查,1990年第四次全国人口普查,2000年第五次全国人口普查,2010年第六次全国人口普查,2020年第七次全国人口普查等;采取上述第二种方式普查的有:1954年黑色金属、有色金属和木材库存普查,1954年以后进行的多次物资库存普查,1985年第二次全国工业普查等。

二、统计报表制度

(一)统计报表的概念和特点

统计报表制度是一种自上而下布置、自下而上提供统计信息的报告制度。

统计报表是按国家统一规定的方式、统一的指标项目、统一的报送时间和报送程序,自下而上逐级定期提供基本统计资料的一种调查方法。它是由政府主管部门根据统计法规,以统计表格形式和行政手段自上而下布置,而后由企、事业单位自下而上层层汇总上报,逐级提供基本统计数据的一种调查方式。

统计报表是一种调查形式,报表中的指标项目就是调查项目。我国大多数统计报表要求调查对象全部由单位填报,属于全面调查范畴,所以又称全面统计报表。

统一性是统一报表的基本特点。实施统计报表的基层单位根据报表规定项目的要求,相应建立和健全各种原始记录,使统计报表的资料来源建立在可靠的基础上。基层单位也可以利用报表的资料,对生产、经营活动进行科学管理。在统计报表实施范围内,从基层单位开始填报,经过部门、地区以及全国的汇总综合,得到管辖范围内的统计资料,可以经常了解本地区、本部门经济和社会发展情况。统计报表的调查项目相对稳定,又是定期进行,有利于经常搜集和积累资料,可以进行动态比较,研究经济建设和社会发展变化的规律性。

我国统计报表制度近年来进行了一系列改革,主要分为7种基层一套表和9套综合报表制度。基层一套表包括:① 农林牧渔企业报表;② 工业企业报表;③ 建筑工企业报表;④ 交通运输企业报表;⑤ 批发零售贸易及餐饮业企业报表;⑥ 服务业企业报表;⑦ 行政事业单位报表。

（二）统计报表的内容

1. 报表目录

报表目录是包括报表的表号、报表名称、报表日期、调查对象、报送程序等事项的一览表。

2. 报表表式

报表表式是指统计报表的具体格式。不同的调查任务有不同的格式，但基本都由三部分组成，即表头（表标题、填报单位等）、表身（具体填报数据和资料）和表脚（备注、填表人签章、审核人等）。

3. 填表说明

填表说明是指对报表如何填写所作的详细说明，包括调查目的、要求和方法、统计范围、具体栏目填表范例等，它可使填报单位明确填报任务和填报方法。

（三）统计报表的种类

统计报表的资料主要来源于基层的原始记录、台账及内部报表，这是保证统计报表资料质量的基础；统计报表可以在进行调查之前布置到基层单位并要求按规定时间上报，因此具有准确性、及时性、统一性等特点。统计报表可作如下分类。

1. 全面统计报表与非全面统计报表

统计报表按调查范围的不同，可以分为全面统计报表和非全面统计报表。

全面统计报表要求调查对象中的每个单位都要填报。非全面统计报表只要调查对象中的一部分单位填报。

2. 日报、旬报、月报、季报、半年报及年报

统计报表按报送周期的长短不同，可以分为日报、旬报、月报、季报、半年报和年报等。

日报、旬报为短期报表，时效性强，内容少，指标粗，也叫进度报表；月报、季报周期稍长，主要用于计划的检查，称为中期报表；半年报、年报是长期报表，其中年报周期较长，是全年的总结性报表，具有指标多、分组细、统计范围广的特点。

3. 邮寄报表、电传报表及网络传输报表

统计报表按报送方式的不同，可以分为邮寄报表、电传报表、网络传输报表等。

邮寄报表是指调查单位将所编报表通过邮局寄送给受表单位。电传报表是指调查单位将有关统计数据通过电话、电报和传真等方式报送给受表单位。网络传输是通过计算机处理报送的，即由报送单位把统计资料按照规定的要求处理好后，直接传输到受表单位的计算机内，然后由受表单位进行审核、综合、制表。在统计资料报送上，要充分利用现代信息技术和网络传输技术，提高统计资料的利用效率。

4. 基层报表与综合报表

统计报表按填报单位的不同，可以分为基层报表与综合报表。

基层报表是指基层单位填报的统计报表，填报的单位称为基层填报单位。综合报表是

指主管部门或统计部门根据基层报表汇总填报的统计报表,填报的单位称为综合填报单位。基层报表是综合报表的基础,所以编制好基层报表是保证统计调查质量的关键。

5. 国家统计报表、部门统计报表与地方统计报表

统计报表按内容和实施范围的不同,可以分为国家统计报表、部门统计报表和地方统计报表。

国家统计报表又叫国民经济基本统计报表,是由国家统计局根据有关的国家统计调查项目和统计调查计划制定的统计报表,在全国范围内实行,主要为国家宏观管理搜集统计信息。部门统计报表又叫专业统计报表,是由国务院各主管部门的统计机构根据有关的部门统计调查项目和统计调查计划制定的统计报表,一般在各该主管部门系统内组织实施,主要为部门管理、行业管理搜集统计信息。地方统计报表是在严格执行国家统一的统计制度、不损害统计工作集中统一性的前提下,由地方统计局根据有关的地方统计调查项目和统计调查计划制定的统计报表,主要为地方政府经济管理的特殊需要搜集统计信息。部门统计报表和地方统计报表都是国家统计报表的补充。地方统计局制定补充的统计报表制度,要严格控制调查工作量,尽可能减轻基层负担,并报上一级统计局备案。国家的、部门的和地方的统计报表要尽可能减少重复统计,杜绝"数出多门"现象,建立和完善互为补充、协调、高效的国家统计体制。

需要指出的是,尽管统计报表在统计调查方法体系中具有不可替代的作用,但其弊端(时效性差、统计数据准确性差等)也已随着社会主义市场经济体制的确立而逐渐显现出来。

有了统计报表制度,为什么还要进行普查

普查与统计报表都属于全面调查,但二者之间一般是不能相互代替的。其原因包括:第一,两种调查的性质、任务、内容和方法都不相同;第二,有些社会经济现象不可能也不需要进行经常性调查,但又需要间断地掌握比较全面细致的资料,只有通过普查来解决。但是普查需要花费大量的人力、物力、财力和时间,不宜经常进行。

三、重点调查

(一)重点调查的概念

重点调查是一种非全面调查,是从所要调查的现象总体的全部单位中选择一部分重点单位进行调查,以了解总体基本情况的一种调查方式。所谓重点单位,是着眼于调查现象量的方面,尽管这些单位在全部单位中只是一部分,在总体单位数中所占比例不大,但是它们的某一主要标志的标志总量在总体标志总量中占绝对比重,因此对这部分重点单位进行调

查所取得的统计数据能够反映社会经济现象发展变化的基本趋势。

（二）重点调查的适用范围

重点调查的目的是反映现象总体的基本情况。一般来说，当调查任务只要求掌握基本情况，而部分单位又能比较集中地反映所研究的项目和指标时，采用重点调查比较适宜。例如，为了掌握全国钢铁生产经营的基本情况，可以选择鞍钢、宝钢、武钢、太钢、包钢、首钢、攀钢、马钢等几个大型钢铁企业调查，而不必调查全国所有的钢铁企业。虽然这几个企业在全国钢铁企业数目中所占比例较小，但其钢铁产量之和却占绝对比重，所以对这些重点企业进行调查就可以掌握我国钢铁生产的基本情况了。

（三）重点调查的特点、作用、重点单位及组织形式

重点调查的主要特点：投入少、调查速度快、反映的主要情况或基本趋势比较准确。

重点调查的作用：根据重点调查的特点，重点调查的主要作用在于反映调查总体的主要情况或基本趋势。因此，重点调查通常用于不定期的一次性调查，但有时也用于经常性的连续调查。

重点单位选取方式：重点调查的重点单位，通常是指在调查总体中举足轻重的、能够代表总体的情况、特征和主要发展变化趋势的那些单位。这些单位可能数目不多，但有代表性，能够反映调查对象总体的基本情况。

选取重点单位，应遵循的两个原则：一是要根据调查任务的要求和调查对象的基本情况来确定选取的重点单位及数量，一般来讲，要求重点单位尽可能少，而其标志值在总体中所占的比重尽可能大，以保证有足够的代表性；二是要注意选取那些管理比较健全、业务力量较强、统计工作基础较好的单位作为重点单位。

重点调查的组织形式：重点调查根据研究问题的不同需要，可以采取一次性调查，也可以进行定期调查。一次性调查适用于临时调查任务。

四、典型调查

（一）典型调查的概念

根据调查目的和要求，在对调查对象进行初步分析的基础上，有意识地选取若干具有代表性的单位来进行深入细致的调查研究，借以认识事物的发展变化规律及本质的一种非全面调查。典型调查要求搜集大量的第一手资料，搞清所调查典型的各方面情况，作系统、细致的解剖，从中得出用以指导工作的结论和办法。

（二）典型调查的种类

典型调查大体可以分为两种：一种是对个别典型单位进行的深入调查研究，被称为"解

剖麻雀式"的典型调查,其目的在于通过个别单位特征说明现象的一般情况或规律性;另一种是对现象总体按与研究目的任务有关的主要标志划分类型,然后再在类型组中选择典型单位进行调查,根据其调查结果,从数量上对总体进行统计判断和分析。

(三) 典型调查的特点

典型调查有以下特点。

1. 典型调查主要是定性调查

典型调查主要依靠调查者深入基层进行调查,对调查对象进行直接剖析,取得第一手资料,能够透过事物的现象发现事物的本质和发展规律。它是一种定性研究,难以进行定量研究。

2. 典型单位的选择具有主观性

典型调查是根据调查者的主观判断,选择少数具有代表性的单位进行调查。因此,调查者对调查对象的了解情况、思想水平和判断能力对选择典型的代表性起着决定作用。

3. 典型调查的方式是面对面的直接调查

典型调查主要依靠调查者深入基层与调查对象直接接触与剖析,因此对现象的内部机制和变化过程往往了解得比较清楚,对有关资料掌握得比较全面和系统。

4. 典型调查方便、灵活,可以节省时间、人力和经费

典型调查的对象少,调查时间快,反映情况快,调查内容系统周密,了解问题深,使用调查工具不多,运用起来灵活方便,可以节省大量的人力、财力。

(四) 典型调查中应注意的问题

1. 正确地选择典型

根据调查的目的,在对事物和现象总体情况初步了解的基础上,综合分析,对比研究,从事物的总体上和相互联系中分析有关现象及其发展趋势,选出典型。典型可分为三种:先进典型、中间典型和后进典型。当我们的研究目的是探索事物发展的一般规律或了解一般情况时,应选中间典型;当我们的研究目的是要总结推广先进经验,应选取先进典型;当我们的研究目的是帮助后进单位总结经验时,应选择后进典型。

2. 注意点与面的结合

典型虽然是同类事物中具有代表性的部分或单位,但毕竟是普遍中的特殊、一般中的个别。因此,对于典型的情况及调查结论,要注意哪些属于特殊情况,哪些可以代表一般情况。要慎重对待调查结论,对于其适用范围要作出说明,特别是要推广的典型经验,必须考察、分析其是否具备条件,条件是否成熟,切忌"一刀切"。

3. 定性分析与定量分析结合

进行典型调查时,不仅要通过定性分析,找出事物的本质和发展规律,还要借助定量分析,从量上对调查对象的各个方面进行分析,以提高分析的科学性和准确性。

（五）典型调查法运用举例

典型调查法在科学思维方法中的作用有：典型调查选择的调查对象比抽样调查抽取的样本更具有代表性，但它也是通过从总体中选择个别对象进行调查研究从而判断总体的调查方法。相应地，人们的思维过程也是从个别典型的认识到一般总体的认识，这符合人们认识客观事物从个别到一般的认识规律。同时，典型调查偏向从性质上分析调查对象，从总体特性认识调查对象，而几乎没有只对典型进行量的分析，却不进行质的判断的情况。这无疑是一种科学思维的方法。

五、抽样调查

（一）抽样调查的概念

抽样调查是一种专门组织的非全面调查，它是从全部调查研究对象中，按照随机原则抽选一部分单位进行调查，并据以对全部调查研究对象作出估计和推断的一种调查方法。显然，抽样调查虽然是非全面调查，但它的目的却在于取得反映总体情况的信息资料，因而也可起到全面调查的作用。根据抽选样本的方法，抽样调查可以分为概率抽样和非概率抽样两类。概率抽样是按照概率论和数理统计的原理从调查研究的总体中，根据随机原则来抽选样本，并从数量上对总体的某些特征作出估计推断，对推断出可能出现的误差可以从概率意义上加以控制。我们习惯上将概率抽样称为抽样调查。

抽样调查与其他调查方式相比，容易组织，可以排除个人主观意图的影响，并且在一定程度上可以预计和控制调查误差，是一种比较完善、科学的调查方法，广泛运用于产品质量检验、市场调查、科学实验等方面。

（二）抽样调查的特点

抽样调查具有准确性高、经济性好、实效性强、适应面广等优点。

抽样调查从研究对象的总体中抽取一部分个体作为样本进行调查，据此推断有关总体的数字特征。

抽样调查是根据部分实际调查结果来推断总体标志总量的一种统计调查方法，属于非全面调查的范畴。它是按照科学的原理和计算，从若干单位组成的事物总体中，抽取部分样本单位来进行调查、观察，用所得到的调查标志的数据来代表总体，推断总体。

与其他调查一样，抽样调查也会遇到调查的误差和偏误问题。通常统计调查的误差有两种：一种是工作误差（也称登记误差或调查误差），另一种是代表性误差。但是，抽样调查可以通过抽样设计、计算并采用一系列科学的方法，把代表性误差控制在允许范围之内。另外，由于抽样调查的调查单位少，代表性强，所需调查人员少，其工作误差比全面调查要小。特别是在总体包括的调查单位较多的情况下，抽样调查结果的准确性一般高于全面调查。

因此，抽样调查的结果是非常可靠的。

抽样调查数据之所以能用来代表和推算总体，主要是因为抽样调查本身具有其他非全面调查所不具备的特点。

1. 按随机原则抽取样本单位

调查样本是按随机原则抽取的，在总体中每一个单位被抽取的机会是均等的，所以能够保证被抽中的单位在总体中的均匀分布，不致出现倾向性误差，代表性强。

2. 具有统计推断性

抽样调查是以抽取的全部样本单位作为一个整体，用样本指标推断总体，而不是用随意挑选的个别单位代表总体。

3. 具有科学性和准确性

所抽选的调查样本数量是根据调查误差的要求，经过科学的计算确定的，在调查样本的数量上有可靠的保证。

4. 能预先计算和控制抽样误差

抽样调查的误差在调查前就可以根据调查样本数量和总体中各单位之间的差异程度进行计算，并控制在允许范围之内，调查结果的准确程度较高。

基于以上特点，抽样调查被公认为非全面调查方法中用来推算和代表总体的最完善、最有科学根据的调查方法。

(三) 抽样调查的步骤

(1) 明确调查目的，确定所要估计的目标量。例如，电视节目的收视率调查、日用品的消费调查等，往往是以户为单位的；而一般的态度、观念调查，则是以个人为单位进行的。目标量的变动将引起抽样方案的改动，一旦规定好了以后，就不要轻易变更。

(2) 明确总体及抽样单元。例如，电视节目的收视率调查，一般面向在电视覆盖地区、拥有电视的家庭中 4 岁以上的居民，最小抽样单位一般为"户"；而广播电视的广告、传播效果调查一般以 9 岁或 12 岁以上的公民为受众总体，最小抽样单位为"个人"；消费者调查、社会问题调查的总体一般指向 18 岁或 18 岁以上的公民。

(3) 确定或构建抽样框。

(4) 对主要目标的精度提出要求。例如，在电视节目收视率的调查中，平均收视率的误差不超过 3%。

(5) 选择抽样方案的类型。例如，在电视节目收视率的调查中，我们多采用多级抽样，而在各级中又采用分层抽样等组织形式，最后一级采用等距抽样方式。

(6) 根据抽样方案的类型、对主要目标量的精确度要求及置信度等，确定样本量，并给出总体目标量的估计式（点估计或区间估计）和抽样误差的估算式。

(7) 制订实施方案的具体办法和步骤。

(四)抽样调查法的分类

1. 简单随机抽样法

简单随机抽样法是一种最简单的一步抽样法,是从总体中选择出抽样单位,从总体中抽取的每个可能样本均有同等被抽中的概率。抽样时,处于抽样总体中的抽样单位被编排成 $1\sim n$ 编码,然后利用随机数码表或专用的计算机程序确定处于 $1\sim n$ 的随机数码,那些在总体中与随机数码吻合的单位便成为随机抽样的样本。

这种抽样方法简单,误差分析较容易,但是需要的样本容量较多,适用于个体之间差异较小的情况。

2. 等距抽样法

等距抽样法又称系统抽样法,是从随机点开始在总体中按照一定的间隔(即每隔几个)抽取样本。此法的优点是抽样样本分布比较好,有好的理论,总体估计值容易计算。

3. 类型抽样法

类型抽样法又称分层抽样法。它根据某些特定的特征,将总体分为同质、不相互重叠的若干层,再从各层中独立抽取样本,是一种不等概率抽样。类型抽样利用辅助信息分层,各层内应该同质,各层间差异尽可能大。这样的类型抽样能够提高样本的代表性、总体估计值的精度和抽样方案的效率,抽样的操作和管理比较方便。但是抽样框较复杂,费用较高,误差分析也较为复杂。此法适用于母体复杂、个体之间差异较大、数量较多的情况。

4. 整群抽样法

整群抽样是先将总体单元分群,可以按照自然分群或按照需要分群,如在交通调查中可以按照地理特征进行分群,随机选择群体作为抽样样本,调查样本群中的所有单元。整群抽样样本比较集中,可以降低调查费用。例如,在进行居民出行调查中可以采用这种方法,以住宅区的不同将住户分群,然后随机选择群体作为抽取的样本。此法的优点是组织简单,缺点是样本代表性差。

5. 多阶段抽样法

多阶段抽样是采取两个或多个连续阶段抽取样本的一种不等概率抽样。对阶段抽样的单元是分级的,每个阶段的抽样单元在结构上也不同,多阶段抽样的样本分布集中,能够节省时间和经费。其缺点是调查的组织复杂,总体估计值的计算复杂。

小知识

非随机抽样方法

1. 非随机抽样——重点抽样,只对总体中为数不多但影响颇大(标志值在总体中所占比重颇大)的重点单位进行调查。

2. 非随机抽样——典型抽样,挑选若干有代表性的单位进行研究。

3. 非随机抽样——任意抽样,随意抽取调查单位进行调查(与随机抽样不同,不保证每个单位有相等的入选机会),如柜台访客调查、街头路边拦人调查等。

4. 非随机抽样——配额抽样,在对总体作若干分类和样本容量既定的情况下,按照配额从总体各部分抽取调查单位等。

(五) 抽样调查法中几个常用的名词

在抽样调查中,常用的名词主要有八个。

1. 总体

总体是指所要研究对象的全体。它是根据一定研究目的而规定的所要调查对象的全体所组成的集合,组成总体的各研究对象称为总体单位。

2. 样本

样本是总体的一部分,它是由从总体中按一定程序抽选出来的那部分总体单位所组成的集合。

3. 抽样框

抽样框是指用以代表总体,并从中抽选样本的一个框架,其具体表现形式主要包括总体全部单位的名册、地图等。

抽样框在抽样调查中处于基础地位,是抽样调查必不可少的部分,对于推断总体具有相当大的影响。对于抽样调查来说,样本的代表性如何,抽样调查最终推算的估计值真实性如何,首先取决于抽样框的质量。

4. 抽样比

抽样比是指在抽选样本时,所抽取的样本单位数与总体单位数之比。

5. 置信度

置信度也称可靠度或置信水平、置信系数,即在抽样对总体参数作出估计时,由于样本的随机性,其结论总是不确定的。因此,采用一种概率的陈述方法,也就是数理统计中的区间估计法,即估计值与总体参数在一定允许的误差范围以内相应的概率有多大,这个相应的概率称作置信度。

6. 抽样误差

在抽样调查中,通常以样本作出的估计值对总体的某个特征进行估计,当二者不一致时,就会产生误差。因为由样本作出的估计值是随着抽选的样本不同而变化,即使观察完全正确,它和总体指标之间也往往存在差异,这种差异纯粹是抽样引起的,故称之为抽样误差。

7. 偏差

偏差也称偏误,通常是指在抽样调查中除了抽样误差以外,由各种原因引起的一些偏差。

8. 均方差

在抽样调查估计总体的某个指标时,需要采用一定的抽样方式和选择合适的估计量,当抽样方式与估计量确定后,所有可能样本的估计值与总体指标之间离差平方的均值即为均方差。

六、几种非全面调查的区别

上述重点调查、典型调查和抽样调查虽然都是专门组织的非全面调查,但它们之间有明显区别,具体如表2.2所示。

表2.2 重点调查、典型调查与抽样调查之间的区别

区别	重点调查	典型调查	抽样调查
调查单位不同	重点单位	代表性单位	随机样本单位
调查单位选择方式不同	较少受人们的主观因素影响	基本上取决于人们的主观因素	完全排除了人们的主观因素影响
调查目的不同	为了反映总体的基本情况	为了深入研究比较复杂的专门问题	为了反映全面情况,从数量上推断总体指标数值
调查能否推算总体指标不同	不能	一般不能	能

课堂实践

调查问卷的设计与应用

一、调查问卷设计指导

调查问卷又称调查表或询问表,它是社会调查的一种重要工具,用以记载和反映调查内容和调查项目的表式。

1. 问卷的组成部分

一份正式的调查问卷一般包括以下三个组成部分:

(1) 前言。它主要用于说明调查的主题、目的、意义以及向被调查者表示感谢。

(2) 正文。这是调查问卷的主体部分,一般设计若干问题要求被调查者回答。

(3) 附录。这一部分可以将被调查者的有关情况加以登记,为进一步的统计分析收集资料。

2. 问卷的功能

(1) 能正确反映调查目的,具体问题,突出重点,能使被调查者乐意合作,协助达到调查目的。

(2) 能正确记录和反映被调查者回答的事实,提供正确的情报。

(3) 统一的问卷还便于资料统计和整理。

问卷的设计是市场调查的重要一环。若要得到有益的信息,则要提出确切的问题。最好通过提问来确定一个问题的价值:将如何使用调查结果?这样做可避免把时间浪费在无用或不恰当的问题上。若要设计一份完美的问卷,则不能闭门造车,而应事先作一些访问,

拟订一个初稿,经过事前实验性调查,再修改成正式问卷。

3. 问卷设计的原则

问卷设计时应注意以下原则:

(1)问卷上所列问题应该都是必要的,可要可不要的问题不要列入。

(2)所问问题是被调查者了解的。所问问题不应是被调查者不了解或难以答复的问题。使人感到困惑的问题会得到"我不知道"的答案。在"是"或"否"的答案后应有一个"为什么"?回答问题所用时间最多不超过半小时。

(3)在询问问题时不要拐弯抹角。如果想知道顾客为什么选择你的店铺买东西,则不要问"你为什么不去张三的店铺购买?"你这时得到的答案是他们为什么不喜欢张三的店铺,但你想了解的是他们为什么喜欢你的店铺。根据顾客对张三店铺的看法来了解顾客为什么喜欢你的店铺可能会导致错误的推测。

(4)注意询问语句的措辞和语气。在语句的措辞和语气方面,一般应注意以下几点:

①问题要提得清楚、明确、具体。

②要明确问题的界限与范围,问句的字义(词义)要清楚,否则容易误解,影响调查结果。

③避免用引导性问题或带有暗示性的问题。诱导人们按某种方式回答问题,将使你得到自己提供的答案。

④避免提出使人尴尬的问题。

⑤对调查的目的要有真实的说明,不要说假话。

⑥需要理解他们所说的一切。利用问卷作面对面访问时,要注意给回答问题的人足够的时间,让人们讲完他们要讲的话。为了保证答案的准确性,将答案向调查对象重念一遍。

⑦不要对任何答案作出负面反应。如果答案使你不高兴,不要显露出来。如果别人回答说从未听说过你的产品,那说明他们一定没听说过。这正是你为什么要作调查的原因。

4. 问卷的提问方式

调查问卷的提问方式可以分为以下两种形式:

(1)封闭式提问。即在每个问题后面给出若干个选择答案,被调查者只能在这些被选答案中选择自己的答案。

(2)开放式提问。即允许被调查者用自己的话来回答问题。因为采取这种方式提问会得到各种不同的答案,不利于资料统计分析,所以在调查问卷中不宜过多使用。

5. 问卷的设计要求

在设计调查问卷时,设计者应该注意遵循以下基本要求:

(1)问卷不宜过长,问题不能过多,一般控制在20分钟左右回答完毕。

(2)能够得到被调查者的密切合作,充分考虑被调查者的身份背景,不要提出对方不感兴趣的问题。

(3)要有利于使被调查者作出真实的选择,所以答案切忌模棱两可,使被调查者难以选择。

(4)不能使用专业术语,也不能将两个问题合并为一个,以致得不到明确的答案。

(5)问题的排列顺序要合理,一般先提出概括性的问题,逐步启发被调查者,做到循序渐进。

(6)将比较难回答的问题和涉及被调查者个人隐私的问题放在最后。

(7)提问不能有任何暗示,措辞要恰当。

(8)为了有利于数据统计和处理,调查问卷最好能直接被计算机读入,以节省时间,提高统计的准确性。

6. 问卷设计需要注意的事项

(1)问卷必须与调查主题紧密相关。若违背这一点,则再漂亮或精美的问卷都是无益的。而所谓问卷体现调查主题的实质是在问卷设计之初要找出"与调查主题相关的要素"。如调查某化妆品的用户消费感受,这里并没有一个现成的选择要素的法则。但从问题出发,特别是结合一定的行业经验与商业知识,要素是能够被寻找出来的:一是使用者(可认定为购买者),包括她(他)的基本情况(自然状况,如性别、年龄、皮肤性质等)、使用化妆品的情况(如是否使用过该化妆品、周期、使用化妆品的日常习惯)等;二是购买力和购买欲,包括她(他)的社会状况(如收入水平、受教育程度、职业等)、化妆品消费特点(如品牌、包装、价位、产品外观等)、使用该化妆品的效果(评价和问题应具有一定的多样性,但又限制在某个范围内,如价格、使用效果、心理满足等);三是产品本身,包括对包装与商标的评价、广告等促销手段的影响力、与市场上同类产品的横向比较……应该说,具有了这样几个要素,对于调查结果是有直接帮助的。被调查者也相对容易了解调查员的意图,从而予以配合。

(2)问题的设置是否具有普遍意义。这是问卷设计的一个基本要求,但我们仍然能够在问卷中发现这类带有一定常识性的错误。这一错误不但不利于调查结果的整理分析,而且会使调查委托方轻视调查者的水平。如一个"居民广告接受度"的调查:

问题:你通常选择哪一种广告媒体?

答案:A. 报纸　B. 电视　C. 杂志　D. 广播　E. 其他

如果答案是另一种形式:

A. 报纸　B. 车票　C. 电视　D. 墙幕广告　E. 气球　F. 大巴士　G. 广告衫　H. 其他

如果我们的统计指标没有那么细(或根本没必要),那么我们就犯了一个"特殊性"的错误,从而导致对某些问题的回答实际上是对调查无用的。

在一般性的问卷技巧中,注意不能犯问题内容上的错误。

问题:你拥有哪一种信用卡?

答案:A. 长城卡　B. 牡丹卡　C. 龙卡　D. 维萨卡　E. 金穗卡

其中"D"的设置是错误的,应该避免。

(3)问卷的设计要有整体感。这种整体感是指问题与问题之间要具有逻辑性,独立的问题本身也不能出现逻辑上的谬误,从而使问卷成为一个相对完善的小系统。

① 你通常每日读几份报纸?

A. 不读报　B. 1份　C. 2份　D. 3份或3份以上

②你通常用多长时间读报?
A. 10分钟以内　B. 半小时左右　C. 1小时　D. 1小时以上
③你经常读的是下面哪类(或几类)报纸?
A. ××市晚报　B. ××省日报　C. 人民日报　D. 参考消息　E. 中央广播电视报
F. 足球

在以上几个问题中,因为问题设置紧密相关,所以能够获得比较完整的信息。调查对象也会感到问题集中、提问有章法。相反,假如问题是发散的、带有意识流痕迹的,问卷就会给人以随意性而不是严谨性的感觉。那么,将市场调查作为经营决策的一个科学过程的企业就会对调查失去信心。因此,逻辑性的要求是与问卷的条理性、程序性分不开的。我们已经看到,在一个综合性的问卷中,调查者将差异较大的问卷分块设置,从而保证了每个"分块"的问题都密切相关。

(4) 所问问题要清晰明确、便于回答。如上文问题中"10分钟""半小时""1小时"等设计便是十分明确的。统计后会告诉我们用时极短(浏览)的概率为多少;用时一般(粗阅)的概率为多少;用时较长(详阅)的概率为多少。反之,答案若设置为"10~60分钟"或"1小时以内"等,则不但不明确、难以说明问题,而且令被调查者很难作答。

再则,问卷中常有"是"或"否"一类的是非式命题。

问题:您的婚姻状况是(　　)。

答案:A. 已婚　B. 未婚

显而易见,此题还有第三种答案(离婚/丧偶/分居)。如按照以上方式设置则不可避免地会发生选择上的困难和有效信息的流失。其症结在于问卷违背了"明确性"的原则。

(5) 问题要设置在中性位置,不带提示或主观臆断,完全将被访问者的独立性与客观性摆在问卷操作的限制条件的位置上。如:

问题:你认为这种化妆品对你的吸引力在哪里?

答案:A. 色泽　B. 气味　C. 使用效果　D. 包装　E. 价格　F. 其他

这种设置是客观的。若换一种答案设置:

A. 迷人的色泽　B. 芳香的气味　C. 满意的效果　D. 精美的包装

这样一种设置则具有了诱导和提示性,从而在不自觉中掩盖了事物的真实性。

(6) 便于整理、分析。成功的问卷设计除了考虑到紧密结合调查主题与方便信息搜集以外,还要考虑到调查结果的易得性和说服力,即考虑到问卷在调查后的整理与分析工作。

二、问卷设计应用举例

新农村建设调查问卷

亲爱的同志:

您好!我们组织这次"建设社会主义新农村调查活动"的目的是准确了解当地社会主义新农村建设的真实状况,并及时掌握广大农民群众对社会主义新农村建设的心声和期盼,从而为党和政府制定社会主义新农村建设的相关政策提供决策依据。

填写本表是不记名的,希望您在填表时不要有任何顾虑,实事求是地在_____内填写和在□内酌情打"√"。

谢谢您真诚的合作!

您的年龄:_____ 性别:_____ 民族:_____ 文化程度:_____

政治面貌:_____ 居住地:_____

家庭经济收入:较好□ 中等□ 困难□

1. 党中央提出建设社会主义新农村,对这一举措,您是:
   A. 已知道,非常关心□   B. 听说过,不太清楚□   C. 还不知道□

   如果知道,您是从什么渠道知道的?
   A. 领导讲话中□   B. 上级文件中□   C. 广播电视新闻媒体中□
   D. 其他途径□

2. 您认为新农村建设重要吗?
   A. 重要□   B. 不重要□   C. 无所谓□

3. 您认为新农村建设过程中需要突出解决的首要问题是:
   A. 资金的保证□   B. 乡风民俗的改善□   C. 规划的制定□
   D. 其他(请填写您的意见)_____

4. 您认为社会主义新农村应该"新"在哪里?
   A. 新的思想观念□   B. 新的村容村貌□   C. 新的生产设施□
   D. 新的生活习惯□

5. 在新农村建设中您最担心出现哪些问题?
   A. 自筹资金比例过高□   B. 有人从中以权谋私□   C. 出现豆腐渣工程□
   D. 生活没有得到改善□   E. 成为政绩或形象工程□
   F. 其他(请填写您的意见)_____

6. 对于建设社会主义新农村,您认为目前最大的困难是:
   A. 缺少资金□   B. 缺少技术□   C. 信息不畅,农产品销售难□
   D. 其他(请填写您的意见)_____

7. 如果建设社会主义新农村需要您出工出力,您是否支持?
   A. 支持□   B. 视情况而定□   C. 不支持□

8. 如果以村为单位,村民以山林、土地等入股组建股份制开发公司,您的想法是:
   A. 愿意参加□   B. 需要加以考虑□   C. 不愿意参加□

9. 您认为以村为单位组织农业生产资料和家用大件商品集体团购招标:
   A. 可行□   B. 很难说可行与否□   C. 不可行□

10. 为改善投资环境和生活条件,组织农民义务兴修基础设施,您的想法是:
    A. 乐意参加□   B. 不想参加□   C. 给一定补贴才参加□

11. 发展农村经济,如果政府提供技术培训,您最希望得到哪项培训?
    A. 农业种养知识培训□   B. 外出打工技能培训□
    C. 其他(请填写您的意见)_____

12. 您对目前的家庭生活质量：
    A. 比较满意☐　　　　B. 感觉一般☐　　　　C. 感到生活压力很大☐
13. 您认为自己收入不高的原因是：
    A. 本地经济不发达，收入渠道不多☐
    B. 农产品价格较低，从事农业生产效益相对较低☐
    C. 自身素质和科技文化水平不高☐
14. 您收入增加，有了剩余资金时会选择：
    A. 利用剩余资金再投资以发展生产☐
    B. 购置大件商品、建房等改善生活条件☐
    C. 存进银行以备用☐
15. 您认为现在农民的税费负担：
    A. 还比较重☐　　　　B. 一般☐　　　　C. 比较低☐
16. 孩子上学的费用您能够承受吗？
    A. 可以☐　　　　B. 勉强可以☐　　　　C. 承受不了☐
17. 您对参加农村合作医疗的态度是：
    A. 愿意积极参加☐　　　　B. 随大流☐　　　　C. 不想参加☐
18. 您获取各类信息的最主要渠道是：
    A. 报纸、电视、网络等媒体☐　　　　B. 与人交谈☐
    C. 阅读公告、通知、广告等☐
19. 您是否受到过地痞流氓的威胁或侵害？
    A. 受到过☐　　　　B. 间接受到影响☐　　　　C. 没有受到过☐
20. 您认为办红白喜事应当：
    A. 从简，移风易俗，将有限的资金用于发展生产☐　　　　B. 量力而行☐
    C. 赶上潮流，不落后于人☐
21. 您对目前的居住环境：
    A. 比较满意☐　　　　B. 感觉一般☐　　　　C. 感到不满意☐
22. 如果村组召开建设社会主义新农村经济工作大会，您将：
    A. 积极参加，并提出意见与建议☐　　　　B. 只参加，不发言☐
    C. 不参加☐
23. 您对村领导班子：
    A. 非常满意☐　　　　B. 基本满意☐　　　　C. 不满意☐
24. 您对村务公开状况：
    A. 很满意☐　　　　B. 比较满意☐　　　　C. 不满意☐
25. 您认为加强农村基层组织建设的当务之急是什么？
    A. 选好村党支部班子和村委会☐
    B. 推进政务公开和民主管理☐

C. 积极推进村级组织活动场所建设□

D. 加强农村基层干部队伍建设□

26. 您对新农村建设工作有哪些意见和要求?

本 章 小 结

统计调查就是根据统计研究的预定目的和要求,运用科学的调查方法,有组织、有计划地搜集统计调查对象各项原始资料的工作过程。

统计调查根据调查对象包括的范围、调查的组织形式、调查登记的时间是否连续、搜集资料的方式分为不同的种类。

统计调查方案包括确定调查目的、确定调查对象与调查单位、拟定调查提纲和调查表、确定调查时间和调查方法及制定调查工作的组织实施计划等五个方面内容。

统计报表是按照国家有关法规的规定,自上而下地统一布置,以一定的原始记录为依据,按照统一的方式、统一的指标项目、统一的报送时间和报送程序,自下而上地逐级定期提供基本统计资料的一种调查方法。

普查是一种为某一特定的目的而专门组织的一次性全面调查。重点调查是在全部调查单位中,只选择一部分重点单位进行调查,借以了解总体基本情况的一种非全面调查。典型调查就是在调查对象中有意识地选取若干具有代表性的单位进行非全面调查。抽样调查也是一种非全面调查,它是从全部调查单位中按照随机原则抽取一部分单位进行调查,根据调查的结果推断总体的一种调查方法。

思 考 与 练 习

1. 什么是统计调查?它有哪些种类?
2. 试述普查、重点调查、典型调查、抽样调查的异同点。
3. 统计调查方案包括哪些内容?
4. 什么是统计报表?它有哪些种类?
5. 试发挥你的想象,针对你感兴趣的问题设计一个较复杂的调查表或调查问卷。

技 能 训 练

一、单项选择题

1. 有意识地选择三个钢厂调查其产量情况,这种调查方式属于(　　)。

　　A. 抽样调查　　　B. 典型调查　　　C. 普查　　　D. 重点调查

2. 调查期限的含义是(　　)。

　　A. 调查资料所属的时间　　　　　B. 开始调查工作的时间

C. 从开始搜集资料到工作结束的时间　　D. 调查登记的时间

3. 统计调查分为经常性调查和一次性调查的依据是（　　）。
   A. 组织方式　　　　　　　　　　B. 搜集资料方法
   C. 登记时间的连续性　　　　　　D. 包括范围

4. 下述调查属于经常性调查的是（　　）。
   A. 每隔10年进行一次人口普查　　B. 对5年来商品价格变动情况进行调查
   C. 对2000年职称评审结果进行调查　D. 按月上报商品销售额

5. 若要了解月末半成品的库存情况，调查人员进行实地盘点，这种搜集资料的方法属于（　　）。
   A. 大量观察法　　B. 报告法　　C. 采访法　　D. 直接观察法

6. 对医院的医疗设备普查时，每个医院是（　　）。
   A. 调查对象　　B. 调查总体　　C. 调查单位　　D. 填报单位

7. 调查单位和填报单位（　　）。
   A. 二者是一致的　　　　　　　　B. 二者有时一致，有时不一致
   C. 二者没有关系　　　　　　　　D. 调查单位大于填报单位

8. 有意识地选取若干有代表性的单位进行的调查是（　　）。
   A. 重点调查　　B. 抽样调查　　C. 典型调查　　D. 普查

9. 我国目前定期取得统计资料的最主要方式是（　　）。
   A. 抽样调查　　B. 普查　　C. 全面统计报表　　D. 典型调查

10. 对某省饮食业从业人员的健康状况进行调查，调查单位是（　　）。
    A. 某省饮食业的全部网点　　　　B. 某省饮食业的每个网点
    C. 某省饮食业所有从业人员数　　D. 某省饮食业每个从业人员

11. 调查几个主要产棉区，就可以了解我国棉花生产的基本情况，这种调查方式属于（　　）。
    A. 典型调查　　B. 重点调查　　C. 普查　　D. 抽样调查

12. 对百货商店工作人员进行普查，调查对象是（　　）。
    A. 各百货商店　　　　　　　　　B. 各百货商店的全体工作人员
    C. 一个百货商店　　　　　　　　D. 每位工作人员

13. 对某停车场上的汽车进行一次性登记，调查单位是（　　）。
    A. 全部汽车　　B. 每辆汽车　　C. 一个停车场　　D. 所有停车场

14. 调查某市工业企业职工的工种、工龄、文化程度等情况，则（　　）。
    A. 调查单位和填报单位都是每个工业企业
    B. 调查单位和填报单位都是每个职工
    C. 调查单位是每个企业，填报单位是每个职工
    D. 调查单位是每个职工，填报单位是每个工业企业

15. 某地区对小学生情况进行普查，则每所小学是（　　）。

A. 调查对象　　B. 调查单位　　C. 填报单位　　D. 调查项目

16. 某市普查7月1日零时工业企业生产设备状况,要求在7月1日至7月5日全部调查完毕,上述普查中(　　)。

　　A. 7月1日零时是调查时间,7月1日至7月5日是调查期限

　　B. 7月1日至7月5日是调查时间,7月1日零时是调查期限

　　C. 调查单位是每个企业,填报单位是每台设备

　　D. 调查单位和填报单位是统一的某市每个企业

17. 下列统计调查中,调查单位与填报单位一致的是(　　)。

　　A. 工业企业设备普查　　　　B. 零售商店调查

　　C. 人口普查　　　　　　　　D. 工业企业普查

18. 统计报表必须按照统一的(　　)填报。

　　A. 表式　　B. 指标　　C. 报送时间　　D. 报送程序

19. 重点调查的实施条件是(　　)。

　　A. 所研究问题比较重要　　　B. 研究目的只要求掌握总体的基本情况

　　C. 不可能进行全面调查　　　D. 总体单位比较集中且存在重点单位

二、多项选择题

1. 重点调查是(　　)。

　　A. 全面调查　　　　　　　　B. 非全面调查

　　C. 专门调查　　　　　　　　D. 可用于经常性调查

　　E. 可用于一次性调查

2. 工业普查是(　　)。

　　A. 全面调查　　B. 非全面调查　　C. 专门调查　　D. 经常性调查

　　E. 一次性调查

3. 下列表述不正确的是(　　)。

　　A. 经常性调查是定期调查,一次性调查都是不定期调查

　　B. 调查单位与填报单位是两种根本不同的单位

　　C. 调查期限是调查工作的时限,即调查时间

　　D. 抽样调查与典型调查的根本区别在于选取调查单位的方法不同

　　E. 全面调查是对调查对象的各方面都进行调查

4. 抽样调查(　　)。

　　A. 是一种非全面调查　　　　B. 按照随机原则选取调查单位

　　C. 永远存在抽样误差　　　　D. 目的在于取得样本资料

　　E. 不存在登记误差

5. 典型调查是(　　)。

　　A. 深入细致的调查　　　　　B. 可以补充全面调查的不足

C. 调查单位的选择具有主观性　　　D. 可提高资料的时效性

E. 专门组织的调查

6. 一个完整的统计调查方案,应包括（　　）。

　　A. 调查任务和目的　　　　　　B. 调查对象

　　C. 调查单位　　　　　　　　　D. 调查表

　　E. 调查时间

7. 对下列情况的调查,应明确规定统一的标准调查时点的有（　　）。

　　A. 产品产量　　B. 人口出生数　　C. 总人口数　　D. 职工调出数

　　E. 在职职工人数

8. 统计报表按报表内容和实施范围不同可分为（　　）。

　　A. 国家统计报表　　　　　　　B. 部门统计报表

　　C. 地方统计报表　　　　　　　D. 全面统计报表

　　E. 非全面统计报表

9. 统计报表的特点是（　　）。

　　A. 能够保证资料的准确性和及时性　　B. 便于汇总资料和资料的积累

　　C. 填报范围明确　　　　　　　D. 报送程序灵活

　　E. 报送内容统一

10. 重点调查的实施条件是（　　）。

　　A. 所研究的问题比较重要

　　B. 没有能力进行全面调查

　　C. 研究目的只要求掌握总体的基本情况

　　D. 部分单位能比较集中地反映所研究的项目和指标

　　E. 经费较少

三、判断题

1. 在统计调查方案中,调查期限是指调查资料所属的时间,调查时间是指调查工作的起止时间。（　　）

2. 全面调查是对调查对象的各方面都进行调查。（　　）

3. 经常性调查是指随着调查对象的不断变化,随时对变化情况进行连续不断的登记。（　　）

4. 统计报表是我国定期取得统计资料的基本调查方式。（　　）

5. 抽样调查是所有调查方式中最有科学依据的方式方法,因此它适用于任何调查任务。（　　）

6. 各种调查方法的结合运用会造成重复劳动,因此不应提倡。（　　）

7. 每月月初登记职工人数属经常性调查。（　　）

8. "你购买计算机的目的是什么"是一种开放式问卷。（　　）

9. 我国人口普查每 10 年进行一次,因此它是一种经常性调查方式。　　(　)
10. 统计调查中的调查单位和填报单位在任何情况下都是一致的。　　(　)
11. 普查的标准时间是指调查单位进行观察登记的时间。　　　　　　(　)
12. 一次性调查是指对现象仅作一次调查,以后永远不再调查了。　　(　)
13. 典型调查中的典型单位必须是在总体中举足轻重的单位。　　　　(　)

四、应用题

1. 指出下列调查分属的种类,并说明理由。
(1) 在全国范围内进行人口登记。
(2) 从一批商品中抽取部分仔细检查,以判断整批商品的质量。
(3) 各全民所有制工业企业定期向上级主管部门提交工业总产值和产品产量的报告。
(4) 对大中型基建项目投资效果进行调查,以了解深化企业改革试点中的成果及问题。

2. 假如你所在的高校组织若干名学生开展一次社会实践活动,任务是调查下岗职工再就业情况。试草拟一个调查方案并组织实施。

第三章

统计整理

 知识目标

理解统计整理的意义和步骤;掌握统计分组的概念和意义;掌握统计分组的方法;认识几种常用的统计表和统计图;掌握变量数列编制方法。

技能目标

能够根据实际统计资料进行统计分组,编制统计整理表;能够利用 Excel 进行统计资料整理,绘制常用的统计表和统计图。

 内容概要

统计整理是统计工作的第三阶段,既是统计调查的继续,又是统计分析的前提,在统计工作中起承前启后的作用。本章主要介绍:统计整理的含义与意义;统计分组的意

义和种类;统计分布的含义、种类和编制方法;统计资料表现形式等,为后继统计分析作好铺垫。

统计分组　复合分组　分配数列　次数　统计表　统计图

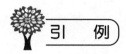

居民幸福感在一定程度上可以透视民众的生活品质和对生活的主观满意度。某省社科院调研中心于2020年组织开展了一次本省居民的主观幸福感调查,共发放问卷950份,回收936份,主要从以下五个方面进行调查,较为全面地了解了居民的主观幸福感状况。

1. 工作和与收入情况

职业的满意度为75.7%;月收入3000元以下的占84.9%,收入满意率为62.5%;家庭情况一般以上和比较富裕的共占78.5%;就业满意率为59.1%。

2. 身体健康情况

身体健康满意率为77.3%;九成居民的生活态度是积极乐观的;九成以上的居民及其家人都是基本健康的。

3. 家庭情况与人际关系

家庭满意度为89.1%;邻居关系密切度、同事融洽度分别为73.1%、70.8%;人际关系满意度为89.8%。

4. 教育、社会保障、社区文化等社会因素

经济发展满意率为84.1%,教育状况满意率为58.6%;享受基本医疗条件率为85.2%,社会保障满意率为55.9%;社会治安状况满意率为88.0%,生态环境满意率为86.0%,社区文化环境满意率为85.3%。

5. 幸福感评价

对现在生活状态的评价:对现在生活感到"非常幸福"的占6.8%,"比较幸福"的占34.2%,"一般幸福"的占49.3%,以上三项共占90.9%。

幸福的主要构成元素依次是幸福的家庭、健康与长寿、杰出的子女、成功的事业、财富与物质、社会保障水平。认为增加幸福感的因素依次是丰厚的收入、健康的身体和心理、舒适的居住环境、家庭和睦和子女杰出、稳定的社会局势。

不幸福的因素分析包括:收入太低,身体不健康,与家人的矛盾多、关系差,居住条件差,个人发展前景暗淡,工作节奏太快、压力太大,业余生活枯燥乏味。不幸福的原因包括:经济

状况、子女问题、居住条件、居住环境、社会保障问题、人际关系问题。

思考：

以上资料是一篇简要的统计分析报告，文中数据是怎样出炉的？采用了哪些统计整理的基本方法？

第一节　统计整理的意义和步骤

一、统计整理的意义

统计调查所取得的原始资料是反映总体各个单位的资料，所获取的统计资料主要是原始资料，也包括次级资料。原始资料，又称初级资料，指的是反映总体单位特征的比较分散、零碎、不系统的资料，它们只能反映总体各单位的具体情况，不能反映总体特征，即不能深刻地说明事物的本质，难以揭示事物的发展规律。次级资料，又称第二手资料，指的是反映总体特征的比较系统、完整的资料，但仍不能满足统计的研究目的。统计所需要的是反映总体特征的统计指标，都是用数字表示的。因此，需要对这些调查资料进行进一步的加工和整理。因为搜集次级资料比搜集原始资料快捷、方便且节省费用，所以人们有时只需对次级资料进行再加工就可以满足研究目的的需要。本章主要介绍原始资料的整理。

统计整理是指根据统计研究的目的和任务，对统计调查阶段所搜集的原始资料进行科学的加工，或对搜集的次级资料进行再加工，使之系统化、条理化、科学化，从而得出能够反映统计总体特征的统计资料的工作过程。

统计整理是统计工作的第三个工作环节。统计工作经过了统计设计和统计调查之后，必须进行统计整理。

由此可见，统计整理在整个统计工作中起着承前启后的重要作用，它既是统计调查的继续，又是统计分析的前提和基础。统计整理的质量高低决定着统计资料的科学价值、统计分析的准确性和真实性，直接影响着统计工作的成果。

二、统计整理的步骤

统计整理的目的是通过对事物个性的研究来认识事物的共性，揭示事物的发展规律。社会经济现象的数量方面彼此之间是密切联系的，因此在统计整理工作中应该首先对所研究的社会经济现象进行深刻的政治经济分析，在此基础上科学地运用最基本、最能说明问题本质特征的统计分组方法和统计指标，对统计资料进行加工整理。

统计整理是一项复杂而细致、科学性很强的工作,必须有组织、有计划地采用科学的方法进行,大体分为五个步骤。

(一)设计整理方案

整理方案与调查方案应紧密衔接。整理方案中的指标体系与调查项目要一致,或者是其中的一部分,绝不能相互矛盾、脱节或超越调查项目的范围。整理方案是否科学,对于统计整理乃至统计分析的质量都是至关重要的。

(二)对调查资料进行审核、订正

为了确保统计工作的质量,在统计整理过程中首先要做好原始资料的审核工作,审核它们是否准确、及时、完整,发现问题并加以纠正。统计资料的审核也包括对整理后次级资料的审核。

1. 准确性审核

准确性审核包括计算检查和逻辑检查。计算检查是指审核资料的统计口径和范围、计算方法和计量单位等是否符合要求,计算结果是否准确、是否符合实际情况。逻辑检查就是从理论上或根据常识来判断调查资料内容是否合情合理,各个项目之间是否有矛盾等。例如,在人口调查表中,"与户主关系"一栏中填"父女",而在"性别"一栏中却填"男",其中必有一栏填错。

2. 完整性审核

完整性审核即审核调查中应调查的单位是否有遗漏或重复、调查表中应填的栏目是否填写齐全等。如果调查单位不全、调查项目不足,那么据此整理出的资料就会有较大误差。

3. 及时性审核

及时性审核即审核资料是否按规定的时间及时上报,如果迟报,那么就要分析迟报的原因。

(三)进行科学的统计分组

用一定的组织形式和方法,对原始资料进行科学的分组,这是统计整理的前提和基础。

(四)统计汇总

对分组后的资料进行汇总和必要的计算,就使得反映总体单位特征的资料转化为反映总体数量特征的资料,统计汇总是统计整理的中心环节。

1. 统计汇总的组织形式

统计汇总形式包括逐级汇总和集中汇总等。

(1)逐级汇总。逐级汇总是按照一定的统计管理系统,由各级统计机构自下而上地逐级将调查资料汇总上报,如我国的定期统计报表。它的特点是便于就地审核与改正原始资料的差错,能满足地区和部门的需要,但较费时、费力。

(2) 集中汇总。集中汇总是把统计调查资料集中在组织调查的最高机关或由它指定的机构进行汇总。它的特点是不经中间环节，可以大大缩短汇总时间，便于贯彻统一的汇总纲要，并可使用现代化的汇总手段来提高汇总效率和质量。

2. 统计汇总的技术

统计汇总技术主要有手工汇总技术和计算机汇总技术。

(1) 手工汇总。手工汇总是用算盘和小型计算器进行的汇总。具体的手工汇总方法有划记法、过录法、折叠法和卡片法等。划记法，就是用点、线等符号计算各组和总体单位数的方法。过录法，是将调查资料过录到事先准备好的整理表上，然后再计算加总，编制出统计表。折叠法，是将调查表中需要汇总的同一横行或纵栏预先折好，按顺序一一叠在一起，进行汇总计算，再填制统计表。卡片法，是按分组汇总的要求，将调查表中的资料摘录到卡片上，再根据卡片进行分组和汇总计算。

(2) 计算机汇总。广泛使用电子计算技术是我国统计工作现代化的重要标志之一。计算机数据处理包括对原始数据的加工、存储、合并、分类、逻辑检查、运算以及打印出汇总表或图形等。计算机数据处理的全部过程大体上分为五个步骤：①编程序；②编码；③数据录入；④逻辑检查；⑤制表打印。

(五) 编制统计表和统计图

统计表和统计图是统计资料整理的结果，也是表现统计资料的两种重要形式。根据研究的目的可编制各种统计表和统计图。

第二节 统 计 分 组

统计分组是统计整理工作的关键环节，是统计整理的一门重要的技术和方法。

一、统计分组的概念

统计研究的目的在于反映所研究总体的状况和特征。统计为了认识总体，不仅要研究总体的一般特征，还需要对总体内所有单位在质量与数量上存在的差异进行分析。统计分组就是基于这种需要而产生的。

统计分组是指根据统计研究的目的和要求以及所研究现象的特点，按照一定标志将统计总体划为若干个组成部分的一种统计方法。总体的这些组成部分被称为"组"，也就是大总体中的小总体。通过对定义的分析，我们不难得出：

(1) 统计分组至少有一个分组标志。

(2) 统计分组的对象是总体。

(3) 统计分组对总体而言是"分",对总体单位而言是"组"。
(4) 能对总体进行分组,是由总体的"差异性"决定的。
(5) 统计分组的要求是"组内同质性,组间差异性"。

例如,研究国家在某一时期的国内生产总值情况,可按产业标志,将其分为第一产业、第二产业和第三产业三个组。又如,在全部国有工业企业这个总体中,可按照企业生产规模将企业划分为大型企业、中型企业和小型企业三个组,每一组内各企业生产规模相同,而组与组之间的企业生产规模不同。

可见,统计分组实质上是对统计总体内部进行定性分类。它是统计特有的方法,在统计工作中发挥着重要作用。只有对总体进行科学分组,才能对社会经济现象进行分门别类的研究,通过对现象各个局部的了解可以更加深刻地认识事物的本质。

二、统计分组的作用

统计分组在统计认识过程中的作用很多,只有对统计总体进行科学的分组,才能对统计资料进行科学的加工和分析,才能得出科学的、符合实际的结论。因此,统计分组是统计整理工作的关键,它关系到统计研究的目的能否实现和统计研究的任务能否完成。统计分组的作用包括以下三点。

(一)划分社会经济现象的类型

构成社会经济现象总体的各个总体单位有着各种各样的类型,不同的类型具有不同的性质和不同的变化规律。通过统计分组可以把复杂的社会经济现象区分为各个性质不同的组成部分,以认识事物质的差别。我国正处于社会主义初级阶段,划分社会经济类型是十分重要的,它直接反映了社会生产关系和社会经济结构的特点。

(二)反映社会经济现象总体的内部结构

在划分现象类型的基础上,通过计算各类型组数值在总体中所占的比重及各类型组之间的比例关系,可以反映现象总体的内部结构,可体现部分与整体的关系以及各部分之间存在的差别和相互联系,反映事物从量变到质变的过程,从而更清楚地认识现象的发展过程和发展规律。

(三)分析社会经济现象之间的相互依存关系

社会经济现象是一个复杂的整体,现象与现象之间是相互联系、相互依存的。一种现象的变化可能会引起另一种现象的变化,一种现象的变化可能会同时受若干现象变化的影响。

上述三种作用中,反映社会经济现象总体的内部结构是最基本的,划分社会经济现象的类型是反映社会经济现象总体内部结构的特例,分析社会经济现象之间的依存关系是反映社会经济现象总体内部结构的扩展。

第一、二、三产业是如何划分的?

根据《国民经济行业分类》(GB/T 4754—2002),第一、二、三产业划分范围如下:

第一产业是指农、林、牧、渔业。

第二产业是指工业和建筑业。工业包括采矿业,制造业,电力、燃气及水的生产和供应业。

第三产业是指除第一、二产业以外的其他行业。第三产业包括:交通运输、仓储和邮政业,信息传输、计算机服务和软件业,批发和零售业,住宿和餐饮业,金融业,房地产业,租赁和商务服务业,科学研究、技术服务和地质勘查业,水利、环境和公共设施管理业,居民服务和其他服务业,教育,卫生、社会保障和社会福利业,文化、体育和娱乐业,公共管理和社会组织,国际组织。

三、分组标志的选择

分组标志是统计分组的依据,正确选择分组标志是统计分组的关键。分组标志选择正确与否直接影响统计分组的结果,最终影响统计整理和统计分析的准确性。正确选择分组标志能使分组作用得以充分发挥,也是统计研究获得正确结论的前提。正确选择分组标志须考虑以下三点。

(一)根据研究目的选择分组标志

要符合统计研究的目的和要求,研究目的不同,分组所依据的标志也不同。研究总体某方面的特征就应选择反映该方面的标志作为分组标志。例如,研究职工的素质及其对提高劳动生产率的影响,可以选择"文化程度""技术等级"作为分组标志;研究的目的是分析工人的劳动能力状况,就应按工人的年龄分组,如果选择其他标志,如性别、家庭收入等作为分组标志,则达不到研究的目的。

(二)选择反映事物本质区别的主要标志为分组标志

一个事物有多方面的属性和特征,同一研究目的也可能有若干相关标志可供分组时进行选择。分组时应选择最能说明事物本质差异的标志。例如,研究某社区居民家庭生活水平,可按每户月收入(见表3.1)和每户人均月收入(见表3.2)两种不同标志分组。

表 3.1　按每户月收入分组

每户月收入/元	户数/户
800 以下	110
800~1 000	450
1 000~1 600	395
1 600 以上	245
合计	1 200

这种分组,只说明了每个家庭的收入总额,没有考虑家庭人口数量对生活水平的影响。这将会把总收入相近,但因家庭人口数量不同而导致生活水平差异很大的家庭放在一组。

表 3.2　按每户人均月收入分组

每户人均月收入/元	户数/户
400 以下	205
400~600	435
600~800	435
800 以上	125
合计	1 200

这种分组剔除了家庭人口数量的影响因素,反映了每个家庭的真正收入水平和生活状况。不同收入水平的家庭分在不同组中,可以真正区分各家庭生活水平上的本质差异。

(三) 根据经济发展变化及历史条件选择分组标志

随着生产力和生产关系的发展变化,被研究对象的特征也在不断变化,因而分组标志应该适应这种变化。例如,在生产力水平较低的情况下,研究企业规模一般以职工人数作为分组标志。随着机械化、自动化水平的提高,职工人数已不能准确地说明企业规模的大小。因此在生产力水平较高的情况下一般使用企业生产能力和固定资产作为分组标志。然而,在研究劳动密集型企业时,生产的产品不固定,生产能力很难计算,所以仍以职工人数作为企业规模的分组标志。

此外,在将调查资料与历史资料对比时,应注意可比性问题。尤其在改变分组标志时,必须注意选择与历史资料可比的分组标志。

四、统计分组的方法

(一) 按分组标志的特征分组

因为总体单位的标志有品质标志和数量标志两种,所以可以按品质标志和数量标志对总体进行分组。

1. 按品质标志分组

按品质标志分组是指以反映事物属性差异的标志作为分组标志,将总体分为若干性质不同的组成部分。例如,人口按性别分为男、女两组,按文化程度分为大学以上程度、高中文化程度、初中文化程度、小学文化程度,职工按民族、技术等级、籍贯等分组都是按品质标志分组。

2. 按数量标志分组

按数量标志分组是指以反映事物数量差异的标志划分各组。例如,职工按月工资数额分组,商店按月销售额分组等。这种方法是通过量的变化反映质的特征,因此必须弄清量的变化积累到何种程度才发生质的飞跃。而这些只有在进行分组时,经过对总体的数量特征进行深入的分析和细致的研究之后才有可能做到。数量标志可以是绝对数,如职工人数、产值、产量等,也可以是相对数,如计划完成百分比、发展速度等。分组的形式可以是单项式,如按家庭人口数划分居民家庭,也可以是组距式,如前述的按年龄分的六个组。

(二) 按分组标志的多少及分组复杂程度不同分组

根据分组标志的多少可分为简单分组与复合分组。统计分组体系是对某一总体运用多个不同标志进行分组形成的相互联系、相互补充的体系。例如,学生可分别按性别、年龄、成绩、籍贯、民族等进行分组,目的是全面认识总体特征。统计分组体系有平行分组体系和复合分组体系两种表现形式。

1. 简单分组及平行分组体系

简单分组是只用一个标志对总体进行分组,如企业按行业分组,产品按用途分组。这只能反映现象在某一标志特征方面的差异情况,而不能反映现象在其他标志特征方面的差异。对同一总体运用两个或两个以上标志进行简单分组后平行排列形成的体系即平行分组体系。例如,对大学新生按性别、文理科、年龄进行简单分组而形成的平行分组体系。

按文理科分组:文科学生、理科学生。

按年龄分组:16 岁以下、16~18 岁、18~20 岁、20 岁以上。

按性别分组:男生、女生。

2. 复合分组及复合分组体系

复合分组是对同一总体按两个或两个以上分组标志层叠或交叉起来进行的一种分组。如企业按行业分组后,又按大、中、小规模分组。进行复合分组时,要注意先按主要标志分组,再按次要标志分组。由复合分组形成的体系称为复合分组体系。例如,对工业企业在经济类型分组的基础上,再按企业规模分组,形成如图3.1所示的复合分组体系。

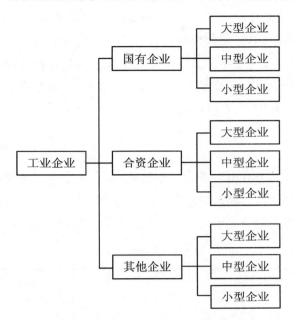

图 3.1 工业企业的复合分组体系

采用复合分组可以为统计分析提供更为丰富的信息,但在进行层叠分组时,其层次关系一定要依据研究问题的需要处理好。

必须指出的是,不论选择什么标志、采用什么方法对总体进行分组,都应遵循两条基本原则:穷尽性原则和互斥性原则。既要将所有的总体单位分到自己所属的组中,又要使每个总体单位只属于某一组,而不能同时出现在几个组中。

第三节 统计分布

统计分布数列是统计整理结果的一种重要表现形式,也是统计描述和统计分析的重要内容。它可以表明总体的分布特征和内部结构,并为研究总体中某种标志的平均水平及其变动规律提供依据。

一、分配数列概述

在统计分组的基础上,将总体单位按组归类整理,并按一定的顺序排列,形成总体单位在各组之间的分布,这种分组形式称为分布数列,也称次数分布、分配数列。在分配数列中,分布在各组的总体单位数叫作次数,又称频数。各组单位数与总体单位数之比称为比重,又称频率。为了统计分析需要,对频数和频率可分别计算累计频数和累计频率。分配数列是统计整理的结果,是进行统计描述和统计分析的基础。它可以表明总体分布特征及内部结构情况,并可以据此研究总体单位某一标志的平均水平及其变动的规律性。

根据分组标志性质不同,分配数列可以分为品质数列和变量数列。若选用的分组标志为品质标志,则各组的名称为文字。若选用的分组标志为数量标志,则各组的名称为数值。其中变量数列又可划分为单项式变量数列和组距式变量数列(包含等距数列、异距数列、开口数列、闭口数列、重限数列、不重限数列)。

(一) 品质数列

品质数列是按品质标志分组形成的分布数列,用来观察总体单位中不同属性单位的分布情况。例如,在2020年第七次人口普查中,我国大陆31个省、自治区、直辖市和现役军人的人口按民族、性别、籍贯等分组形成的数列都属于品质数列,如表3.3所示。

表3.3 人口性别分布

人口按性别分组	人口数/人	比重/%
男	723 339 956	51.24
女	688 438 768	48.76
合计	1 411 778 724	100.00

(二) 变量数列

变量数列是按数量标志分组形成的分布数列,用来观察总体中不同变量值在各组的分布情况。变量一般分为离散型变量和连续型变量,故在编制变量数列时,其方法是不同的。变量数列按其分组方式不同又有两种,即按单项式分组而形成的单项式数列和按组距式分组而形成的组距式数列。

1. 单项式数列

单项式数列是指数列中的分组只用一个数值表示的变量数列,即一个变量值就代表一组,如表3.4所示。

表3.4 某工厂工人看管设备台数情况

按工人看管设备台数分组/台	工人数/人
1	30
2	30
3	20
4	20
合计	100

单项式数列一般在按离散型变量分组且变量值变动幅度小、变量值项数不多时采用。在离散型变量变动范围比较大、变量值项数又很多的情况下,若采用单项式数列,把每一变量值作为一组,则必然会使分组的组数过多,各组次数过于分散,不能反映总体内部各部分的性质和差异,从而失去统计分组的真正意义。至于连续型变量,由于其变量值无法一一列举,更不能采用单项式数列。在这些情况下就需要采用组距式数列。

2. 组距式数列

组距式数列是指数列中每一组由两个变量值所确定的一个数值范围来表示的变量数列。在实际应用时,如按离散型变量分组且变量值变动幅度较大、个数较多时,可采用组距式数列;而按连续型变量分组时只能采用组距式数列。与单项式数列相比较,组距式数列各组的变量值不是某一具体的点值,而是一个区间,如表3.5所示。

表3.5　某厂工人按月工资分组情况

按月工资分组/元	工人数/人	比重/%
1 500 以下	100	10
1 500～2 000	200	20
2 000～2 500	300	30
2 500～3 000	300	30
3 000 以上	100	10
合计	1 000	100

在编制组距式变量数列时,需要注意以下关键问题:

(1) 组限划分及表示方法。组限是用来表示各组之间的界限的变量值,组距式变量数列中,各组的界限称为组限。表3.5中的1 500、2 000、2 500、3 000均为各组组限。组限分为上限和下限。下限是每组最小的标志值,上限是每组最大的标志值。如在"1 500～2 000"这一组中,1 500为该组的下限,2 000为该组的上限。若该组的组限都齐全,则称为闭口组;若组限不齐全,即最小组缺下限或最大组缺上限的组,则称为开口组。

划分连续型变量的组限时,采用"重叠分组"和"上限不在内"原则。即在划分相邻两组的组限时,前一组的上限与后一组的下限采用同一数字,且将该数字归到其为下限的组中。

(2) 组距确定。每组下限与上限之间的距离称为组距,即

$$组距=上限-下限$$

按照每组的组距是否相等,组距式变量数列分为等距数列和不等距数列两种。等距数列是指各组的组距都相等,适用于现象的变动比较均匀的情况。如某企业职工按收入水平分组、播种面积按单位面积农产品产量分组等,均采用等距分组。但在现象的变动不均匀或者为了特定的研究目的时,常常采用不等距数列,如人口的年龄分组。

(3) 组中值含义及计算。每组下限与上限之间的中点数值称为组中值,组中值用来代

表组内变量值平均水平,但不是组内变量值的平均数,即

$$组中值 = \frac{上限 + 下限}{2}$$

在开口组中计算组中值的公式

$$组中值 = 上限 - \frac{邻组组距}{2}(缺下限的开口组(即×××以下))$$

$$组中值 = 下限 + \frac{邻组组距}{2}(缺上限的开口组(即×××以上))$$

组距式分组掩盖了各组标志值的分布情况,为了反映各组标志值的一般水平,通常用组中值作为各组的代表值。利用组中值的前提是"假定各组变量值的分布是均匀的或对称的",但在实际工作中大多数资料并非如此。因此,组中值作为各组的代表值只是一个近似值。

请思考并计算表3.5中各组的组中值。

二、变量数列的编制方法

变量数列的编制比较复杂,下面结合实例具体说明变量数列的编制过程。

【例3.1】 某班50名学生的"统计学"课程期中测验成绩如下,要求编制变量数列。

```
65  82  75  60  90  100  68  78  83  84
51  86  81  72  75  76   94  82  83  86
81  89  76  85  74  79   63  99  56  77
74  77  80  86  95  76   84  68  63  52
84  89  75  80  69  89   88  100 76  86
```

(一)将原始资料按其数值大小重新排列

只有对原始资料进行初步整理,即按数值大小排序,才能看出变量值波动的范围大小。对例3.1中的资料按从小到大的顺序排列如下:

```
51  52  56  60  63  63  65  68  68  69
72  74  74  75  75  75  76  76  76  76
77  77  78  79  80  80  81  81  82  82
83  83  84  84  84  85  86  86  86  86
88  89  89  89  90  94  95  99  100 100
```

通过重新排列,可了解该资料的一些特征:首先,该班统计基础考试成绩分布在51~100分,波动幅度较大;其次,多数学生成绩集中在70~90分。通过初步整理,可

使我们大致了解该资料的某些特征和变动规律,从而为正确编制变量数列提供必要的依据。

(二)计算全距,确定变量数列的形式

全距是指有限变量数列中最大值与最小值的差,表示变量值总的变动幅度。例3.1中的全距为

$$100-51=49(分)$$

要确定编制单项式数列还是组距式数列,主要取决于变量的类型和变动幅度。由于该班统计成绩数值较多,分布较广,宜采用组距式数列。在组距式数列中,有等距数列和不等距数列两种。采用等距数列还是不等距数列,主要取决于现象的特点和研究目的。从现象特点来说,一般在变量值分布均匀的情况下,应采用等距数列;从研究目的来说,如果是为了便于分组比较,便于计算总体平均数和绘制统计图,则一般采用等距数列。因此,例3.1采用了等距数列。

(三)确定组距和组数

在等距分组中,组距的大小与组数的多少互为制约,成反比关系。当全距一定时,组距越大,组数就越少;组距越小,组数就越多。

$$组数=全距÷组距$$

对于组距和组数,不能机械地规定先确定什么,从原则上讲,都应力求符合实际,能够反映总体分布的特点。在实际应用中,往往组数略多或略少问题都不大,但必须是整数。组距应尽可能取5或10的整数倍。例3.1中全距为49分,为计算方便,将组距取为整数10。

(四)确定组限和组限表示方法

组距、组数确定后,需进一步确定组限。组限应根据变量的性质来确定,要有利于反映总体各单位的实际分布特征,具体应考虑以下几个方面:

(1)组限最好用整数表示,如果组距是5、10……100,则每组的下限最好是它的倍数。

(2)应使第一组下限略小于资料中的最小变量值,最末组上限略大于资料中的最大变量值。

(3)对于连续型变量,必须采用重叠组限;对于离散型变量,两种方法都可以采用。

(五)累计各组单位数,编制变量数列

经过统计分组,确定了全距、组距、组数和组限以后,就可以把变量值按组归类得出各组单位数,最后把各组单位数填入相应的各组次数栏中,得出所要编制的变量数列,如表3.6所示。

表 3.6　某班学生统计成绩分布情况

按成绩分组/分	学生数/人	比重/%
60 以下	3	6
60～70	7	14
70～80	14	28
80～90	20	40
90 以上	6	12
合计	50	100

从表 3.6 中可以看出，该班成绩合格率为 94%，优良率（80 分以上）为 52%，成绩主要分布在 70～90 分，占 68%。由此可以看出该班整体成绩较好。

三、次数分布的主要类型和特征

根据次数分布曲线形态划分，次数分布的主要类型有钟形分布、U 形分布、J 形分布和洛伦兹分布。

（一）钟形分布

钟形分布的主要特征为"两头小，中间大"，即靠近中间的变量值分布的次数较多，靠近两边的变量分布次数较少，形若古钟，故被称为钟形分布。

根据其偏斜情况，可进一步细分为对称钟形分布、左偏钟形分布和右偏钟形分布三种（见图 3.2）。

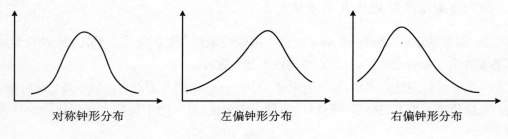

图 3.2　钟形分布

对称钟形分布也叫正态分布（Normal Distribution）或高斯分布（Gaussian Distribution），以中心变量值为对称轴呈对称分布。

正态分布最早由棣莫弗在求二项分布的渐近公式中得到。高斯在研究测量误差时从另一个角度导出了它。拉普拉斯和高斯研究了它的性质。它是一个在数学、物理及工程等领域都非常重要的概率分布，在统计学的许多方面有着重大的影响力。正态分布的图形特征包括：集中性，正态曲线的高峰位于正中央，即均值所在的位置；对称性，正态曲线以均值为中心，左右对称，曲线两端永远不与横轴相交；均匀变动性，正态曲线由均值所在处开始，分别向左右两侧逐渐均匀下降。

左偏钟形分布,也叫正偏钟形分布,变量值小的分布次数较变量值大的分布次数多。

右偏钟形分布,也叫负偏钟形分布,变量值大的分布次数较变量值小的分布次数多。

(二) U形分布

U形分布的主要特征包括:靠近中间的变量值分布的次数少,靠近两端的变量值分布次数多,形成"两头大,中间小"的U形分布。如人口死亡率按年龄分组的分布(见图3.3)。

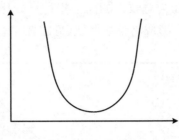

图 3.3　U 形分布

(三) J形分布

正J形分布的特征是随着变量值的增大,分布次数增多,若根据变量数列绘成线图,则形若英文字母"J"。如老年人口按年龄分组的死亡率分布曲线多呈正J形分布(见图3.4(a))。

反J形分布的特征是随着变量值的增大,分布次数减少,若根据变量数列绘成线图,则形若反写的英文字母"J"。如一般商品需求量与价格变动多呈反J形分布(见图3.4(b))。

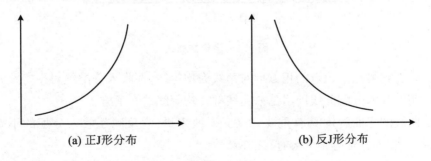

(a) 正J形分布　　　　　　　　(b) 反J形分布

图 3.4　J 形分布

(四) 洛伦兹曲线和基尼系数

1. 洛伦兹曲线

洛伦兹曲线又称集中曲线,用以检验社会收入分配的平等程度。可拓展用于研究总体各单位标志分布集中状况或平均性的其他社会经济现象。

洛伦兹曲线(Lorenz curve)也译为"劳伦兹曲线",是指在一个总体(国家、地区)内,由以

"最贫穷的人口计算起一直到最富有人口"的人口百分比与对应各个人口百分比的收入百分比的点组成的曲线。为了研究国民收入在国民之间的分配问题,美国统计学家洛伦兹于1907年提出了著名的洛伦兹曲线。

洛伦兹曲线用于比较和分析一个国家在不同时代或不同国家在同一时代的财富不平等。该曲线作为一个反映收入和财富分配信息的便利的图形方法得到了广泛应用。通过洛伦兹曲线可以直观地看到一个国家或地区的收入分配状况。

首先将全社会的人口按照收入升序排序,分组排列收入(或社会财富),然后计算人口向上累计百分比和相应的收入占社会总收入的向上累计百分比,以人口向上累计百分比为横轴,以收入向上累计比重为纵轴,形成洛伦兹曲线(见图3.5)。

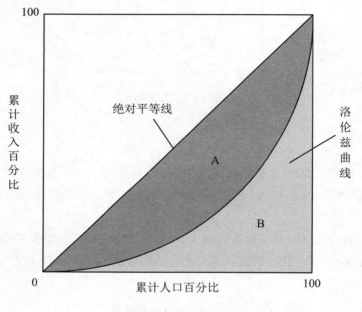

图 3.5　洛伦兹曲线

从坐标原点到另一个顶点的正方形对角线为均等线,即收入分配绝对平等线,这一般是不存在的。实际收入分配曲线即洛伦兹曲线都在均等线的右下方。

洛伦兹曲线的弯曲程度具有重要意义。一般来讲,它反映了收入分配的不平等程度。弯曲程度越大,收入分配越不平等,反之亦然。

洛伦兹曲线与对角线围成的部分(面积 A)叫作不平等面积。当收入分配达到完全不平等时,洛伦兹曲线成为折线(直角边线)与对角线之间的面积(A+B)叫作完全不平等面积。不平等面积与完全不平等面积之比称为基尼系数,它是衡量一国或地区贫富差距的标准。

2. 基尼系数

基尼系数(Gini Coefficient)是国际上通用的、用以衡量一个国家或地区居民收入差距的常用指标。基尼系数最早由意大利统计与社会学家科拉多·基尼(Corrado Gini)在1912年提出。

基尼系数 G＝A/(A＋B)，基尼系数最大值为"1"，最小值为"0"。基尼系数越接近 0，表明收入分配越趋向平等。国际上并没有一个组织或教科书给出最适合的基尼系数标准，因为计算基尼系数的方法不同，计算结果的差别较大。

联合国开发计划署等组织规定：
(1) 低于 0.2 表示系数等级极低（高度平均）。
(2) 0.2～0.29 表示系数等级低（比较平均）。
(3) 0.3～0.39 表示系数等级中（相对合理）。
(4) 0.4～0.59 表示系数等级高（差距较大）。
(5) 0.6 以上表示系数等级极高（差距悬殊）。

通常把基尼系数为 0.4 作为收入分配差距的"警戒线"，根据黄金分割律，其准确值应为 0.382。一般发达国家的基尼系数在 0.24～0.36，美国偏高，为 0.52。

第四节　统计资料显示方法

依据人们的记忆规律，同样一种信息，图像比表格更便于记忆，表格比文字更便于记忆。因此，统计资料的显示往往是以统计表与统计图的形式来表现的。

一、统计表概述

统计资料整理的结果可以用不同的形式表现出来，而统计表则是应用最为广泛的一种。统计表是以纵横交叉的线条绘制出的表格来表现统计资料的一种形式。广义的统计表包括统计工作各个阶段所用的一切表格；狭义的统计表是指侧重表现统计整理结果所用的表格。

（一）统计表的意义

(1) 统计表能够系统组织和合理安排大量的统计资料，使资料表现得紧凑、清晰、醒目、简洁。
(2) 统计表能反映总体特征及各部分之间的联系，便于对比和计算各种分析指标。
(3) 统计表是积累、保存和分析统计资料的主要手段。

（二）统计表的构成

从形式上看，统计表主要由总标题、横行标题、纵栏标题和指标数值等四个组成部分。总标题是统计表的名称，用来概括说明统计表所反映的统计资料内容，一般置于表的正上方。横行标题是横行的名称，在竖式设计中，横行标题置于表的左侧，是用来表明统计资料反映的总体及其分组的名称。纵栏标题是纵栏的名称，在竖式设计中，纵栏标题置于表的右上端，是用来表明统计指标的名称。指标数值是横行标题与纵栏标题交叉处的数值。此外，有些统计表还设有表脚,表脚部分内容包括资料来源说明、注释、补充资料、填表时间和填表单位等。表 3.7 为竖式设计的统计表。

表 3.7　某地区 2020 年工业产值分布情况表

项目	产值/亿元	比重/%
轻工业	59 009	49.3
重工业	60 684	50.7
合计	119 693	100

从内容上看,统计表包括主词和宾词两个组成部分:

(1) 主词,又称主题栏,用来反映统计表所要说明的对象,包括总体单位的名称或总体的分组等,在竖式设计中位于统计表的左端。

(2) 宾词,又称叙述栏,用来说明主题栏的各种统计指标,包括指标的名称和指标的数值,通常位于统计表的右端,如表 3.7 所示。

二、统计表的种类

(一) 按用途划分

统计表按用途划分,可分为调查表、整理表和分析表。在统计工作的调查阶段、整理阶段和分析阶段,都需要设计统计表来取得资料、整理汇总资料和分析比较资料。

1. 调查表

调查表通常用在统计调查阶段,用来帮助取得统计资料,一般只记录调查单位的特征,不能综合反映统计总体的数量特征。

调查表一般有两种形式,即单一表和一览表。单一表只登记一个调查单位的项目,适用于对象分散、项目多、内容重要或涉及隐私等情况。

一览表可在一张调查表中同时登记若干调查单位的项目,适用于对象集中、项目较少等情况。

2. 整理表

整理表又称汇总表,是在统计汇总或整理过程中用于汇总合计数等表现整理结果的表格,它由两部分组成:一部分是统计分组;另一部分是用来说明统计分组综合特征的统计指标。整理表能够综合说明统计总体的数量特征。

3. 分析表

分析表是在统计分析中用来记载计算过程和表现计算成果的表格。分析表通常为整理表的延续分析表,可以更加深刻地揭示社会经济现象的本质和规律性。

（二）按表示的统计数列的内容划分

统计表按表示的统计数列的内容划分，可分为空间数列表、时间数列表和时空数列结合表。

1. 空间数列表

空间数列表又称静态表，它是反映在同一时间条件下，不同空间范围内的统计数列的表格，用以说明静态条件下社会经济现象在不同空间的数量分布。

2. 时间数列表

时间数列表是反映现象在不同时间上发展变化数据的统计表。

3. 时空数列结合表

时空数列结合表是把时间数列表和空间数列表结合起来，同时反映时间和空间两方面内容的统计表。它既说明了社会经济现象在不同空间的数量分布，又说明它们在不同时间上的数量变动。

（三）按总体分组情况划分

统计表按总体分组情况划分，可分为简单表、简单分组表和复合分组表三种。

1. 简单表

简单表是指统计总体未作任何分组的统计表，即统计表的主体栏仅罗列总体各单位的名称或按时间顺序排列的统计表。

2. 简单分组表

简单分组表是指统计总体按一个标志进行分组后形成的统计表，如表 3.8 所示。

表 3.8 2020 年某地非金融领域外商直接投资及其增长速度

行业	企业数/家	比上年增长率/%	实际使用金额/亿美元	比上年增长率/%
总计	27 406	16.9	1 057.4	17.4
其中：制造业	11 047	13.1	495.9	6.0
电力、燃气及水的生产和供应业	210	−11.8	21.2	0.6
交通运输、仓储和邮政业	396	0.3	22.4	−11.2
信息传输、计算机服务和软件业	1 046	−3.2	24.9	10.7
批发和零售业	6 786	33.1	66.0	22.4
房地产业	689	21.1	239.9	42.8
租赁和商务服务业	3 418	19.3	71.8	17.3
居民服务和其他服务业	217	4.8	20.5	29.4

3. 复合分组表

复合分组表是指统计总体按两个或两个以上标志分组后形成层叠式的统计表,如表 3.9 所示。

表 3.9　2020 年某地全部金融机构本外币存贷款及其增长速度

单位:亿元

指标	年末数	比上年末增长率/%
各项存款余额	733 382	19.8
其中:企业存款	252 960	12.7
城乡居民储蓄存款	307 166	16.0
其中:人民币	303 302	16.3
各项贷款余额	509 226	19.7
其中:短期贷款	171 236	13.1
中长期贷款	305 127	29.5

三、统计图

统计图是指采用几何点、线、面、体以及事物的形象和地图等形式绘制的并用以反映社会经济数量方面的各种图形。它也是表现统计资料的一种重要形式,其特点是通俗易懂、简明生动,给人以具体的形象,使人一目了然。常用统计图有以下六种。

(一)直方图

直方图是指以组距为宽度、以长方形面积代表各组的次数而绘制的次数分配图形。当各组组距相等时,各长方形的高度与次数就成比例关系。因为各组是连续的,所以每个长方形是彼此连接在一起的,其间不留空隙,如图 3.6 所示。

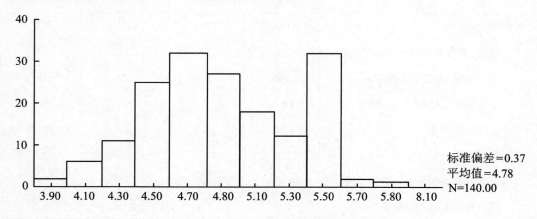

图 3.6　144 名正常男子红细胞计数的直方图

(二) 柱形图

柱形图是在同一底线上,用相同宽度所建立的各自隔离的许多柱形,其高度根据实际资料既可以选用绝对数也可以选用相对数来表示。例如,根据表 3.10 所示的某地区近五年城镇新增就业人数资料,绘制柱形图,如图 3.7 所示。

表 3.10　2016~2020 年城镇新增就业人数

单位:万人

年份	2016	2017	2018	2019	2020
新增就业人数	1 184	1 204	1 113	1 102	1 168

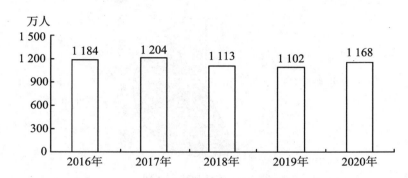

图 3.7　2016~2020 年城镇新增就业人数柱形图

(三) 条形图

条形图是以相同宽度的条形长短来比较统计指标数值大小的图形,实际上它就是上述柱形图的横置,如根据表 3.10 资料绘制的条形图如图 3.8 所示。

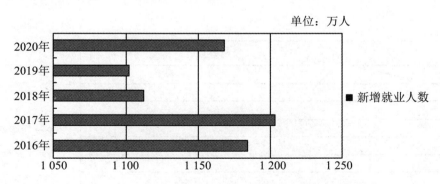

图 3.8　2016~2020 年城镇新增就业人数条形图

(四) 圆形图(饼图)

圆形图是用来描述和表现各成分或某一成分所占百分比的一种图形。它是以一个圆代

表一个全体,用其中的扇形区域代表各部分,扇形区域的大小与该成分的大小成正比,如根据表 3.11 绘制的图 3.9。

表 3.11 2020 年某地区生产总值构成

单位:亿元

按产业分组	产值	比重/%
第一产业	40 497	10.2
第二产业	186 481	46.8
第三产业	171 005	43.0
合计	397 983	100

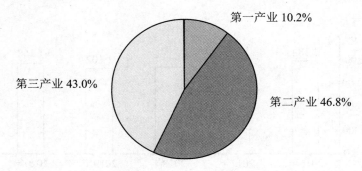

图 3.9 产业比率圆形图

(五)折线图

折线图是将纵横坐标相交的实心点以直线段相连接而形成的图形。对于同一组数据而言,折线图具有唯一性,即两点间只有一条直线,如根据表 3.10 资料绘制的折线图如图 3.10 所示。

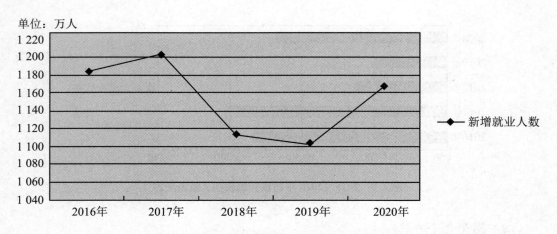

图 3.10 2016～2020 年城镇新增就业人数折线图

（六）曲线图

曲线图是将纵横坐标相交的实心点以光滑的曲线段相连接而形成的图形。它虽然看起来比折线图更光滑自然，但因为光滑地连接各实心点的方法很多，所以使得曲线表现得不具有唯一性，如根据表 3.10 绘制的曲线图如图 3.11 所示。

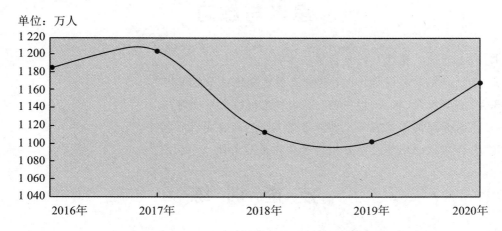

图 3.11　2016～2020 年城镇新增就业人数曲线图

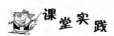

用 Excel 编制统计表与统计图

从严格意义上说，Excel 并不是一个专业统计软件，但它具有的绘图制表及统计功能已能满足日常工作生活中绝大多数统计需求及制表绘图的需要。因此，每位学习统计学的读者都需要掌握 Excel 作图表的常用技巧。以表 3.10 为例，用 Excel 制表及绘制柱形图、折线图、曲线图。

本 章 小 结

统计整理是根据统计研究的目的和任务，对统计调查阶段所搜集的原始资料进行加工，或对搜集的次级资料进行再加工，使其系统化、条理化、科学化，以得出反映事物总体综合特征的统计资料的工作过程。

统计分组就是根据统计研究的需要，将统计总体按照一定的标志区分为若干个组成部分的一种统计方法。其作用主要有划分社会经济现象的类型、反映社会经济现象总体的内部结构和分析社会经济现象之间的依存关系。统计资料汇总的组织形式分为逐级汇总和集中汇总，统计资料的汇总技术分为手工汇总和计算机汇总。

分配数列是指在统计分组的基础上，将总体的所有单位按组归类整理，并按一定的顺序排列，形成总体单位在各组之间的分布的分组形式，又称次数分配。分配数列有品质数列和变量数列两种形式。

统计表就是以纵横交叉的线条绘制出的表格来表现统计资料的一种形式,主要由总标题、横行标题、纵栏标题和指标数值等四个部分构成。统计图是在统计表的基础上,用几何图形或具体形象来描述统计资料的一种方式。

思考与练习

1. 什么叫统计整理?它包括哪些步骤?
2. 统计分组的关键是什么?怎样正确选择统计分组标志?
3. 什么是组距、组数、组中值?组数和组距的关系如何?
4. 次数分配的类型有哪几种?它们各自的特征是什么?
5. 简述单项分组和组距分组的含义和适用条件。

技 能 训 练

一、单项选择题

1. 统计整理主要是针对(　　)进行加工的过程。
   A. 综合统计数据　　B. 历史数据资料　　C. 统计分析数据　　D. 原始调查数据
2. 某连续型变量的组距数列,其末组为开口组,下限为 600,其邻组的组中值为 550,则末组的组中值为(　　)。
   A. 550　　　　　　B. 650　　　　　　C. 700　　　　　　D. 750
3. 某小区居民人均月收入最高为 5 500 元,最低为 2 500 元,据此分为 6 组,形成等距数列,其组距应为(　　)。
   A. 500　　　　　　B. 600　　　　　　C. 550　　　　　　D. 650
4. 统计资料整理的首要环节是(　　)。
   A. 编制统计报表　B. 审核汇总资料　C. 审核原始资料　D. 设计整理方案
5. 某年收入变量数列,其分组依次为 10 万元以下、10 万~20 万元、20 万~30 万元、30 万元以上,则(　　)。
   A. 10 万元应归入第一组　　　　　B. 20 万元应归入第二组
   C. 20 万元应归入第三组　　　　　D. 30 万元应归入第三组
6. (　　)属于按品质标志分组。
   A. 雇员按接受教育年限分组　　　B. 职工按就业领域分组
   C. 企业按资产存量分组　　　　　D. 住户按人口多寡分组
7. 组数与组距的关系是(　　)。
   A. 组数越多,组距越小　　　　　B. 组数越多,组距越大
   C. 组数与组距无关　　　　　　　D. 组数越少,组距越小

8. 在进行组距分组时,以组中值作为该组数据的代表值的假定前提条件是( )。
   A. 各组变量值均相等　　　　　　B. 各组数据在本组内呈均匀分布
   C. 各组组距均相等　　　　　　　D. 各组频数均相等
9. 统计分组的依据是( )。
   A. 标志　　　B. 指标　　　C. 标志值　　　D. 变量值
10. 统计分组的关键在于( )。
    A. 正确选择分组标志　　　　　　B. 正确划分各组界限
    C. 正确确定组数和组限　　　　　D. 正确选择分布数列种类
11. 在全距一定的情况下,组距的大小与组数的多少成( )。
    A. 正比　　　　　　　　　　　　B. 反比
    C. 无比例关系　　　　　　　　　D. 有时成正比,有时成反比
12. 简单分组与复合分组的区别在于( )。
    A. 总体的复杂程度不同　　　　　B. 组数多少不同
    C. 选择分组标志的性质不同　　　D. 选择的分组标志的数量不同
13. 等距分组适合于( )。
    A. 一切变量　　　　　　　　　　B. 变量变动比较均匀的情况
    C. 呈急剧升降变动的变量　　　　D. 按一定比率变动的变量
14. 确定连续型变量的组限时,相邻的组限一般要求( )。
    A. 不重叠　　　B. 重叠　　　C. 不等　　　D. 重叠或不重叠
15. 简单表与分组表的区别在于( )。
    A. 主词是否分组　　　　　　　　B. 宾词是否分组
    C. 分组标志的多少　　　　　　　D. 分组标志是否重叠
16. 统计表的横行标题表示各组的名称,一般应写在统计表的( )。
    A. 上方　　　B. 左方　　　C. 右方　　　D. 均可
17. 在统计汇总时,如果只要求计算各组分配的单位数,则可采用( )。
    A. 过录法　　　B. 划记法　　　C. 折叠法　　　D. 卡片法
18. 在填写统计表时,当某项不应有数字时,用( )符号表示。
    A. 0　　　B. X　　　C. —　　　D. …
19. 按某一标志分组的结果表现为( )。
    A. 组内同质性,组间同质性　　　B. 组内同质性,组间差异性
    C. 组间差异性,组间同质性　　　D. 组间差异性,组间差异性
20. 累计次数或累计频率中的"向上累计"是指( )。
    A. 将各组变量值由小到大依次相加
    B. 将各组次数或频率由小到大依次相加
    C. 将各组次数或频率从变量值最低的一组向最高的一组依次相加
    D. 将各组次数或频率从变量值最高的一组向最低的一组依次相加

21. 要准确地反映异距数列的实际分布情况,应采用( )。
    A. 次数   B. 累计频率   C. 频率   D. 次数密度
22. 某连续型变量数列,其末组为开口组,下限为200,又知其邻组的组中值为170,末组的组中值为( )。
    A. 260   B. 215   C. 230   D. 185
23. 某主管局将下属企业先按轻、重工业分类,再按企业规模分组,这样的分组属于( )。
    A. 简单分组   B. 复合分组   C. 分析分组   D. 结构分组
24. 简单分组和复合分组的区别在于( )。
    A. 选择的分组标志的性质不同   B. 选择的分组标志多少不同
    C. 组数的多少不同   D. 组距的大小不同
25. 20名工人看管机器台数资料如下:
    2 5 4 4 3 4 3 4 4 2 2 4 3 4 6 3 4 5 2 4
    如按以上资料编制分配数列,应采用( )。
    A. 单项式分组   B. 等距分组
    C. 不等距分组   D. 以上几种分组均可以
26. 在分组时,凡遇到某单位的标志值刚好等于相邻两组上下限数值时,一般是( )。
    A. 将此值归入上限所在组   B. 将此值归入下限所在组
    C. 此值归入两组均可   D. 另立一组

二、多项选择题

1. 统计资料整理的内容一般包括( )。
    A. 资料审核   B. 统计分组   C. 统计汇总   D. 统计分析
    E. 编制统计表
2. 下列分组中属于按品质标志分组的有( )。
    A. 职工按工龄分组   B. 企业按所有制属性分组
    C. 教师按职称分组   D. 人口按地区分组
    E. 人口按文化程度分组
3. 下列分组中属于按数量标志分组的有( )。
    A. 企业按计划完成程度分组   B. 职工按工龄分组
    C. 企业按隶属关系分组   D. 企业按年产量分组
    E. 学生按健康状况分组
4. 在组距数列中,组距大小与( )。
    A. 单位数的多少成正比   B. 单位数的多少成反比
    C. 单位数的多少无关系   D. 组数多少成正比

E. 组数多少成反比
5. 统计表从内容上看由（　　）组成。
   A. 总标题　　　　B. 横行标题　　　C. 纵栏标题　　　D. 主词
   E. 宾词
6. 统计分组的作用在于（　　）。
   A. 区分现象的类型　　　　　　　　B. 反映现象总体的内部结构
   C. 比较现象间的一般水平　　　　　D. 分析现象的数量变化
   E. 研究现象之间的依存关系
7. 组距数列中影响各组分配次数的因素是（　　）。
   A. 组距的大小　　B. 组数的多少　　C. 不同的组限　　D. 变量值的大小
   E. 分组标志的性质
8. 选择分组标志时应考虑的因素有（　　）。
   A. 统计研究目的或分组目的　　　　B. 标志能否反映事物本质
   C. 是区分事物数量差别还是性质差别　D. 现象所处的客观历史条件
   E. 变量是连续型变量还是离散型变量
9. 统计资料审核主要是审核资料的（　　）。
   A. 准确性　　　　B. 及时性　　　　C. 完整性　　　　D. 代表性
   E. 科学性
10. 统计汇总的组织形式一般有（　　）。
    A. 逐级汇总　　　　　　　　　　　B. 集中汇总
    C. 手工汇总　　　　　　　　　　　D. 电子计算机汇总
    E. 逐级汇总与集中汇总相结合
11. 广义的统计表从其用途上看包括（　　）。
    A. 调查表　　　　B. 汇总表　　　　C. 分析表　　　　D. 简单分组表
    E. 复合分组表
12. 在组距数列中，组中值（　　）。
    A. 是上限与下限的中点数　　　　　B. 在开口组中可参照相邻组来确定
    C. 在开口组中无法计算　　　　　　D. 是用来代表各组标志值的一般水平
    E. 就是组平均数
13. 统计表从形式上看由（　　）组成。
    A. 总标题　　　　B. 横行标题　　　C. 纵栏标题　　　D. 主词
    E. 宾词
14. 组距式分组仅适合于（　　）。
    A. 连续型变量　　　　　　　　　　B. 离散型变量
    C. 离散型变量且变动幅度较大　　　D. 离散型变量且变动幅度较小
    E. 连续型变量且变动幅度较大

15. 统计分组的作用在于（　　）。
    A. 保证统计整理的准确性　　　　B. 划分现象的类型
    C. 保证统计分析结果的真实性　　D. 揭示现象的内部结构
    E. 分析现象的依存关系
16. 下列适宜编制组距式变量分配数列的有（　　）。
    A. 公司实现利润总额　　　　　　B. 企业产值计划完成程度
    C. 学校的学生人数　　　　　　　D. 职工的文化程度
    E. 居民的家庭人口数
17. 下列属于变量数列的有（　　）。
    A. 按大学生所学专业分配　　　　B. 按运动员年龄分配
    C. 按企业利润分配　　　　　　　D. 按工人的劳动生产率分配
    E. 按劳动者的职业分配
18. 采用组距分组时（　　）。
    A. 第一组下限应小于或等于最小变量值
    B. 第一组下限应大于或等于最小变量值
    C. 最后一组上限应大于或等于最大变量值
    D. 最后一组上限应小于或等于最大变量值
    E. 数列应按升序排列

三、判断题

1. 统计分组的关键在于划分各组的界限。（　　）
2. 对于连续型变量，其组限是按照"上限不包括在内"的原则进行汇总的。（　　）
3. 统计整理不仅是对原始资料的整理，而且还包括对次级资料的整理。（　　）
4. 连续型变量的分组只能采取组距式形式。（　　）
5. 在确定组限时，最大组上限必须大于最大变量值，最小组下限必须小于最小变量值。（　　）
6. 学生按性别分组属品质标志分组。（　　）
7. 离散型变量既可以作单项式分组，也可以作组距式分组。（　　）
8. 连续型变量在进行分组时，其组限可以采取"不重叠"式表示。（　　）
9. 对统计总体进行分组是由总体各单位的"同质性"所决定的。（　　）
10. 按一个标志进行的分组是简单分组，按多个标志进行的分组是复合分组。（　　）
11. 统计表中如果不存在某项数字时，应用符号"—"表示。（　　）
12. 统计分组的首要问题就是正确划分各组的界限。（　　）
13. 编制变量数列时，若资料有特大或特小的极端值，则宜采用开口组表示。（　　）
14. 连续型变量只能作组距式分组，且组限只能是重叠组限表示法。（　　）
15. 次数分布有两种表现方法，一种是用表格表示，另一种是用图表示。（　　）

16. 统计整理就是对统计资料进行汇总、加工处理。（　　）

17. 能够对总体进行分组,是由统计总体中各单位所具有的差异性决定的。（　　）

四、应用题

1. 2016～2020年我国某地农村居民人均纯收入如表3.12所示。

表3.12　2016～2020年我国某地农村居民人均纯收入

年份	人均纯收入/元
2016	3 587
2017	4 140
2018	4 761
2019	5 153
2020	5 919

(1) 计算这五年人均收入平均数及平均增长速度。

(2) 请根据表中的数据绘制直方图、柱形图、条形图和饼形图。

2. 某班40名学生统计学考试成绩(单位:分)分别为

  68　89　88　84　86　87　75　73　72　68
  75　82　97　58　81　54　79　76　95　76
  71　60　90　65　76　72　76　85　89　92
  64　57　83　81　78　77　72　61　70　81

学校规定:60分以下为不及格,60～70分为及格,70～80分为中,80～90分为良,90～100分为优。

(1) 将该班学生分为不及格、及格、中、良、优五组,编制一张次数分配表。

(2) 指出分组标志及类型、分组方法的类型,并分析本班学生考试情况。

3. 某生产车间30名工人日加工零件数(单位:件)如下:

  30　26　42　41　36　44　40　37　37　25
  45　29　43　31　36　36　49　34　47　33
  43　38　42　32　34　38　46　43　39　35

(1) 根据以上资料分成如下几组:25～30,30～35,35～40,40～45,45～50,计算出各组的频数和频率,整理编制次数分布表。

(2) 计算出各组的累计频数和累计频率。

(3) 绘制次数分布直方图和曲线图。

4. 某行业管理局所属40个企业2020年的产品销售收入(单位:万元)数据如下:

152	124	129	116	100	103	92	95	127	104
105	119	114	115	87	103	118	142	135	125
117	108	105	110	107	137	120	136	117	108
97	88	123	115	119	138	112	146	113	126

（1）按规定，销售收入在 125 万元以上为先进企业，115 万～125 万元为良好企业，105 万～115 万元为一般企业，105 万元以下为落后企业，根据上面的数据，按先进企业、良好企业、一般企业、落后企业进行分组。

（2）编制频数分布表，并计算出累计频数和累计频率。

综合指标

通过本章的学习，在明确综合指标含义的基础上，弄清标志总量与总体总量、时期指标与时点指标的含义和区别；理解相对指标的概念、表现形式和应用，理解平均指标和变异指标的概念及二者的关系；熟练掌握各种综合指标的特点和计算方法；理解权数的意义和作用，正确选择权数。

通过对综合指标基本概念和范畴的学习和理解，认识统计总量指标的作用；掌握相对指标、平均指标的计算方法；能利用变异指标进行分析。

综合指标是反映社会经济现象总体基本数量特征的统计指标,它包括总量指标、相对指标和平均指标。总量指标是最基本的综合指标,可分为总体单位总量和总体标志总量、时期指标和时点指标。相对指标是反映现象之间数量上的联系程度和对比关系的综合指标,常用的相对指标有结构相对指标、比例相对指标、比较相对指标、强度相对指标、计划完成程度相对指标和动态相对指标等。平均指标是反映现象总体一般水平的综合指标,其表现形式为平均数。静态平均数主要有算术平均数、调和平均数、几何平均数、众数和中位数,其中算术平均数是计算平均指标时最常用的。标志变异指标表明总体各单位标志值的离散程度和离中趋势,说明平均指标的代表性程度,测定现象变动的均匀性或稳定性程度,可以分为全距、平均差、标准差和变异系数。

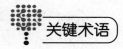

单位总量和标志总量　时期指标和时点指标　无名数和复名数　平均指标和标志变异指标

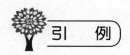

某年7月国家统计局公布了一组数据:当年上半年,全国城镇单位在岗职工平均工资10 990元,比去年同期增长18.5%。全国5.9万户城镇居民家庭抽样调查资料显示,上半年城镇居民人均可支配收入7 052元,同比增长17.6%,扣除价格因素,实际增长14.2%。

国家统计局的数据刚刚发布就引发了很多普通市民的疑惑。一所医院的大夫觉得有些疑惑。"统计局公布的平均工资水平,在我们单位要副主任医师才有可能达到""数据让人看了觉得不够真实"。某事业单位的职工同样感到不解。单位人事部门通知今年加薪,可是拿着7月份的工资条,怎么算,增加的那部分也不到10%。"看来我的收入水平远远低于全国平均增幅水平",他自嘲道。

在质疑的同时,一些网友也理性地提出,希望了解全国城镇在岗职工平均工资和可支配收入到底包括多大范围,是通过什么途径、方法算出来的。

一位不愿透露姓名的经济学家表示,在平均工资和人均可支配收入统计方面,地方政府和统计部门应该不存在造假的利益驱动。另外,样本数量很大,存在偏差的可能性也不大。

"是不是东部发达地区高工资水平拉高了全国的平均数?"一位经济学家揣测。

"垄断企业职工工资收入是一般人工资收入的好几倍,是不是也拉高了平均数?"

不仅仅是平均工资和人均可支配收入统计,近年来,对统计部门公布的城市平均房价等一系列和民生相关的平均数,都有公众提出了质疑。统计数据和民众的感受之间存在着巨大差距。

思考:
1. 什么是统计平均指标?如何看待统计平均数?
2. 统计综合分析指标有哪些?是通过什么途径、怎样计算出来的?

统计综合分析法是通过计算各种综合指标进行分析的。综合指标是反映社会经济现象总体基本数量特征的统计指标,包括总量指标、相对指标和平均指标。其中,总量指标是最基本的综合指标,相对指标和平均指标是总量指标的派生指标。

第一节 总量指标

一、总量指标的概念和作用

(一)总量指标的概念

总量指标是反映社会经济现象在一定的时间、地点、条件下的总规模、总水平或工作总量的指标。总量指标都是以绝对数表示的,所以也称绝对量指标。例如,一个国家或地区某一时点的人口数,某一时期的国内生产总值、国民收入,一个企业的销售总额、利润总额等均为总量指标。应该明确,社会经济现象总体在不同时间、地点、条件下,总量指标数值的大小随着统计范围的大小而发生增减变动。同时,社会经济现象总体在数量增减变化上的绝对数也是总量指标,如我国东部地区与西部地区的差异、今年某季度比去年同期国内生产总值的增加额等。

(二)总量指标的作用

总量指标是社会经济统计中最基本、最常用的指标,在社会经济研究和管理中具有非常重要的作用。

1. 总量指标是对社会经济现象总体认识的起点

总量指标是反映一个国家的国情与国力,一个地区、一个部门或一个企业的人力、物力、财力的基本数据。人们对社会经济最初的认识通常是从总量指标开始的。例如,若人们要从总体上全面把握社会经济现象的现状和运行态势,则首要问题就是准确地掌握客观现象在一定时间、地点条件下的数量多少,如人口和劳动力资源、国民财富、土地面积等总量指标。

 2. 总量指标是经济管理的重要依据

  总量指标是加强社会经济管理、平衡供求关系、保证国民经济协调发展、全面反映社会经济科技文化水平的重要工具,也是进行国民经济核算和企业经济核算的基础。例如,要运用政治、经济手段对国民经济的运行进行科学管理,就必须具体了解和分析各部门之间生产、分配、消费和积累的比例关系,这就需要首先了解各个时期的总量有多少,其中包括固定资产损耗多少、原材料消耗多少、支付多少劳动报酬、国民收入以及国民收入通过初次分配和再次分配最终形成积累和消费的数量多少等,据此才可能分析各部门之间的内在联系,为国民经济的科学管理提供客观依据。

 3. 总量指标是计算相对指标和平均指标的基础

  相对指标和平均指标一般都是由两个有联系的总量指标对比计算出来的,是总量指标的派生指标,所以总量指标的设计和计算是否科学合理,会直接影响相对指标和平均指标的准确性。

二、总量指标的种类

  总量指标按其反映的内容不同、反映的时间状态不同及计量单位不同,可分为如下三类。

(一)总体单位总量和总体标志总量

  总量指标按其反映的总体内容不同,可以分为总体单位总量和总体标志总量。总体单位总量表明总体本身规模的大小,反映总体中总体单位数量的多少。例如,要了解某地区工业企业的基本情况,则该地区工业企业数就是总体单位总量;要了解某地区工业企业职工的情况,则该地区工业企业职工总人数就是总体单位总量。

  总体标志总量是表明总体中各单位某一数量标志值累计总和的总量指标,它反映所研究现象的总水平。例如,某地区工业企业的工业增加值、商品销售总额、企业职工工资总额等,均为总体标志总量。

  在统计分析当中,由于研究的目的和对象不同,总体单位总量和总体标志总量并不是固定不变的,即这种总体指标的分类具有相对性。例如,职工人数指标,在研究职工基本情况时它是总体单位总量,但若研究的总体是工业企业,则职工人数就变成了总体标志总量。因此,明确总体单位总量和总体标志总量的含义与差别对于正确的统计计算具有重要意义。

(二)时期指标和时点指标

  总量指标按其反映的时间状态不同,可以分为时期指标和时点指标。

  时期指标是反映某种社会经济现象在一段时间内发展变化的总量指标,如工业总产值、国内生产总值、贸易总额、基本建设投资额、人口出生数等。

时点指标是反映社会经济现象在某一时间瞬间状况上的总量指标,如土地面积、工业企业数、职工人数、商品库存额、银行存款余额、人口数等。

时期指标与时点指标各具特点。

时期指标的特点:①各个时期指标的数值可以连续累加,累加的结果表示社会经济现象总体在较长时期内发展变化的总量。②一般来讲,时期指标数值的大小与其包括的时期长短有直接关系,时期越长,指标数值也就越大,反之指标数值就越小。③时期指标的数值可以以连续登记方式取得,它的每一个数据都可视为社会经济现象在这段时期内发生的总量。

时点指标的特点:①某个时点指标数值表明社会经济现象总体发展到某一时点上所达到的水平,不同时点上的指标值一般不能连续累加。②时点指标的数值大小与时间间隔长短没有直接关系。③作为时点指标,其只能间断计数,时点指标值一般是通过一次性登记取得的。

(三)实物指标、价值指标和劳动量指标

总量指标按其计量单位的不同,可以分为实物指标、价值指标和劳动量指标。

实物指标是以实物单位计量的总量指标,如粮食产量等。实物指标的优点是能直接反映事物的规模和水平、产品的使用价值的大小,其缺点是指标的综合性能较差,不能用于广泛的综合,无法反映国民经济的总规模和总的发展速度。例如,工业企业生产的不同产品的总产量等都不能用某一实物指标来反映。

价值指标是以货币单位计量的总量指标,如国内生产总值、国民收入、商品销售额等。价值指标的优点是具有广泛的综合性能和概括能力,其局限性是比较抽象,脱离物质内容。因此,一般应将其与实物指标结合起来使用,才能说明问题。

劳动指标是以劳动单位计量的总量指标,如出勤工时、工时定额、生产使用工时等。

三、总量指标的计量单位

总量指标反映社会经济总体现象的具体数值,所以必须要有相应的计量单位。总量指标的计量单位一般采用实物单位、价值单位和劳动时间单位三种形式。

实物单位与实物指标相对应,是指根据事物的自然属性和特点而采用的计量单位,有自然单位、度量衡单位、标准实物单位、双重单位和复合单位等。

自然单位是按照被研究的社会经济现象的自然属性来度量其数量的计量单位。例如,人口以"人"为单位,汽车以"辆"为单位,牲畜以"头"为单位等。

度量衡单位是按照国际统一的度量衡规定来度量事物数量的一种计量单位。例如,钢产量以"吨"、木材以"立方米"、建筑面积以"平方米"等为单位。

标准实物单位是按照统一折算的标准来度量被研究现象数量的一种计量单位。因为利用实物单位计算产品产量时,对于同一类产品,由于品种、规格、能力或化学成分不同,其使用价值也就不同,所以产品简单相加往往不能确切地反映生产成果,为此一些产品要求按一定折合标准,折算为一种标准规格或标准含量的产品。例如,各种含氮量不同的化肥,可以折合为含氮量100%计算,发热量不同的煤可以折合为每千克7 000大卡(1大卡= 4.187千焦)标准煤计算。

双重或多重计量单位是同时采用两种或几种计量单位来表明某一事物的数量,如发动机的计量单位为台/马力,电动机的计量单位为台/千瓦,船舶的计量单位为艘/马力/吨位。

复合计量单位是用两种单位的乘积来表示事物数量的多少,如货物周转量以"吨千米"为计量单位,发电量以"千瓦时"为计量单位等。

价值单位与价值指标相对应,是为体现社会经济现象和过程的社会属性而采用的计量单位如工业增加值、商品销售总额、产品成本等。价值单位的优点在于把不能直接加总的事物变成可以直接加总,因此具有最广泛的综合能力和概括能力,用途非常广泛。但它也有局限性,即脱离了实际物质内容,比较抽象,有时不能准确反映实际状况。在实际工作中,要充分注意这一点。

劳动时间单位是反映生产要素资源劳动时间的计量单位,通常在企业内部核算时采用,如工时、工日、台时等。借助劳动时间单位计算的劳动总消耗量指标可用来确定劳动规模,并作为评价劳动时间利用程度和计算劳动生产率的依据。

四、总量指标的计算和运用原则

(一)明确总量指标的范畴和经济内容

总量指标的计算,并非单纯的汇总技术问题,而是确定现象的经济和社会的范畴问题。如人口数、企业数,从表面上看比较简单,但是若对"工业企业""现有人口""常住人口"的含义没有明确的界定,就很难计算工业企业数和某一国家、某一地区的人口数。有些总量指标,如国民收入、第三产业产值等还要经过正确的定性分析,明确其含义和包括的具体范围后才能进行统计。因此,正确确定总量指标的范畴和含义是计算总量指标必须遵守的基本原则。

计算总量指标必须科学地明确其经济内容,划清总量指标所包括的计算范围。如对职工工资总额进行统计时,首先必须明确"工资"所包括的内容,即职工的哪些收入可以计入"工资总额"的范围;其次还需要界定"工资总额"所属的时间和空间,这样才能正确地统计"工资总额"。

(二)计算实物指标时,必须注意现象的同类性

对于物质产品来说,同类性直接反映产品同样的使用价值和经济内容,只有同类现象才能直接汇总。而不同类的现象则不能简单相加汇总,计算其实物指标,如将粮食、棉花、钢铁、煤炭等不同产品的产量直接加总就没有经济意义,不能说明什么问题。但我们对现象的

同类性要求也不能绝对化。

(三) 计算口径、计量单位、计算价格和计算方法应一致

计量单位的统一性是很重要的。在计算实物指标时,不同的实物单位代表不同的实物量,甚至同样的实物指标有时也可以采用不同的计量单位,如同样是粮食,计量单位可以用吨表示,也可以用千克表示。因此,计量单位如果不统一,则容易造成总量指标数量方面的差错和混乱,对于重要的总量指标的实物单位,应按照全国统一规定的单位计量。

实际统计工作中,不同时期、不同国家(地区)的同一现象,在计算总量指标时常常会出现计量单位、计算价格、计算方法不一致的情况。在运用这些总量指标进行分析和计算时,必须将其调整为同一口径。如地区间的区域调整,其前后的人口、土地、国内生产总值等指标在计算口径上就需要调整。

全面建设小康社会的六大方面

全面建设小康社会包括六大方面:经济发展、社会和谐、生活质量、民主法制、文化教育、资源环境的实现程度。

经济发展包括:人均GDP、R&D经费支出占GDP比重、第三产业增加值占GDP比重、城镇人口比重和失业率(城镇)五项指标。

社会和谐包括:基尼系数、城乡居民收入比、地区经济发展差异系数、基本社会保险覆盖率和高中阶段毕业生性别差异系数五项指标。其中,基尼系数是反映收入分配差异程度的重要指标,其最大为"1",最小为"0"。

生活质量包括:居民人均可支配收入、恩格尔系数、人均住房使用面积、5岁以下儿童死亡率和平均预期寿命五项指标。

第二节 相 对 指 标

一、相对指标的概念和作用

(一) 相对指标的概念

我们知道,统计分析中的各种社会经济现象之间总是相互联系、相互依存的。因此,要分析一种社会经济现象,仅仅利用总量指标是远远不够的。如果要对事物作深入的了解,则需要对总体的组成和其各部分之间的数量关系进行分析、比较,这就必须计算相对

指标。

相对指标是用两个有联系的指标进行对比的比值来反映社会经济现象间数量联系程度和数量对比关系的综合指标。

（二）相对指标的表现形式

相对指标也称相对数，其数值有无名数和复名数两种表现形式。

1. 无名数

无名数是无量纲的数值。无名数是一种抽象化的数值，多以系数、倍数、成数、百分数或千分数表示。

(1) 系数或倍数：将对比基数抽象化为 1 来计算。
(2) 成数：将对比基数抽象化为 10 来计算。
(3) 百分数：将对比基数抽象化为 100 来计算。
(4) 千分数：将对比基数抽象化为 1 000 来计算。

2. 复名数

由相对指标对比分子指标和分母指标的计量单位复合而成的计量单位称为复名数。复名数是主要用来表示强度的相对指标，以表明事物的密度、强度和普遍程度等。例如，人均粮食产量用"千克/人"表示，人口密度用"人/平方千米"表示等。

（三）相对指标的特点

(1) 将对比的基础抽象化。
(2) 掩盖了绝对数的规模。

（四）百分点的含义

这里还要对经济分析中经常用到的"百分点"概念作一点说明。一个百分点是指 1%，百分点常用于两个百分数相减的场合。例如，在股票交易市场（证券交易市场、外汇交易市场）上，确定某一时间的股票价格为基数，将两个不同时间股票价格与之相比，分别为 150% 和 120%，那么后一时间上的股票价格比前一时间下降了 30 个百分点。

（五）相对指标的作用

(1) 相对指标通过数量之间的对比，反映现象间数量对比关系和数量联系程度，可以表明事物的关联程度，反映现象发展变化程度、速度、强度、质量、效益等。例如，某企业去年实现利润 50 万元，今年实现 55 万元，则今年利润增长了 10%，这是总量指标不能说明的。

(2) 把现象的绝对差异抽象化，使原来无法直接对比的指标变为可比。不同的企业由于生产规模条件不同，直接比较产值、利润意义不大，但如果采用一些相对指标，如资金利润率、资金产值率等进行比较，便可对企业生产经营成果作出合理评价。

(3) 说明总体内在的结构特征，为深入分析事物的性质提供依据。例如，计算一个地区不同经济类型的结构,可以说明该地区经济的性质。又如,计算一个地区的第一、二、三产业的比例,可以说明该地区社会经济现代化程度等。

二、相对指标的种类与计算

根据研究目的和对比基础的不同,相对指标可以分为结构相对指标、比例相对指标、比较相对指标、动态相对指标、强度相对指标和计划完成程度相对指标六种。

(一)结构相对指标

结构相对指标是在对总体进行统计分组的基础上,将社会经济现象总体内某一部分数值与总体全部数值的对比,用来反映总体内部数量和类型结构,通常用系数或百分数表示。其计算公式为

$$结构相对数 = \frac{总体某一部分指标数值}{总体全部指标数值}$$

1. 结构相对指标的作用

(1) 反映总体内部结构,如农业内部各业构成,种植业内粮食作物、经济作物及其他作物的比例结构,消费结构中食品支出占全部生活费支出的比重(即恩格尔系数),国内生产总值中第一、二、三产业间的构成等。

(2) 用来反映利用程度,如设备利用率、工时或台时利用率等。

2. 结构相对指标的特点

(1) 利用统计分组。

(2) 同一总体同类指标对比。

(3) 分子、分母不能互换。

(4) 总体中各结构相对数总是小于 1(或 100%),总体中结构相对数总和等于 1(或 100%)。

【例 4.1】 2020 年某地区工业增加值为 37 065.71 亿元,其中轻工业增加值为 17 491.67 亿元,重工业增加值 19 574.04 亿元,计算结构相对指标为

轻工业增加值所占比例
$$17\ 491.67 \div 37\ 065.71 \times 100\% = 47.19\%$$

重工业增加值所占比例
$$19\ 574.04 \div 37\ 065.71 \times 100\% = 52.81\%$$

轻、重工业增加值占全部工业增加值的比例之和为
$$47.19\% + 52.81\% = 100\%$$

恩格尔系数

1857年,世界著名的德国统计学家恩格尔阐明了一个定律:随着家庭和个人收入增加,收入中用于食品方面的支出比例将逐渐减小,这一定律被称为恩格尔定律,反映这一定律的系数被称为恩格尔系数。其公式表示为

$$恩格尔系数(\%)=\frac{食品支出总额}{家庭或个人消费支出总额}\times 100\%$$

恩格尔定律主要表述的是食品支出占总消费支出的比例随收入变化而变化的一定趋势,揭示了居民收入和食品支出之间的相关关系,用食品支出占消费总支出的比例来说明经济发展、收入增加对生活消费的影响程度。众所周知,吃是人类生存的第一需要,在收入水平较低时,其在消费支出中必然占有重要地位。随着收入的增加,在食物需求基本满足的情况下,消费的重心才会开始向穿、用等其他方面转移。因此,一个国家或家庭生活越贫困,恩格尔系数就越大;反之,生活越富裕,恩格尔系数就越小。

国际上常常用恩格尔系数来衡量一个国家或地区人民生活水平的状况。根据联合国粮农组织提出的标准,恩格尔系数在59%以上为贫困,50%～59%为温饱,40%～50%为小康,30%～40%为富裕,低于30%为最富裕。

(二)比例相对指标

比例相对指标是指将总体内部某一部分的数值与另一部分的数值对比所得到的相对指标,是用来反映总体内部的比例关系和平衡状态。其计算公式为

$$比例相对数=\frac{总体某一部分指标值}{总体另一部分指标值}$$

比例相对指标可以用百分数表示,也可用系数或倍数形式表示,实际应用中习惯用一比几或几比几的形式表示。

例如,某地2020年末社会劳动者人数为59 432万人,其中第一产业为34 769万人,第二产业为12 921万人,第三产业为11 742万人,三个产业劳动者人数比例为100∶37∶34。

又如,某大专院校2020年招收的新生中,男生1 286人,女生1 037人,则男女生性别比例相对指标为

$$比例相对指标=1\,286\div 1\,037=124.01∶100$$

或男生与女生的比例为

$$1\,286∶1\,037=1∶0.81$$

计算表明,新生中男生数相当于女生数的124.01%,或男女生比例为1∶0.81。

社会经济中比例相对数通常有客观的数量界限。利用比例相对指标可以分析国民经济中各种比例关系,调整不合理的比例,促进社会经济稳步协调发展。

（三）比较相对指标

比较相对指标是把同一时间内同类指标在不同空间状态下的数值对比构成的相对指标。运用比较相对指标对不同国家、不同地区、不同单位的同类指标进行对比，有助于揭露矛盾、找出差距、挖掘潜力，促进事物进一步发展。它可以反映同类事物在不同国家、不同地区或不同单位之间的差异程度，一般用百分数或系数倍数表示。其计算公式为

$$比较相对指标 = \frac{某空间条件下某种指标值}{另一空间条件下同类指标值}$$

【例 4.2】 2020 年甲地区人均 GDP 4 283 美元，同年乙地区人均 GDP 达 47 132 美元，计算比较相对指标为

$$比较相对指标 = 4\,283 \div 47\,132 = 9.09\%$$

或

$$比较相对指标 = 47\,132 \div 4\,283 = 11$$

计算表明，该年度甲地区人均 GDP 仅为乙地区人均 GDP 的 9.09%，或该年度乙地区人均 GDP 为甲地区人均 GDP 的 11 倍。

比较相对指标在计算和应用中有以下主要特点：

(1) 对比的分子分母必须是同质现象（同类现象在同时间条件下不同空间范围的比较）。

(2) 分子、分母可互换。

（四）动态相对指标

动态相对指标是把某一指标在不同时间上的数值对比而得到的相对指标。它反映了同类事物在不同时间状态上的对比关系，对分析社会经济的发展变化过程具有重要意义。动态相对指标一般用百分数或系数、倍数表示。通常把作为比较基础的时期称为基期，所研究的与基期作对比的时期称为报告期或计算期。其计算公式为

$$动态相对指标 = \frac{报告期指标值}{基期指标值}$$

【例 4.3】 某地区 2020 年液晶彩色电视机生产量为 11.27 万台，而 2010 年产量仅为 2.15 万台，则动态相对指标为

$$动态相对指标 = 11.27 \div 2.15 \times 100\% = 524.19\%$$

计算表明报告期该地区液晶彩电生产量为基期的 524.19%，或者说动态相对指标为 5.24 倍。

动态相对指标的主要特点是：

(1) 同一总体同一指标在不同时间条件下的数值对比。

(2) 分子、分母不可互换。

动态相对指标对于分析研究社会经济现象的发展变化过程具有重要意义，第五章将对其进行详细讲述。

（五）强度相对指标

强度相对指标是指两个性质不同、但有一定联系的总量指标对比得到的相对指标。它反映现象的强度、密度、普遍程度或经济效果。其计算公式为

$$强度相对指标 = \frac{某一总量指标值}{另一性质不同但有联系的不同类总量指标值}$$

强度相对指标由于形式特殊，一般采取复名数表示，有些强度相对指标也可采用无名数。如人均国内生产总值为"元/人"，人均占有耕地面积为"亩/人"（1 亩≈666.67 平方米）等。

强度相对指标应用十分广泛，它可以反映国民经济和社会发展的强弱程度，一般用人均主要产品产量或价值量表示；它可以反映现象的密度和普遍程度，反映生产条件及公共设施的配备情况，如人口密度、商业网密度、教育或医疗卫生普及程度等；也可以用来反映经济效益的情况，如资金利润率、劳动生产率、产值利税率等。

作为重要的相对指标，强度相对指标有以下主要特点：
（1）由不同总体不同类指标对比所形成。
（2）具有平均含义（但不是平均数）。
（3）分子、分母可互换，并区分正指标和逆指标。
（4）一般用复名数表示。

强度相对指标与其他相对指标有何异同点？

【例 4.4】 某地区有零售商业网点 5 万个，该地区人口为 1 000 万人，则计算强度相对指标为

强度相对指标（正指标）＝商业网点数/人口数＝50 000 个/1 000 万人＝50 个/万人

强度相对指标（逆指标）＝人口数/商业网点数＝1 000 万人/50 000 个＝200 人/个

正指标表明，该地区每万人拥有 50 个商业网点，指标数值越大，说明商业网点越多，生活更方便，即正指标是指强度相对指标数值大小与现象实际效果呈正方向变动关系；逆指标表明，平均每个商业网点服务 200 人，指标数值越小，说明网点密度越大，购物更方便，即逆指标是指强度相对指标数值大小与现象实际效果呈反方向变动关系。

（六）计划完成程度相对指标

计划完成程度相对指标是某现象在一定时期内的实际完成数与同时期的计划任务数对比，反映该现象计划完成程度的相对指标，通常以百分数表示，又称计划完成程度、计划完成百分数。其计算公式为

$$计划完成程度(\%) = \frac{实际完成数}{计划任务数} \times 100\%$$

【例 4.5】 某公司计划 2020 年销售收入 500 万元,实际销售收入 550 万元。则

$$\text{计划完成程度相对指标} = 550 \div 500 \times 100\% = 110\%$$

计算表明,该公司的销售计划完成程度为 110%,超额完成计划 10%。

因为计划任务数在实际中可以表现为绝对数、相对数、平均数等多种形式,所以计算计划完成程度相对指标的方法也不相同。

1. 计划数为绝对数

当计划任务数为绝对数时,计算计划完成程度或检查计划执行情况,可分三种情况进行讨论。

(1) 年度以内的短期计划完成情况。

计算计划完成程度相对指标时,可直接用计算公式计算。

【例 4.6】 某企业 2020 年产品计划产量 1 000 件,实际完成 1 120 件,则产量计划完成程度为

$$\text{计划完成程度相对指标} = 1\ 120 \div 1\ 000 \times 100\% = 112\%$$

计算结果表明,该企业超额 12% 完成全年产量计划任务,实际产量比计划产量增加了 120 件。

(2) 累计计划进度分析。

计算计划期内某一段累计完成数占全期计划数的百分比,即进行累计计划执行进度分析,其计算公式为

$$\text{累计计划执行进度}(\%) = \frac{\text{累计至某期止的实际完成数}}{\text{全期计划任务数}} \times 100\%$$

【例 4.7】 某企业生产完成情况如表 4.1 所示,计算并分析第三季度及累计三季度的计划完成情况。

表 4.1 某企业生产完成情况表

增加值及产品名称	单位	年计划	实际完成数				累计完成年计划程度 /%
			一季度	二季度	三季度	一至三季度累计	
增加值	万元	960	240	288	307	835	86.98
甲	千克	700	140	150	130	420	60.00
乙	千克	300	75	85	140	300	100.00
丙	千克	230	60	70	80	210	91.30
丁	千克	180	45	50	57	152	84.44

计算第三季度及累计三季度的计划完成情况如表 4.1 所示,产品乙、丙、丁任务完成情况较好,产品甲任务完成情况不好。

(3) 对中长期计划执行情况的检查。

在检查中长期计划的完成情况时,根据计划指标的性质和下达计划任务的方式不同,计

算可分为水平法和累计法两种。

①水平法。用水平法检查计划完成程度就是通过计划末期（最后一年）实际达到的水平与计划规定的同期应达到的水平作比较，确定全期是否完成计划。其计算公式为

$$\text{计划完成程度}(\%)=\frac{\text{计划期末一年的实际水平}}{\text{计划任务数}}\times100\%$$

【例4.8】 某企业按"十三五"规划规定的最后一年的产量应达到720万件，实际执行情况如表4.2所示。

表4.2 某企业五年计划完成情况

单位：万件

年份	第一年	第二年	第三年	第四年				第五年			
				一季度	二季度	三季度	四季度	一季度	二季度	三季度	四季度
总产量	300	410	530	150	160	170	170	190	190	210	210

则该企业产量五年计划完成程度相对指标为

计划完成程度相对指标 = (190+190+210+210)÷720×100% = 111.11%

计算结果表明，该企业超额11.11%完成产量五年计划。

计算提前完成计划时间。采用水平法计算，只要有连续一年时间（可以跨年度）实际完成水平达到最后一年计划水平，就算完成了五年计划，余下的时间就是提前完成计划时间。在例4.8中，该企业实际从五年计划的第四年三季度到第五年二季度连续一年时间的产量达到了计划期最后一年计划产量720万件的水平，完成了五年计划，那么第五年下半年这半年时间就是提前完成计划的时间。

②累计法。累计法就是整个计划期间实际完成的累计数与同期计划数相比较，以确定计划完成程度。其计算公式为

$$\text{计划完成程度}(\%)=\frac{\text{计划期各年的累计实际总水平}}{\text{计划任务数}}\times100\%$$

【例4.9】 某地区"十三五"期间计划五年固定资产投资总额150亿元，实际各年投资情况如表4.3所示。

表4.3 某地区"十三五"期间固定资产投资完成情况

单位：亿元

年份	2016	2017	2018	2019	2020
固定资产实际投资额	30	32	39	49	60

则该地区"十三五"期间固定资产投资的计划完成程度相对指标为

计划完成程度相对指标 = (30+32+39+49+60)÷150×100% = 140%

计算结果表明，该地区超额40%完成"十三五"固定资产投资计划任务。

采用累计法计算，只要从中长期计划开始至某一时期止，累计完成数达到计划数，就是

完成了计划。在例 4.9 中,前四年投资额已完成五年计划,比计划时间提前一年。

2. 计划数为相对数

计划任务数为相对数时,计算计划完成程度可分两种情况进行讨论。

(1) 计划任务数为某期实际数动态比值时,计划完成程度计算公式为

$$\text{计划完成程度}(\%) = \frac{\text{实际完成数}(\%)}{\text{计划任务数}(\%)} \times 100\%$$

(2) 计划数为增长率或降低率时,计划完成程度计算公式有两种:

计划数为增长率时,其计算公式为

$$\text{计划完成程度}(\%) = \frac{(1 + \text{实际增长率})}{(1 + \text{计划增长率})} \times 100\%$$

计划数为降低率时,其计算公式为

$$\text{计划完成程度}(\%) = \frac{(1 - \text{实际降低率})}{(1 - \text{计划降低率})} \times 100\%$$

【例 4.10】 某企业某产品产量计划要求增长 10%,同时该种产品单位成本计划要求下降 5%,而实际产量增长了 12%,实际单位成本下降了 8%,则计划完成程度指标为

产量计划完成程度相对指标 = (100% + 12%) ÷ (100% + 10%) × 100% = 101.82%

单位成本降低计划完成程度相对指标 = (1 - 8%) ÷ (1 - 5%) × 100% = 96.84%

计算结果表明,产量计划完成程度大于 100%,说明超额完成计划;而单位成本计划完成程度小于 100%,说明实际成本比计划成本有所降低,也超额完成了成本降低计划。

又如,某企业劳动生产率计划规定完成 103%,实际却提高了 5%。则

计划完成程度 = 实际完成数 ÷ 计划规定数 × 100% = (1 + 5%) ÷ 103% = 101.94%

3. 计划数为平均数

$$\text{计划完成程度}(\%) = \frac{\text{实际平均水平}}{\text{计划平均水平}} \times 100\%$$

【例 4.11】 某企业劳动生产率计划达到 8 000 元/人,某种产品计划单位成本为 100 元,该企业实际劳动生产率达到 9 200 元/人,该产品实际单位成本为 90 元,其计划完成程度指标为

劳动生产率计划完成程度相对指标 = 9 200 ÷ 8 000 × 100% = 115%

单位成本计划完成程度相对指标 = 90 ÷ 100 × 100% = 90%

计算结果表明,该企业劳动生产率实际比计划提高了 15%,而某产品单位成本实际比计划降低了 10%。

计划完成相对指标是经济管理中常用的重要相对指标,其主要特点有:

(1) 同一总体的同类指标进行对比。

(2) 分子、分母不能互换(分子为实际数,分母为计划任务数)。

(3) 计算结果视指标性质而定。若指标值越高越好,如产值(量)、劳动生产率等,则其值 > 100%,表示超额完成计划任务;若指标值越低越好,如成本费用、消耗等,则其值 < 100%,表示超额完成计划任务。

三、相对指标的计算与运用原则

（一）可比性原则

相对指标是把相互联系的事物进行比较，反映事物之间关系的综合指标。因此，进行对比的事物是否具有可比性，对计算相对指标至关重要。如果把不可比的事物加以比较，则势必会导致事实的歪曲和认识上的错误。相对指标的可比性原则包括：

（1）总体范围应该相同。例如，在新的一年里，某企业兼并了另一独立的企业，即企业规模扩大了，计算产量动态相对指标时，因为总体范围的变更，所以二者不可比。

（2）经济内容应该可比。这是指对比的两事物经济内容范围上要相互统一。例如，比较两企业劳动生产率水平，如果一个企业的产量与全体人员数相比，而另一个企业的产量与全体工人数相比，那么这两个企业的劳动生产率就不可比。

（3）指标时间上要可比。对同一种社会经济现象计算相对指标，在不同时间进行比较时，要特别注意分子、分母时间的一致性。例如，计算国内生产总值等，一定要注意分子、分母在对比指标时间上的可比性。

（4）计算方法、计算价格、计量单位的可比性。在相对指标计算过程中，这也是一个值得注意的问题。例如，在比较价值指标时，强调用可比价格计算，使用统一、标准的计量单位。

（二）相对指标与总量指标相结合原则

在统计分析中运用相对指标，使总量指标的局限性得到弥补，可以揭示经济现象之间数量联系程度和对比关系，进一步深化对事物的认识。但只运用相对指标又不易表明现象之间的实际差别，相对数将分子、分母具体数量差异抽象化了，掩盖了现象之间绝对量的差别，所以为了全面分析问题，在运用相对数时，要看到相对数背后隐藏的绝对水平，结合绝对数进行分析。因此，只有把相对指标与总量指标结合起来运用，才能既全面又具体地分析和认识事物。

（三）多项相对指标结合运用原则

为了全面认识和分析社会经济现象，不仅要把相对指标和总量指标结合起来运用，还要把多种相对指标结合起来运用。前面所讲的六个不同的相对指标，在统计分析中各有其特点和作用，它们从不同角度反映事物的本质。

在分析事物过程中，利用多种相对指标的结合，一定会使分析结果更准确、更全面、更有说服力，并有效避免盲目性和片面性。

第三节 平均指标

统计总体数值分布的特征，可以从两个方面进行反映和描述：一是总体分布的集中趋势，反映各具体变量值向其中心值聚集的程度，一般用平均指标来反映和测定；二是总体分布的离中趋势，反映各数值远离其中心值的程度，一般用标志变异指标来反映和测定。这两个方面分别反映了数值分布的不同特征。本节将介绍工作中常用的几种平均指标，确定这些指标的计算方法、特点及应用场合，重点分析总体分布集中趋势。

平均指标是指在同质总体内，将总体各单位的某种数量标志值差异抽象化，反映现象总体在一定时间、地点和条件下所达到一般水平的综合指标。平均指标是总体一般水平的代表值，代表总体分布的集中趋势。例如，要想比较甲、乙两企业的工资水平，不能将两个企业中每个员工的工资一一列举出来比较，但如果对甲、乙企业的工资进行整理后，计算一个（或几个）统计量来代表企业的工资水平，再进行比较，则会非常简单明了。

平均指标的基本特点包括：

第一，必须具有同质性，即平均指标计算必须是在同质总体内进行；

第二，平均指标将总体各单位的个别数量差异抽象化；

第三，平均指标是一个代表性指标，代表总体各单位某一数量标志值的一般水平，用来反映总体变量值分布的集中趋势。

平均指标的主要作用包括：

第一，平均指标可以作为判断事物的一种标准或参考。

第二，通过对比同类现象在不同时间、空间条件下的平均指标，揭示现象发展变化的趋势、规律及差异。

第三，通过平均指标来分析现象间的依存关系。

第四，利用平均指标可以进行统计推算。在统计抽样推断和参数估计中，经常通过计算样本平均数来推断或估计总体平均数。

在统计中常用的平均指标主要包括一般平均数和序时平均数两大类。一般平均数，又称静态平均数，主要包括算术平均数、调和平均数、几何平均数、中位数和众数等五种。其中，前三种又称数值平均数，后两种又称位置平均数。序时平均数主要包括平均发展水平、平均增长量、平均发展速度、平均增长速度等四种。

一、算术平均数

算术平均数是日常工作中最常用的一种平均数，它是总体各单位标志值之和除以总体单位数所得的商。其基本公式为

$$算术平均数 = \frac{总体标志总量}{总体单位总量}$$

它是一组变量值的总和除以这组变量值的总频数所得之商,是数据集中趋势的最主要测度值,习惯上用 $\bar{x}$ 来代表。按掌握资料的不同,算术平均数有简单算术平均数和加权算术平均数两种形式。

(一) 简单算术平均数

根据未分组的资料,把总体各单位的标志值相加,得到总体标志总量,再除以总体单位数,所得的平均数就是简单算术平均数。其计算公式为

$$\bar{x} = \frac{\sum x}{n} = \frac{x_1 + x_2 + \cdots + x_n}{n}$$

式中,$\bar{x}$ 代表算术平均数,n 代表总体单位数,x 代表总体各单位的标志值,$\sum$ 代表总和符号。

【例 4.12】 某班组有 10 名工人生产某种零件,日产量分别为 5 件、6 件、8 件、5 件、6 件、9 件、10 件、7 件、8 件、6 件,则该班组平均日产量为

$$\bar{x} = \frac{\sum x}{n} = \frac{5+6+8+5+6+9+10+7+8+6}{10} = \frac{70}{10} = 7(件)$$

(二) 加权算术平均数

根据已分组的资料,用各组的标志值或各组的组中值乘以各组次数,相加得出总体标志总量,然后再除以各组单位数之和,所得的平均数就是加权算术平均数。其计算公式为

$$\bar{x} = \frac{\sum xf}{\sum f} = \frac{x_1 f_1 + x_2 f_2 + \cdots + x_n f_n}{f_1 + f_2 + \cdots + f_n}$$

式中,$\bar{x}$ 代表加权算术平均数,x 代表各组的标志值或各组的组中值,f 代表各组的次数或频数,$\sum$ 代表总和符号。

从公式中可以看出,加权算术平均数受两个因素影响,其中一个因素是各组的标志值,另一个因素是各组的次数。在各组标志值(或各组组中值)保持不变的情况下,各组次数越大,则该组标志(或组中值)对平均数的影响越大;反之,影响就越小。在这里各组次数具有权衡轻重的作用,所以又将其称为权数。

上述公式是在已知各组标志值(或各组组中值)以及各组次数的基础上应用的。如果已知各组标志值或各组组中值和各组比重,而不知各组次数,则上述公式可变形为

$$\bar{x} = \frac{\sum xf}{\sum f} = \frac{x_1 f_1 + x_2 f_2 + \cdots + x_n f_n}{f_1 + f_2 + \cdots + f_n} = \frac{x_1 f_1 + x_2 f_2 + \cdots + x_n f_n}{\sum f}$$

$$= x_1 \frac{f_1}{\sum f} + x_2 \frac{f_2}{\sum f} + \cdots + x_n \frac{f_n}{\sum f} = \sum x \frac{f}{\sum f}$$

【例 4.13】 某车间工人日产量资料如表 4.4 所示,试计算工人平均日产量。

表 4.4　某车间工人日产量资料

日产量 x/件	工人数 f/人	总产量 xf/件
50	8	400
60	10	600
70	30	2 100
80	24	1 920
90	8	720
合计	80	5 740

$$\bar{x} = \frac{\sum xf}{\sum f} = \frac{5\,740}{80} = 71.75(\text{件})$$

从计算可以看出,标志值为 70 的组权数最大,所以计算出的平均数 71.75 十分接近该组的标志值。用加权算术平均数计算。如表 4.5 所示。

表 4.5　某车间工人日产量计算

日产量 x/件	工人数 f/人	人数比重 $\dfrac{f}{\sum f}$/%	总产量 $x \cdot \dfrac{f}{\sum f}$/件
50	8	10.0	5
60	10	12.5	7.5
70	30	37.5	26.25
80	24	30.0	24
90	8	10.0	9
合计	80	100.0	71.75

$$\bar{x} = \sum x \cdot \frac{f}{\sum f} = 50 \times 10\% + 60 \times 12.5\% + 70 \times 37.5\% + 80 \times 30\% + 90 \times 10\%$$
$$= 71.75(\text{件})$$

从式中可以看出,加权算术平均数中,各组次数对平均数的影响是体现在各组比重上的,所以各组比重也称比重权数。

例 4.13 是根据单项数列来计算平均数的,若所给的资料是组距数列,则应以各组的平均数和各组的次数或比重为依据进行计算,但实际工作中,一般不计算各组平均数,而是假设各组标志值变化均匀,以各组组中值代替各组平均数。

【例 4.14】　某车间 80 名工人日产量资料如表 4.6 所示。试计算平均日产量。

表 4.6 某车间工人日产量及平均日产量计算表

日产量/件	组中值 x/件	工人数 f/人	总产量 xf/件
50 以下	45	8	360
50~60	55	10	550
60~70	65	30	1 950
70~80	75	24	1 800
80 以上	85	8	680
合计	—	80	5 340

$$\bar{x} = \frac{\sum xf}{\sum f} = \frac{5\,340}{80} = 66.75(件)$$

(三)算术平均数的主要数学性质

1. 各个标志值与算术平均数的离差和为零

对于简单算术平均数,有

$$\sum (x - \bar{x}) = 0$$

对于加权算术平均数,有

$$\sum (x - \bar{x})f = 0$$

证明:

$$\sum (x - \bar{x})f = \sum xf - \sum \bar{x}f$$

$$\bar{x} = \frac{\sum xf}{\sum f}$$

故 $\sum (x - \bar{x})f = \sum xf - \sum \bar{x}f = 0$

2. 各个标志值与算术平均数离差的平方和为最小值

$$\sum (x - \bar{x})^2 = \min \quad 或 \quad \sum (x - \bar{x})^2 f = \min$$

即设有 x_0 为任意值,则

$$\sum (x - \bar{x})^2 \leqslant \sum (x - x_0)^2 \quad 或 \quad \sum (x - \bar{x})^2 f \leqslant \sum (x - x_0)^2 f$$

算术平均数计算简便,易理解和掌握,实际应用也很广泛,但算术平均数存在明显的缺点:

(1)算术平均数容易受极端数值的影响。

【例 4.15】 某商店 5 名员工 3 月份工资分别为 500 元、500 元、600 元、700 元、700 元。则平均工资为

$$\bar{x} = \frac{\sum x}{n} = \frac{500 + 500 + 600 + 700 + 700}{5} = 600(元)$$

如果这 5 名员工 3 月份工资分别为 500 元、500 元、600 元、700 元、2 200 元,则平均工资为

$$\bar{x} = \frac{\sum x}{n} = \frac{500+500+600+700+2\,200}{5} = 900(元)$$

从上述两个平均数计算的结果可以看出,两个平均数差异较大,主要原因在于受极端值的影响。前者由于各个标志值差异相对较小,没有极端数值的影响,计算出来的平均数代表性大;后者由于各个标志值差异大,特别是受极端值的影响,计算出来的平均数代表性小。

(2) 当组距数列存在开口组时,组中值根据邻组组距来计算,假定性很大,平均数的代表性也会受到比较大的影响。

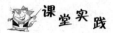

利用 Excel 计算算术平均数

运用计算机技术,不仅能使人们从大量繁杂的手工处理数据的工作中解脱出来,还能大大提高对统计数据的利用率。一般的电脑上没有安装功能强大的统计软件包,但计算机 Office 软件中的 Excel 组件可以及时、准确、完整地将有关统计常用的基本统计量(如本章的算术平均数)等迅速提供给使用者。

下面举一个简单的例子来说明利用 Excel 计算算术平均数的步骤,如计算某班学生期末考试各科平均成绩。

一、方法一

第一步:打开 Excel,输入全班每位同学各科考试成绩(可以每行记录一名学生的各科成绩,也可以每列记录一名学生的各科成绩);

第二步:选择【工具】下拉菜单;

第三步:选择【数据分析】选项;

第四步:从弹出的【分析工具】中选择【描述统计】并【确定】;

第五步:在对话框中的【输入区域】框内键入要计算的单元格区域(如果包括字段行,则需选中【标志位于第一行】复选框。若分组方式为逐行,则该复选框选定标志位于第一列);在【输出选项】中选择输出区域;选择【汇总统计】(该选项给出全部描述统计量);单击【确定】。

二、方法二

第一步:打开 Excel,输入全班每位同学各科考试成绩(一般以每行记录一名学生的各科成绩,也可以每列记录一名学生的各科成绩);

第二步:在适当的单元格内输入计算公式(以每行记录一名学生的各科成绩为例,假设第一行依次为姓名及各考试科目名称,最后一名学生第一科的成绩所在单元格为 B45,则可在 B46 单元格输入计算公式"=average(b2:b45)",然后回车;或者在适当的单元格内插入函数(选择【插入】下拉菜单,然后选择【函数】,接下来从弹出的对话框左边的函数类别中选择【统计】,再从对话框右边的函数名中选择【Average】,最后单击【确定】);

第三步:选定第二步计算结果所在单元格,复制计算其他考试科目的平均成绩。

二、调和平均数

调和平均数是各个标志值倒数的算术平均数的倒数。因为调和平均数是按标志值的倒数计算的,所以又称倒数平均数。调和平均数可以分为简单调和平均数和加权调和平均数两种。

(一)简单调和平均数

对于未分组资料,一般采用简单调和平均数。其计算公式为

$$\bar{x}_H = \frac{n}{\sum \frac{1}{x}} = \frac{1+1+\cdots+1}{\frac{1}{x_1}+\frac{1}{x_2}+\cdots+\frac{1}{x_n}}$$

式中,x 代表总体各单位的标志值,$\bar{x}_H$ 或 H 代表调和平均数,n 代表总体单位数。

【例 4.16】 某市场的白菜价格,早市为每千克 1 元,中市为每千克 0.5 元,晚市为每千克 0.2 元,若早中晚各买 1 元,则白菜的平均价格为

$$\bar{x}_H = \frac{n}{\sum \frac{1}{x}} = \frac{1+1+1}{\frac{1}{1}+\frac{1}{0.5}+\frac{1}{0.2}} = \frac{3}{8} = 0.375(元/千克)$$

(二)加权调和平均数

对于已分组资料,则计算加权调和平均数。其计算公式为

$$\bar{x}_H = \frac{\sum m}{\sum \frac{m}{x}} = \frac{m_1+m_2+\cdots+m_n}{\frac{m_1}{x_1}+\frac{m_2}{x_2}+\cdots+\frac{m_n}{x_n}}$$

式中,$\bar{x}_H$ 代表调和平均数,x 代表总体各单位的标志值(或组中值),m 代表各组的标志总量,即各组的权数。

在很多情况下,由于只掌握某个标志的数值总和(m)而缺少总体单位数(f)的资料时,不能直接采用加权算术平均数计算,而应采用加权调和平均数。

【例 4.17】 某种商品在三个商店的单价和销售额资料如表 4.7 所示。

表 4.7 某商品销售资料表

商店	价格 x/(元/件)	销售额 m/元	销售量 $\frac{m}{x}$/件
甲	1.0	2 500	2 500
乙	0.9	2 700	3 000
丙	0.8	4 000	5 000
合计	—	9 200	10 500

该商品的平均价格为

$$\bar{x}_H = \frac{\sum m}{\sum \frac{m}{x}} = \frac{9\,200}{10\,500} = 0.88(元/件)$$

由表 4.7 可以看出,研究同一个问题时,加权调和平均数同加权算术平均数的实际意义是相同的,只是由于所掌握的资料不同,采用的计算过程和计算方法不同而已。

当 $m=xf$ 时,则有

$$\bar{x}_H = \frac{\sum m}{\sum \frac{m}{x}} \xrightarrow{\diamondsuit m = xf} \frac{\sum xf}{\sum f} = \bar{x}$$

可见加权调和平均数和加权算术平均数的计算公式可以相互推算,加权调和平均数是加权算术平均数的变形形式,是加权算术平均数的补充。

【例 4.18】 某汽车先以每小时 75 千米的速度行驶 225 千米,余下 160 千米以 80 千米的时速驶完,如表 4.8 所示。试计算该汽车驶完全程的平均速度。

表 4.8 某汽车行驶速度资料

行驶速度 x/(千米/小时)	行驶里程 m/千米	行驶时间 $\frac{m}{x}$/小时
75	225	3
80	160	2
合计	385	5

$$\bar{x}_H = \frac{\sum m}{\sum \frac{m}{x}} = \frac{385}{5} = 77(千米/小时)$$

如果按算术平均数计算,则要把"行驶里程"作为单位数(f),但它与速度相乘并不能构成标志总量,既无物理意义,又无经济意义。因此,这里所缺的是单位数即行驶时间的资料,应按加权调和平均数来计算。

【例 4.19】 某集团公司下属 30 个子公司资金利润率及相关资料如表 4.9 所示。

表 4.9 某公司资金率与相关利润资料表

资金利润率/%	组中值 x/%	企业数/个	利润总额 m/万元	企业资金 $\frac{m}{x}$/万元
−10~0	−5	8	−40	800
0~10	5	12	50	1 000
10~20	15	6	750	5 000
20~30	25	4	2 000	8 000
合计	—	30	2 760	14 800

$$\bar{x}_H = \frac{\sum m}{\sum \frac{m}{x}} = \frac{2\,760}{14\,800} = 18.65\%$$

调和平均数在应用时也存在一定的局限性,表现在两个方面:

(1) 调和平均数受极端值的影响。如果数列中有一标志值为 0,则无法计算调和平均数。

(2) 当组距数列存在开口组时,也涉及用相邻组组距来计算组中值的问题,其假定性很大,平均数的代表性也会受到较大的影响。

三、几何平均数

几何平均数是另一种形式的平均数,它是若干个变量值连乘积的 n 次方根,是用于计算平均比率和平均速度的最合适的方法。当若干个变量值的连乘积等于总比率或总速度时,都必须用几何平均数的形式来计算平均比率或平均速度。因此,几何平均数的应用条件是各变量值之间必须存在连乘积关系。

根据所掌握资料的不同,几何平均数分为简单几何平均数和加权几何平均数两种。

(一) 简单几何平均数

简单几何平均数适于计算未分组的资料。其计算公式为

$$\bar{x}_G = \sqrt[n]{x_1 \cdot x_2 \cdot x_3 \cdot \cdots \cdot x_n} = \sqrt[n]{\prod x}$$

式中,$\bar{x}_G$ 代表几何平均数,x 代表变量值,n 代表变量值的项数,$\prod$ 代表连乘。

【例 4.20】 某企业有四个车间生产某种产品。第一车间产品合格率为 92%,第二车间产品合格率为 90%,第三车间产品合格率为 95%,第四车间产品合格率为 98%,则该企业产品平均合格率为

$$\bar{x}_G = \sqrt[n]{x_1 \cdot x_2 \cdot x_3 \cdot \cdots \cdot x_n} = \sqrt[4]{92\% \times 90\% \times 95\% \times 98\%} = 93.7\%$$

(二) 加权几何平均数

对于变量值较多,其出现的次数又不同的资料,应采用加权几何平均数计算。其计算公式为

$$\bar{x}_G = \sqrt[\sum f]{x^{f_1} \cdot x^{f_2} \cdot x^{f_3} \cdots \cdot x^{f_n}} = \sqrt[\sum f]{\prod x^f}$$

式中,$\bar{x}_G$ 代表几何平均数,x 代表各组的变量值,n 代表各组变量值的次数,f 代表各组的权数,$\prod$ 代表连乘符号,$\sum f$ 代表权数的和。

【例 4.21】 某投资银行一笔投资 15 年的投资利率按复利计算,其 15 年的年利率分布情况为:有 2 年为 5%,有 3 年为 8%,有 5 年为 10%,有 4 年为 12%,有 1 年为 15%,则各年

的平均利率可按加权几何平均数计算。如表 4.10 所示。

表 4.10 平均利率计算表

年利率	年数 f/年	年本利率 x	x^f
0.05	2	1.05	1.10
0.08	3	1.08	1.26
0.10	5	1.10	1.61
0.12	4	1.12	1.57
0.15	1	1.15	1.15
合计	15	—	—

计算平均年本利率为

$$\bar{x}_G = \sqrt[\Sigma f]{x^{f_1} \cdot x^{f_2} \cdot x^{f_3} \cdot \cdots \cdot x^{f_n}} = \sqrt[\Sigma f]{\prod x^f}$$

$$\sqrt[15]{1.05^2 \times 1.08^3 \times 1.10^5 \times 1.12^4 \times 1.15^1} = 1.098 = 109.8\%$$

平均年利率 $= 109.8\% - 1 = 9.8\%$

几何平均数也存在一定的局限性:

(1) 几何平均数易受极端值的影响,如果被平均的变量值中某一变量值为 0,则不能计算几何平均数。

(2) 几何平均数应用范围较小,主要用以反映呈几何级数特点的变量的集中趋势,用来计算平均比率或平均速度。

四、中位数

中位数是将总体各单位的标志值按从大到小顺序排列,处于中间位置对应的那个标志值。中位数居于中间位置,其数值既不能太大也不能太小,所以可用它来代表现象的一般水平。例如,根据 2010 年人口普查资料,某地区人口年龄中位数为 22.25 岁,这个数字反映了人口年龄结构的水平。又如,在研究社会居民收入水平时,以居民收入中位数比平均收入更能代表居民收入水平。

中位数是一个位置平均数,一般用 M_e 表示。中位数的最主要特点是:中位数居于所有变量值顺序排列后的中间位置,中位数前后组的分布次数相等,各占总次数的一半,即 $\dfrac{\Sigma f}{2}$。

中位数的计算方法根据所掌握的资料不同分为三种。

（一）根据未分组的资料计算中位数

计算步骤如下：

（1）将变量值按从小到大的顺序排列。

（2）按 $\dfrac{n+1}{2}$ 公式确定中位数的位次。

（3）根据总体单位数项数的奇偶性来确定中位数的值。

如总体单位项数为奇数，则居于中间位置点的标志值就是中位数，即

$$M_e = x_{\frac{n+1}{2}} \quad (n\text{ 为奇数})$$

如果总体单位项数为偶数，那么居于两个中间位置的标志值的简单平均数为中位数的值，即

$$M_e = \dfrac{x_{\frac{n}{2}} + x_{\frac{n}{2}+1}}{2} \quad (n\text{ 为偶数})$$

【例 4.22】 现有某生产班组 7 名工人生产某产品，其日产量（件）分别为 10、6、11、7、8、10、5，求中位数。

计算步骤具体如下：

（1）将标志值按从小到大的顺序排列为 5、6、7、8、10、10、11。

（2）按 $\dfrac{n+1}{2}$ 公式确定中位数的位次：$\dfrac{n+1}{2} = \dfrac{7+1}{2} = 4$。

（3）得出居于第四位的标志值 8 就是中位数。

如果总体单位数为偶数，那么居于中间位置的两个标志值的简单平均数为中位数的值。

【例 4.23】 按例 4.22，如果有第 8 名工人，其日产量（件）为 13 件，则计算步骤具体如下：

（1）将标志值按从小到大的顺序排列为 5、6、7、8、10、10、11、13。

（2）按 $\dfrac{n+1}{2}$ 公式确定中位数的位次：$\dfrac{n+1}{2} = \dfrac{8+1}{2} = 4.5$，中位数位次在第四位与第五位之间，第四位标志值为 8，第五位标志值为 10。

（3）确定中位数的值：中位数 $M_e = \dfrac{8+10}{2} = 9$（件）。

（二）根据单项式分组数列计算中位数

计算步骤如下：

（1）计算累计次数（向上累计或向下累计次数）。

（2）按 $\dfrac{\sum f}{2}$ 和累计次数确定中位数的所在组。

（3）根据中位数组对应的变量值即为中位数。

【例 4.24】 某企业 120 名工人，日产量资料如表 4.11 所示，要求计算中位数。

表 4.11　某企业工人日产量资料

日产量 x/件	工人数 f/人	累计次数/人	
		向上累计	向下累计
5	8	8	120
6	17	25	112
7	50	75	95
8	30	105	45
9	15	120	15
合计	120	—	—

计算步骤如下：

（1）按 $\dfrac{\sum f}{2}$ 确定中位数的位置：$\dfrac{\sum f}{2} = \dfrac{120}{2} = 60$。

（2）根据中位数位置和累计次数确定相应的标志值为中位数。按向上累计次数，中位数在第三组，中位数为 7 件；按向下累计次数，中位数也在第三组，中位数为 7 件。

（三）根据组距式分组数列计算中位数

计算步骤如下：

（1）按 $\dfrac{\sum f}{2}$ 确定中位数的位置。

（2）根据位置和累计次数确定中位数所在组。

（3）按下限公式或上限公式确定中位数的值。

下限公式为

$$M_e = L + \dfrac{\dfrac{\sum f}{2} - S_{m-1}}{f_m} \times d$$

上限公式为

$$M_e = U - \dfrac{\dfrac{\sum f}{2} - S_{m+1}}{f_m} \times d$$

式中，M_e 代表中位数；L 代表中位数所在组的下限；U 代表中位数所在组的上限；f_m 代表中位数组的次数；$\sum f$ 代表总次数；S_{m-1} 代表中位数所在组下限以下累计次数，即中位数所在组前一组的向上累计次数；S_{m+1} 代表中位数所在组上限以上累计次数，即中位数所在组后一组的向下累计次数；d 代表中位数所在组的组距。

通过上述公式计算出的中位数的值均为近似值，因为这是以中位数所在组内的次数均匀分布为前提的。

【例 4.25】 某企业职工月工资资料表 4.12 所示,求中位数。

表 4.12 某企业职工月工资资料表

月工资 x/元	工人数 f/人	累计次数 向上累计	累计次数 向下累计
1 200 以下	20	20	200
1 200～1 400	70	90	180
1 400～1 600	50	140	110
1 600～1 800	40	180	60
1 800 以上	20	200	20
合计	200	—	—

计算步骤如下:

(1) 按 $\dfrac{\sum f}{2}$ 中位数的位置:$\dfrac{\sum f}{2}=\dfrac{200}{2}=100$。

(2) 根据位置和累计次数确定中位数所在组。中位数组在 1 400～1 600 元这一组内。

(3) 按下限公式或上限公式计算中位数的值。

$$M_e = L + \frac{\dfrac{\sum f}{2} - S_{m-1}}{f_m} \times d = 1\,400 + \frac{\dfrac{200}{2}-90}{50} \times 200 = 1\,440(元)$$

$$M_e = U - \frac{\dfrac{\sum f}{2} - S_{m+1}}{f_m} \times d = 1\,600 - \frac{\dfrac{200}{2}-60}{50} \times 200 = 1\,440(元)$$

可见,使用两种计算中位数的方法计算出的结果是完全一致的。因此,中位数的重要性质不受极端值的影响。

五、众数

众数是指总体中最常见的数,也就是出现次数最多的那个标志值。众数也是一种位置平均数,可以近似地表明现象的一般水平。例如,说明企业职工最普遍的工资水平,了解消费者需要最多的服装、鞋袜、帽子等的尺码,表明某种商品成交量最多的价格水平等。

众数也是质量数据位置的一个测度。例如,为研究广告市场的状况,一家广告公司在某城市随机抽取 200 人,就广告问题进行了邮寄问卷调查,其中一个问题是:"您比较关心下列哪一类广告",调查结果如表 4.13 所示。

表 4.13　某城市居民关注广告类型的频率分布

广告类型	人数/人	频率/%
商品广告	112	56
服务广告	51	25
房地产广告	9	4
招生招聘广告	16	8
其他广告	12	7
合计	200	100

对于这种类型的现象来说，很显然，计算平均数没有什么意义，而众数提供了所关心的信息。在表 4.13 中，关注"商品广告"这一组的人数最多，为 112 人，这一组出现次数最多，所以我们可以认为，人们普遍关注商品广告。

如变量数列中出现两个或多个相同的最多次数时，则应先检查总体各单位是否属于同一类型。若属同一类型，那就是复众数（双峰或多峰）；当变量数列各组次数都相等时，表明该资料无众数。因此，计算众数是有一定条件的，即总体的单位数较多，各标志值的次数分配又有明显的集中趋势。如果总体单位数很少，尽管次数分配较集中，那么计算出来的众数意义不大；如果总体单位数较多，但次数分配不集中，即各单位的标志值在总体中出现的比率较均匀，那么也无所谓众数。

众数通常用 M_o 表示，众数的确定方法有以下两种。

（一）由单项数列确定众数

步骤如下：
（1）确定众数组。
（2）根据定义确定众数值。

【例 4.26】　某地农民家庭按子女人数分组资料如表 4.14 所示。

表 4.14　某地农民家庭按子女人数分组资料

按家庭子女数分组/人	家庭数/户
0	30
1	70
2	160
3	90
4	50
合计	400

表 4.14 表明，每户农民家庭有两个子女的最多，众数 M_o 就是 2。

（二）由组距数列确定众数

步骤如下：
(1) 根据定义确定众数组。找出出现次数最多的组，这个组就是众数组。
(2) 根据下限公式或上限公式确定众数的值。

$$\Delta_1 = f_m - f_{m-1} \quad \text{（代表众数组次数与前一组次数之差）}$$
$$\Delta_2 = f_m - f_{m+1} \quad \text{（代表众数组次数与后一组次数之差）}$$

下限公式为

$$M_o = L + \frac{\Delta_1}{\Delta_1 + \Delta_2} \times d$$

上限公式为

$$M_o = U - \frac{\Delta_2}{\Delta_1 + \Delta_2} \times d$$

式中，M_o 代表众数，L 代表众数所在组的下限，U 代表众数所在组的上限，d 代表众数所在组的组距。

【例 4.27】 利用表 4.12 中的数据计算其众数。

(1) 确定众数组。众数所在组为 70 人对应的第二组，即 1 200~1 400 元组。
(2) 根据下限公式或上限公式计算众数的近似值。

已知 $L=1\,200$，$U=1\,400$，$\Delta_1=70-20=50$，$\Delta_2=70-50=20$，$d=200$，则

下限公式为

$$M_o = L + \frac{\Delta_1}{\Delta_1 + \Delta_2} \times d = 1\,200 + \frac{50}{50 + 20} \times 200 = 1\,342.86（元）$$

上限公式为

$$M_o = U - \frac{\Delta_2}{\Delta_1 + \Delta_2} \times d = 1\,400 - \frac{20}{50 + 20} \times 200 = 1\,342.86（元）$$

显然，通过以上两种方法计算出的众数结果是完全一致的。

众数的计算有一定的条件，如果所有标志值的次数都相同的分配数列，则不存在众数；在单位数不多或无明显集中趋势的资料中，众数的测定是没有意义的；在某些场合有多个标志值有最多的次数，那么变量就有多个众数。

六、众数、中位数和算术平均数的特点与相互关系

众数、中位数与算术平均数是集中趋势的三个主要测度值，它们具有不同的特点和应用场合。

（一）众数、中位数和算术平均数的特点与应用

众数、中位数和算术平均数各自具有不同的特点，掌握它们之间的关系和各自的特点，有助于我们在实际应用中选择合理的测度值来描述数据的集中趋势。

众数是一种位置代表值,易理解,不受极端值的影响。任何类型的数据资料都可以计算,但主要适合于作为定类数据的集中趋势测度值;即使资料有开口组仍然能够使用众数。众数不适于进一步代数运算;有的资料众数根本不存在,当资料中包括多个众数时,很难对它进行比较和说明;应用不如算术平均数广泛。

中位数也是一种位置代表值,易理解,不受极端值的影响;除数值型数据外,定序数据也可以计算,而且主要适合于作为定序数据的集中趋势测度值;开口组资料也不影响计算。中位数不适于进一步代数运算,应用不如算术平均数广泛。

算术平均数的含义通俗易懂,直观清晰;全部数据都要参加运算,所以它是一个可靠的具有代表性的量;任何一组数据都有且只有一个平均数;用统计方法推断几个样本是否取自同一总体时,必须使用算术平均数;具有优良的数学性质,适合于代数方法的演算;是实际中应用最广泛的集中趋势测度值,主要适合于作为定距和定比数据的集中趋势测度值。算术平均数最容易受极端值影响;对于偏态分布的数据,算术平均数的代表性较差;资料有开口组时,按相邻组组距计算假定性很大,代表性降低。

(二) 众数、中位数与算术平均数的关系

从分布的角度看,众数始终是一组数据分布的最高峰值,中位数是处于一组数据中间位置上的值,而算术平均数则是全部数据的算术平均。因此,在对同一组数据计算众数、中位数和算术平均数时,三者之间具有以下关系:

(1) 如果数据的分布是完全对称的,即数据呈正态分布,则众数、中位数和算术平均数必定相等。

(2) 如果数据的分布是非对称的,即数据呈偏态分布,那么会有两种情况:数据呈左偏分布,则说明数据存在极小值,必然拉动算术平均数向极小值一方靠,而众数和中位数因为是位置代表值,不受极值的影响,所以三者之间的关系表现为:算术平均数<中位数<众数;数据呈右偏分布,则说明低数值比较集中,平均数受偏高数值影响较大,必然拉动算术平均数向极大值一方靠,则众数<中位数<算术平均数,且存在 $2|\bar{x}-M_e|=|M_e-M_o|$。

上述关系如图4.1所示。

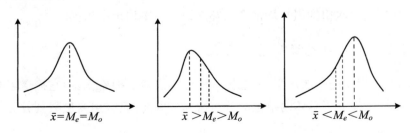

图 4.1　众数、中位数和算术平均数的关系

七、计算和应用平均指标的原则

（一）平均指标必须应用于同质总体

总体同质性是计算和应用平均数的前提条件和基本原则。只有在同质总体中，总体各单位才具有共同的特征，从而才能按某一数量标志计算其平均数，这种平均数才具有很强的代表性，才能代表总体的一般水平。不在同质性基础上计算的平均数是没有实际意义的，是虚构的平均数。

（二）用组平均数补充说明总平均数

总平均数反映现象的总体特征，往往会掩盖现象内部的差异，而分组基础上的组平均数则可进一步揭示现象内部的差异。

【例 4.28】 甲、乙两村 2020 年播种面积及粮食亩产情况如表 4.15 所示。

表 4.15　甲、乙两村 2020 年播种面积及粮食亩产情况

地块类型	甲村			乙村		
	播种面积/亩	总产量/千克	平均亩产/千克	播种面积/亩	总产量/千克	平均亩产/千克
旱地	200	140 000	700	100	60 000	600
水田	100	130 000	1 300	200	240 000	1 200
合计	300	270 000	900	300	300 000	1 000

从总体平均数看，甲村亩产 900 千克，乙村亩产 1 000 千克，甲村低于乙村；而无论是旱地还是水田，其平均亩产均是甲村高于乙村，由此可看出总平均数与组平均数是不一致的。原因在于亩产水平较低的旱地在甲村占 66.7%，而在乙村仅占 33.3%，使得甲村的总平均亩产低于乙村，从而总平均数掩盖了这种结构上的差别。因此，为了全面反映两村亩产的差异，就需要计算旱地和水田的组平均亩产以补充说明总平均亩产指标。

（三）用变量数列补充说明总平均数

平均指标代表现象的一般水平，是总体各单位标志值的抽象化，但它掩盖了总体各单位标志值间的差异，也掩盖了总体内单位的分布情况。因此，只有用变量数列补充说明总平均数，才能更深入地揭示现象的本质。

【例 4.29】 某集团公司某年工业增加值总平均计划完成程度为 108%，下属企业增加值计划完成程度资料如表 4.16 所示。

如果只看总平均计划完成程度 108%，那么该集团公司下属企业都超额完成了增加值计划，但再结合变量数列来看，仍有 12 家企业未完成计划，而且有 2 家企业完成得较差，在

80%以下。

表 4.16 某集团下属企业增加值计划完成程度资料表

工业增加值计划完成程度/%	企业数/个
80 以下	2
80~90	4
90~100	6
100~110	18
110~120	10
合计	40

第四节 标志变异指标

平均数将总体各单位标志值之间的差异掩盖了,它虽然可以反映总体各单位标志值的集中趋势,但平均数的代表性、总体各单位某一标志值之间的差异程度等问题,平均指标不能作出回答,而要由标志变异指标来加以说明。

一、标志变异指标的概念和作用

标志变异指标是用来反映总体各单位标志值差异程度的综合指标,它表明总体各单位标志值的离散程度和离中趋势,又称标志变动度。

标志变异指标和平均指标是一对相互联系的对应指标,是从两个不同的侧面反映同质总体分布的不同特征。平均指标表明总体各单位标志值的一般水平,说明变量数列中变量值分布的集中趋势。标志变异指标则表明总体各单位标志值的差异程度大小,说明总体变量值分布的离中趋势。在统计分析中,在计算总体标志值平均水平的同时,进一步测定变异指标,这对于全面认识总体的分布特征,探讨其变动的规律性,进行科学管理与预测等都有重要意义。

测定总体标志变异指标是应用平均指标进行统计分析的重要方法之一。标志变异指标的具体作用表现为两点。

(1) 标志变异指标是衡量总体算术平均数代表性的尺度。平均数是个代表值,其代表性取决于总体各单位标志值的差异程度。当总体各单位标志值间差异程度较大时,计算出的标志变异指标值就越大,平均数的代表性就越小;当总体各单位标志值间的差异较小时,计算出的标志变异指标值就越小,平均数的代表性就越大。

【例 4.30】 两个生产班组的工人日产量数(单位:件)如下:

甲组日产量：48　49　50　51　52
乙组日产量：5　25　50　75　95

显然，甲、乙两组的平均日产零件都是 50 件，但日产量的差异程度和平均日产量的代表性不同。甲组工人日产量变动较小，其平均数的代表性就大；而乙组工人日产量变动较大，其平均日产量的代表性较小。

(2) 标志变异指标可以用来测定现象实际生产过程的均衡性、稳定性和协调性。一般而言，标志变异指标值越小，现象发展变化越均衡、越协调；标志变异指标越大，现象发展变化越不均衡、越不协调。

二、标志变异指标的计算

按计算方法不同，标志变异指标可分为全距、平均差、标准差、变异系数等。

（一）全距

全距也称极差，是数列中最大值与最小值的差距，用来反映现象的实际变动范围。其计算公式为

$$全距(R) = 最大标志值(x_{\max}) - 最小标志值(x_{\min})$$

全距值越大，平均数的代表性就越小；全距值越小，平均数的代表性就大。如例 4.30 中，甲乙两组平均产量相同，均为 50 件，但两个平均产量的代表性不同，通过全距的对比就可以明显地看出来。

$$R_甲 = 52 - 48 = 4(件)，\quad R_乙 = 95 - 5 = 90(件)$$

显然，甲组平均日产量代表性比乙组平均日产量的代表性大。

如果是组距数列，用最大组的上限值减去最小组的下限值则可近似计算全距，即

$$全距(R) = 最高组的上限值 - 最低组的下限值$$

全距是测定标志变异程度的最简单的方法，计算简便，容易理解，所以经常用来粗略说明某些现象总的标志变动程度，如在实际工作中，全距可用于工业产品质量的检查和控制。但全距说明的只是极端标志值之间的差异，它不受中间标志值的影响，更与变量数列的次数分布状况无关，故不能全面反映各单位标志的差异程度，因而在应用方面具有一定的局限性。

（二）平均差

平均差是总体各单位标志值同其算术平均值的绝对离差的算术平均数，它能综合反映总体各单位标志值的变动程度。平均差用 $A·D$ 表示。

平均差是标志变异指标的一种，平均差越大，表示总体标志变动度越大，平均数的代表性就越低；平均差越小，表示总体标志变动度越小，平均数的代表性就越大。根据所拥有的资料不同，平均差的计算方法分为两种。

1. 简单平均式平均差

当直接给定总体各单位的具体变量值，即变量值资料未分组时，应采用简单平均式来计算其平均差。其计算公式为

$$A \cdot D = \frac{\sum |x - \bar{x}|}{n}$$

式中，$A \cdot D$ 代表平均差，n 代表各组次数。

【例 4.31】 已知资料同例 4.30，求平均差，并用平均差来测定算术平均数的代表性。

$$\bar{x}_甲 = 50(件)，\quad A \cdot D_甲 = \frac{\sum |x_甲 - \bar{x}_甲|}{n} = \frac{6}{5} = 1.2(件)$$

$$\bar{x}_乙 = 50(件)，\quad A \cdot D_乙 = \frac{\sum |x_乙 - \bar{x}_乙|}{n} = \frac{140}{5} = 28(件)$$

因为 $A \cdot D_甲 < A \cdot D_乙$，所以 $\bar{x}_甲$ 代表性高于 $\bar{x}_乙$。

2. 加权平均式平均差

当给定总体各单位的变量值资料是已分组资料，即变量数列资料时，应采用加权平均式来计算。其计算公式为

$$A \cdot D = \frac{\sum |x - \bar{x}| f}{\sum f}$$

式中，$A \cdot D$ 代表平均差，f 代表各组次数。

【例 4.32】 某车间 200 名工人按日产量分组资料如表 4.17 所示，计算该车间工人日产量的平均差也如表 4.17 所示。

表 4.17 平均差计算表

日产量/千克	工人数 f/人	组中值 x	xf	$x - \bar{x}$	$|x - \bar{x}|$	$|x - \bar{x}| f$
20～30	10	25	250	−17	17	170
30～40	70	35	2 450	−7	7	490
40～50	90	45	4 050	3	3	270
50～60	30	55	1 650	13	13	390
合计	200	—	8 400	—	—	1 320

$$\bar{x} = \frac{\sum xf}{\sum f} = \frac{8\,400}{200} = 42(千克)，\quad A \cdot D = \frac{\sum |x - \bar{x}| f}{\sum f} = \frac{1\,320}{200} = 6.6(千克)$$

平均差的计算特点：平均差根据总体各单位标志值计算，受极端值的影响较小，能综合反映总体各单位标志值的变异程度。但平均差的计算对离差的正负不作考虑，而是取绝对值，这不符合代数运算方法的演算，也不便于大量数据处理，所以在统计研究中较少应用。

（三）标准差

标准差是总体各单位标志值与其算术平均数离差平方的算术平均数的平方根，又称均

方差或均方根差。在统计学中,离差平方的算术平均数称为方差,方差就是标准差的平方。

标准差是最常用的一种标志变异指标,它表明总体各单位标志值的离散程度和离中趋势,从而用来说明总体平均指标的代表性大小。一般而言,标准差数值越大,表明总体各单位标志值间的差异程度就越大,总体算术平均数的代表性就越低;反之,标准差数值越小,表明总体各单位标志值间的差异程度就越小,总体算术平均数的代表性就越高。

根据所拥有的资料不同,标准差的计算方法有两种。

1. 简单平均式标准差

当直接给定总体各单位的具体变量值,即变量值资料未分组时,应采用简单平均式来计算其标准差。其计算公式为

$$\sigma = \sqrt{\frac{\sum (x-\bar{x})^2}{n}}$$

式中,σ 代表标准差。

【例 4.33】 甲、乙两组工人日产零件的资料如表 4.18 所示,求标准差,并用标准差测定平均数的代表性。

表 4.18 甲、乙两组工人日产零件标准差计算表

甲 组			乙 组		
日产零件 $x_甲$/件	$x_甲 - \bar{x}_甲$	$(x_甲 - \bar{x}_甲)^2$	日产零件 $x_乙$/件	$x_乙 - \bar{x}_乙$	$(x_乙 - \bar{x}_乙)^2$
5	−2	4	2	−5	25
6	−1	1	3	−4	16
7	0	0	7	0	0
8	1	1	10	3	9
9	2	4	13	6	36
合计	—	10	—	—	86

$$\bar{x}_甲 = \bar{x}_乙 = 7(件)$$

$$\sigma_甲 = \sqrt{\frac{\sum(x-\bar{x})^2}{n}} = \sqrt{\frac{10}{5}} = 1.41(件)$$

$$\sigma_乙 = \sqrt{\frac{\sum(x-\bar{x})^2}{n}} = \sqrt{\frac{86}{5}} = 4.15(件)$$

因为 $\sigma_甲 < \sigma_乙$,所以 $\bar{x}_甲$ 的代表性比 $\bar{x}_乙$ 的代表性大。

2. 加权平均式

当给定总体各单位的变量值资料是已分组资料,即变量数列资料时,应采用加权平均式来计算其标准差。其计算公式为

$$\sigma = \sqrt{\frac{\sum (x-\bar{x})^2 f}{\sum f}}$$

式中，σ 代表标准差，x 代表各组标志值或组中值，f 代表各组次数。

【例 4.34】 已知甲乙两班学生身高资料，甲班 40 名学生平均身高为 171 cm，标准差为 10 cm，乙班 40 名学生身高资料如表 4.19 所示，比较两班学生平均身高的代表性。

表 4.19　乙班学生身高资料及标准差计算表

身高/cm	人数 f/人	组中值 x	xf	$x-\bar{x}$	$(x-\bar{x})^2$	$(x-\bar{x})^2 f$
150～160	5	155	775	−16	256	1 280
160～170	11	165	1 815	−6	36	396
170～180	19	175	3 325	4	16	304
180～190	5	185	925	14	196	980
合计	40	—	6 840	—	—	2 960

$$\bar{x}_乙 = \frac{\sum xf}{\sum f} = \frac{6\ 840}{40} = 171 (\text{cm})$$

$$\sigma_乙 = \sqrt{\frac{\sum (x-\bar{x})^2 f}{\sum f}} = \sqrt{\frac{2\ 960}{40}} = \sqrt{74} \approx 8.6 (\text{cm})$$

甲乙两班学生的平均身高相同，均为 171 cm，但 $\sigma_甲 > \sigma_乙$，所以乙班平均身高的代表性大。

标准差的计算特点：标准差的计算是采用最小平方的方法来消除正负号的，克服了平均差的缺点，同时又具有数学上的优点；在计算过程中又综合考虑了所有标志值的变动程度，因而具有综合性。因此，标准差是测定标志变动度最常用、最有效的标志变异指标。

（四）离散系数（变异系数）

全距、平均差和标准差都有与平均指标相同的计量单位，即与各单位标志值的计量单位相同。它们不仅取决于各标志值差异的大小，同时也取决于平均水平的大小。如两个总体平均数不等，则不能用它们来测定总体标志变动程度及总体平均数的代表性大小。要进行对比，只有消除平均水平的影响，所以必须通过计算离散系数来反映。

离散系数是将总体标志变异指标与总体平均水平作对比，以相对数形式来测定总体平均指标的代表性及总体标志变动程度，又称变异系数。离散系数主要包括全距系数、平均差系数和标准差系数等。因为全距和平均差不常用，所以变异系数通常只计算标准差系数。

在统计实践中，经常需要比较不同标志的变异，而变异系数提供了广泛比较的可能性。

标准差系数是将总体标准差与总体平均数相除，目的是消除总体平均水平的影响，从而使不同总体水平的两个同类或不同类总体之间，能够对比其总体标志变异程度及总体平均水平的代表性大小。

一般来说，标准差系数值越大，总体标志变动度越大，总体平均指标的代表性越小；标准差系数值越小，总体标志变动度越小，总体平均指标的代表性就越大。

标准差系数计算公式为

$$V_\sigma = \frac{\sigma}{\bar{x}} \times 100\%$$

【例 4.35】 若甲、乙两车间工人平均日产量分别为 300 千克和 400 千克,标准差分别为 7.5 千克和 9 千克,甲车间的标准差较小,似乎其平均日产量 300 千克更有代表性。但如果计算标准差系数,则有

$$V_{\sigma甲} = \frac{7.5}{300} \times 100\% = 2.5\%, \quad V_{\sigma乙} = \frac{9}{400} \times 100\% = 2.25\%$$

比较其离散系数,显然 $V_{\sigma甲} > V_{\sigma乙}$,即乙车间的平均日产量不仅高,且各工人日产量之间差异程度比甲车间小,因而乙车间平均日产量更具有代表性。

三、交替标志的平均数和标准差

(一) 交替(是非)标志的概念

统计中有些现象总体的各单位可分为两组,即具有某一标志具体表现的单位和不具有某一标志具体表现的单位。如工厂生产的全部产品的总体分为合格品和不合格品两组,人口总体可以按性别分为男、女两组等。这种用"是"和"否"、"有"、"无"、"合格"和"不合格"等作为标志具体表现的标志称为交替标志,又称是非(否)标志。

(二) 交替(是非)标志的平均数和标准差计算

因为交替标志只有两个具体表现,所以可用 1 代表"是",用 0 代表"非"。在此可以把 1 和 0 当作是非标志的标志值。全部总体单位数用 n 表示,标志值为 1 的单位数用 n_1 表示,标志值为 0 的单位数用 n_0 表示,显然有

$$n = n_1 + n_0$$

交替(是非)标志的标志值为 1 的单位数占全部单位的比重称为成数,用 p 来表示。其计算公式为

$$p = \frac{n_1}{n}$$

交替(是非)标志的标志值为 0 的单位数占全部单位的比重也称成数,用 q 来表示。其计算公式为

$$q = \frac{n_0}{n}$$

显然,两个成数的和等于 1,即

$$\frac{n_1}{n} + \frac{n_0}{n} = 1, \quad p + q = 1$$

交替(是非)标志的平均数和标准差可按表 4.20 计算。

表 4.20 交替标志平均数和标准差的计算表

交替标志	标志值 x	单位数	成数 f	xf	$x-\bar{x}$	$(x-\bar{x})^2$	$(x-\bar{x})^2 f$
是	1	n_1	p	p	$1-p$	$(1-p)^2$	$(1-p)^2 p$
否	0	n_0	q	0	$0-p$	p^2	$p^2 q$
合计	—	n	1	p	—	—	$(1-p)^2 p + p^2 q$

交替(是非)标志的平均数为

$$\bar{x}_p = \frac{\sum xf}{\sum f} = \frac{p}{p+q} = p$$

$$\sigma_p = \sqrt{\frac{\sum(x-\bar{x})^2 f}{\sum f}} = \sqrt{\frac{(1-p)^2 p + p^2 q}{p+q}} = \sqrt{p(1-p)}$$

【例 4.36】 某企业生产某种产品合格率为 95%，不合格率为 5%，求是非标志平均数和标准差。

$$\bar{x}_p = p = 95\%, \quad \sigma_p = \sqrt{p(1-p)} = \sqrt{95\% \times 5\%} = 21.79\%$$

交替(是非)标志的平均数和标准差在后面的抽样推断中会有广泛应用。

本 章 小 结

综合指标是反映社会经济现象总体基本数量特征的统计指标，它分为总量指标、相对指标和平均指标三类。

总量指标是反映社会经济现象在一定的时间、地点、条件下的总规模、总水平或工作总量的指标，是最基本的综合指标。

总量指标按反映的总体内容不同可分为总体单位总量和总体标志总量；按反映的时间状态的不同可分为时期指标和时点指标；按所采用计量单位的不同可分为实物指标、价值指标和劳动量指标。

相对指标是反映现象之间数量上的联系程度和对比关系的综合指标。相对指标的表现形式是相对数，具体表现为两种：一种为无名数，一般用系数、倍数、成数、百分数、千分数来表示；另一种为复名数，主要表明事物的密度、强度和普遍程度。

常用的相对指标有结构相对指标、比例相对指标、比较相对指标、强度相对指标、计划完成程度相对指标和动态相对指标等。

严格保持两指标的可比性是正确应用相对指标的条件。

平均指标是反映现象总体各单位某一数量标志在一定时间、地点条件下达到的一般水平的综合指标。平均指标的表现形式为平均数。平均数的种类主要有算术平均数、调和平均数、几何平均数、众数和中位数。算术平均数是计算平均指标最常用的方法，它的基本公式为总体标志总量除以总体单位总量；调和平均数是各个标志值倒数的算术平均数的倒数；

几何平均数是几个变量值连乘积的 n 次方根,主要用于计算平均比率和平均速度;众数是总体中最普遍出现的标志值,在实际工作中可利用众数代替算术平均数来说明社会现象的一般水平;中位数是现象总体各单位标志值按大小顺序排列,处于中间位置的标志值。

计算和运用平均指标有三个原则:必须在同质总体中计算或应用平均指标;用组平均数补充说明总平均数;用变量数列补充说明总平均数。

标志变异指标是反映总体各单位标志值变异程度的综合指标,表明总体各单位标志值的离散程度和离中趋势,说明平均指标的代表性程度,测定现象变动的均匀性或稳定性程度。按计算方法不同,标志变异指标可以分为全距、平均差、标准差和变异系数。

全距又称极差,是数列中最大标志值与最小标志值之差,用来反映现象的实际变动范围。平均差是各单位标志值对其算术平均数的离差绝对值的算术平均数。标准差又称均方差,是总体各单位标志值与平均数离差平方的算术平均数的平方根。

如果两个总体的平均数不等,则不能用平均差或标准差来测定平均数的代表性,必须通过离散系数来测定。通常运用的离散系数是平均差系数和标准差系数。标志变异程度越小,平均数代表性越大。

用"是"或"否"、"有"或"无"等作为标志,具体表现的标志称为是非标志或交替标志。是非标志的成数为 p 或 q,$p(1-p)$ 是交替标志的方差。

思考与练习

1. 什么是总量指标?其作用是什么?
2. 总量指标是如何分类的?
3. 什么是时期指标和时点指标?二者的区别是什么?
4. 相对指标可分为哪六种?各有什么作用和特点?
5. 总量指标和相对指标的运用原则各是什么?
6. 如何理解加权算术平均数中权数的意义?
7. 什么是众数和中位数?中位数、众数与算术平均数的关系是怎样的?
8. 为什么有了标准差还要进一步计算标准差系数?
9. 如何理解标志变异指标是衡量平均数代表性大小的尺度?
10. 全距、平均差和标准差各有什么特点?

技 能 训 练

一、单项选择题

1. 某工业企业产品年生产量为 10 万件,期末库存量为 3.8 万件,它们是(　　)。
   A. 时期指标
   B. 时点指标
   C. 前者是时期指标,后者是时点指标
   D. 前者是时点指标,后者是时期指标

2. 两数对比,分母数值比分子数值大很多时,常用的相对数形式为( )。
   A. 成数　　　　　B. 倍数　　　　　C. 百分数　　　　D. 千分数
3. 比例相对指标是反映总体内部各部分之间内在的( )。
   A. 数量关系　　　B. 质量关系　　　C. 计划关系　　　D. 密度关系
4. 下列指标中属于结构相对指标的是( )。
   A. 产值计划完成程度　　　　　　　B. 物质生产部门净产值占总产值的比重
   C. 产值资金占用率　　　　　　　　D. 百元流动资金利税率
5. 某厂2017年完成产值200万元,2018年计划增长10%,实际完成231万元,超额完成计划( )。
   A. 5%　　　　　　B. 5.5%　　　　　C. 15.5%　　　　D. 115.5%
6. 按人口平均计算的钢产量是( )。
   A. 算术平均数　　B. 比例相对数　　C. 比较相对数　　D. 强度相对数
7. 我国第七次人口普查结果,男女总人口数比例为1.05：1,这个数是( )。
   A. 比较相对数　　B. 比例相对数　　C. 强度相对数　　D. 结构相对数
8. 同质总体标志变动度指标是反映( )的。
   A. 集中趋势　　　B. 离中趋势　　　C. 变动情况　　　D. 一般水平
9. 总体标志总量是( )。
   A. 说明总体单位特征　　　　　　　B. 表示总体本身的规模大小
   C. 指总体各单位标志值的总和　　　D. 指总体单位总量
10. 用水平法检查五年计划的执行情况适用于( )。
    A. 规定计划期初应达到的水平　　　B. 规定计划期内某一期应达到的水平
    C. 规定计划期末达到的水平　　　　D. 规定五年累计应达到的水平
11. 计算计划完成程度相对数时,分子和分母的数值( )。
    A. 只能是绝对数　　　　　　　　　B. 只能是相对数
    C. 只能是平均数　　　　　　　　　D. 可以是绝对数,也可以是相对数或平均数
12. 平均数反映了( )。
    A. 总体分布的集中趋势　　　　　　B. 总体中总体单位的集中趋势
    C. 总体分布的离中趋势　　　　　　D. 总体中各单位的分散程度
13. 已知五个商店同种商品的单价和销售额,要求计算五个商店同种商品的平均单价,应该采用( )。
    A. 简单算术平均数　　　　　　　　B. 加权算术平均数
    C. 加权调和平均数　　　　　　　　D. 几何平均数
14. 某机械局所三个企业2018年计划产值分别为400万元、600万元和500万元。执行结果,计划完成程度分别为108%、106%、108%,则该局三个企业平均计划完成程度为( )。
    A. 107.33%　　　B. 107.20%　　　C. 7.33%　　　　D. 7.20%
15. 权数对算术平均数的影响作用,决定于( )。

A. 权数本身数值的大小

B. 作为权数的单位数占总体单位数的比重大小

C. 各组标志值的大小

D. 权数的经济意义

16. 在各种平均数中（　　）。

    A. 中位数和调和平均数称为位置平均数

    B. 算术平均数和众数称为位置平均数

    C. 算术平均数和中位数称为位置平均数

    D. 中位数和众数称为位置平均数

17. 标志变动度指标中最常用的是（　　）

    A. 极差　　　　B. 平均差　　　　C. 标准差　　　　D. 标准差系数

18. 标志变动度指标可以反映社会经济活动过程的均衡性和稳定性，它们之间存在（　　）。

    A. 正比关系　　B. 反比关系　　C. 恒等关系　　D. 倒数关系

19. 把全部产品分为合格品和不合格品，所采用的标志属于（　　）。

    A. 不变标志　　B. 是非标志　　C. 品质标志　　D. 数量标志

20. 标准差属于（　　）。

    A. 强度相对指标　B. 绝对指标　　C. 相对指标　　D. 平均指标

二、多项选择题

1. 总量指标按反映现象的内容不同，一般分为（　　）。

    A. 实物指标　　B. 总体单位总量　C. 总体标志总量　D. 时期指标

    E. 时点指标

2. 比较相对指标可用于（　　）。

    A. 不同国家、地区、单位之间的比较　　B. 不同时期的比较

    C. 实际水平与计划水平的比较　　　　D. 落后水平与先进水平的比较

    E. 实际水平与标准水平或平均水平的比较

3. 下列属于时点指标的有（　　）。

    A. 企业个数　　B. 机器台数　　C. 电视机销售量　D. 年末人口数

    E. 产品产量

4. 在相对指标中，属于不同总体数值对比的指标有（　　）。

    A. 动态相对指标　B. 结构相对指标　C. 比较相对指标　D. 比例相对指标

    E. 强度相对指标

5. 下列相对指标中，分子、分母不能对换的指标有（　　）。

    A. 比较相对指标　B. 结构相对指标　C. 比例相对指标　D. 强度相对指标

    E. 计划完成相对指标

6. 相对数的表现形式有（　　）。

A. 无名数 B. 百分数 C. 成数 D. 结构相对数
E. 名数

7. 计算和应用平均数的原则是( )。
   A. 现象的同质性 B. 用组平均数补充总平均数
   C. 用变量数列补充说明平均数 D. 用时间数列补充说明平均数
   E. 把平均数和典型事例结合起来

8. 一般而言,加权算术平均数等于简单算术平均数是在( )。
   A. 各组次数不等的条件下 B. 各组次数相等的条件下
   C. 各组变量值不相同的条件下 D. 各组权数都为1的条件下
   E. 在分组组数较少的条件下

9. 加权算术平均数和加权调和平均数计算方法的选择,应根据已知资料的情况而定,下列说法正确的有( )。
   A. 如果掌握基本公式的分子资料,用加权调和平均数计算
   B. 如果掌握基本公式的分母资料,用加权调和平均数计算
   C. 如果掌握基本公式的分母资料,用加权算术平均数计算
   D. 如果掌握基本公式的分子资料,用加权算术平均数计算
   E. 如果无基本公式的分子、分母资料,则无法计算平均数

10. 下列采用调和平均数计算的有( )。
    A. 已知各级工人的月工资水平和工资总额,求平均工资
    B. 已知某工厂各车间废品率和废品量,求平均废品率
    C. 已知各工厂产量计划完成百分比和实际产量,求平均计划完成百分比
    D. 假定企业按工人劳动生产率分组,并已知道各组产量,求平均劳动生产率
    E. 已知某工厂产品产量及单位成本,求平均单位成本

11. 不受数列极端值影响的平均数有( )。
    A. 众数 B. 中位数 C. 几何平均数 D. 调和平均数
    E. 算术平均数

12. 反映总体各单位标志值离散程度的指标( )。
    A. 只能是相对数 B. 只能是绝对数 C. 可以是相对数 D. 可以是绝对数
    E. 只能是平均数

13. 是非标志的方差是( )。
    A. $q+p$ B. qp C. $p-q$ D. $(1-p)(1-q)$
    E. $p(1-p)$

14. 某小组三名工人的工资分别为102元、104元和109元,根据这一资料计算的各种标志变动度指标的关系是( )。
    A. 极差大于标准差 B. 极差大于平均差
    C. 平均差小于标准差 D. 平均差系数小于标准差系数

E. 平均差系数大于标准差系数

三、判断题

1. 总体单位总量与总体标志总量，可以随研究对象的变化而发生变化。（　）
2. 同一个总体，时期指标值的大小与时期长短成正比，时点指标值的大小与时点间隔成反比。（　）
3. 某厂生产某种产品的单位成本，计划在去年的基础上降低4%，实际降低了3%，则成本降低计划完成程度为99.04%。（　）
4. 国民收入中积累额与消费额之比为1∶3，这是一个比较相对指标。（　）
5. 权数对算术平均数的影响作用取决于权数本身绝对值的大小。（　）
6. 在特定条件下，加权算术平均数等于简单算术平均数。（　）
7. 标志变异指标数值越大，则平均指标的代表性就越小。（　）
8. 任何两个性质相同的变量数列，比较其平均数的代表性，都可以采用标准差指标。（　）

四、应用题

1. 某企业产值计划完成103%，比上年增长5%，试问计划规定比上年增加多少？又知该企业甲产品每台成本应在去年699元的水平上降低12元，实际今年成本672元。试确定降低成本计划完成情况指标。
2. 某企业2019年产品单位成本为520元，2020年计划规定在上年的基础上降低5%，实际降低了6%。试确定2020年单位成本的计划数，并计算2020年成本降低计划完成程度指标。
3. 某企业劳动生产率2020年比2019年增长7%，超额完成计划2%。试确定劳动生产率增长计划数。
4. 某钢铁公司按"十三五"计划规定，计划末年产量应达到630万吨，计划执行情况，如表4.21所示。计算该五年计划完成程度及提前完成计划的时间。

表4.21　某钢铁公司五年计划各年实际产量

单位：万吨

时间	第一年	第二年	第三年		第四年				第五年			
			上半年	下半年	一季度	二季度	三季度	四季度	一季度	二季度	三季度	四季度
产量	420	448	238	266	140	140	147	154	161	168	182	182

5. 甲地区2020年计划国内生产总值为120亿元，年平均人口为600万人，2020年国内生产总值第一、二、三产业情况如表4.22所示。又知该地区2019年国内生产总值为122亿元，乙地区2020年实现国内生产总值150亿元。

试计算所有可能的相对指标。

表 4.22 甲地区 2020 年国内生产总值情况

单位:亿元

项目	计划数	实际数
第一产业	10	12
第二产业	65	73
第三产业	45	47
GDP	120	132

6. 某厂三个车间一季度生产情况如下:第一车间实际产量为 190 件,完成计划 95%;第二车间实际产量 250 件,完成计划 100%;第三车间实际产量 609 件,完成计划 105%。三个车间产品产量的平均计划完成程度为

$$(95\% + 100\% + 105\%) \div 3 = 100\%$$

另外,一车间产品单位成本为 18 元/件,二车间产品单位成本为 12 元/件,三车间产品单位成本为 15 元/件,则三个车间平均单位成本为

$$(18 + 12 + 15) \div 3 = 15(元/件)$$

以上平均指标的计算是否正确?如不正确请说明理由并改正。

7. 某班 40 名学生统计学考试成绩(单位:分)如下:

```
57  89  49  84  86  87  75  73  72  68
75  82  97  81  67  81  54  79  87  95
76  71  60  90  65  76  72  70  86  85
89  89  64  57  83  81  78  87  72  61
```

学校规定:60 分以下为不及格,60~70 分为及格,70~80 分为中,80~90 分为良,90~100 分为优。

(1) 将该班学生分为不及格、及格、中、良、优五组,编制一张次数分配表。

(2) 根据次数分配表,计算该班学生的平均成绩。

8. 某厂三个车间一季度生产情况如表 4.23 所示。

表 4.23 一季度生产情况

车间	计划完成程度/%	实际产量/件	单位产品成本/(元/件)
第一车间	90	198	15
第二车间	105	315	10
第三车间	110	220	8

根据以上资料计算:

(1) 计算一季度三个车间产量平均计划完成程度。

(2) 计算一季度三个车间平均单位产品成本。

9. 某地区销售某种商品的价格和销售量资料如表 4.24 所示。

表 4.24 某商品的价格和销售量

商品规格	销售价格/元	商品销售量占总销售量比重/%
甲	20~30	20
乙	30~40	50
丙	40~50	30

根据资料计算三种规格商品的平均销售价格。

10. 某公司所属 20 个企业的产值及有关资料如表 4.25 所示。

表 4.25 某公司所属 20 个企业的产值及有关资料

产值计划完成程度/%	企业数/个	实际产值/万元
90~100	5	1 200
100~110	11	12 800
110~120	4	2 000
合计	20	16 000

试计算公司平均计划完成程度指标。

11. 某公司 50 个企业,生产同种产品,某月对产品质量进行调查,所得资料如表 4.26 所示。

表 4.26 某公司调查资料

合格率/%	企业数/个	合格品数量/件
70~80	10	25 500
80~90	25	59 500
90~100	15	34 200
合计	50	119 200

计算该产品的平均合格率。

12. 对某地区 120 家企业按利润额进行分组,结果如表 4.27 所示。

表 4.27 某地区企业按利润额分组

按利润额分组/万元	企业数/个
200~300	20
300~400	30
400~500	45
500~600	15
600 以上	10
合计	120

(1) 计算120家企业利润的众数、中位数和算术平均数。
(2) 根据计算结果说明总体分布的类型。

13. 2020年某月甲、乙两农贸市场农产品价格成交额、成交量资料如表4.28所示。

表4.28 甲、乙两农贸市场农产品价格成交额、成交量

品种	价格/(元/斤)	甲市场成交额/万元	乙市场成交量/万斤
甲	1.2	1.2	2
乙	1.4	2.8	1
丙	1.5	1.5	1
合计	—	5.5	4

试问哪一个市场农产品的平均价格高？请说明原因。

14. 某车间有甲、乙两个班组，甲组平均每个工人的日产量为36件，标准差为9.6件；乙组工人日产量资料如表4.29所示。

表4.29 乙组工人日产量

日产量/件	工人数/人
20以下	15
20～30	38
30～40	34
40～50	13
合计	100

(1) 计算乙组平均每个工人的日产量和标准差。
(2) 甲、乙两生产小组哪个组的日产量更有代表性？

15. 甲、乙两班同时对"统计学"课程进行测试，甲班平均成绩为70分，标准差为9.0分；乙班的成绩分组资料如表4.30所示。

表4.30 乙班成绩分组

按成绩分组/分	学生人数/人
60以下	2
60～70	6
70～80	25
80～90	12
90～100	5
合计	50

计算乙班学生的平均成绩，并比较甲、乙两班哪个班的平均成绩更有代表性。

动态数列分析

　　了解动态数列的概念、作用、种类和编制原则;熟悉动态数列各种水平指标和速度指标的计算方法;掌握动态数列变动趋势和季节变动规律分析的方法。

　　能熟练运用动态数列的各种水平指标和速度指标对社会经济现象进行综合分析;能够运用动态数列长期趋势和季节变动规律的分析方法对经济现象的发展规律作出正确判断并进行预测。

　　动态分析法(时间序列分析法)是统计分析的一种重要方法。动态分析法是指从时间的

发展变化角度,研究客观事物在不同时间的发展状况,探索其随时间推移的演变趋势和规律,揭示其数量变化和时间的关系,预测客观事物在未来时间上可能达到的数量和规模。本章主要讲授动态数列的编制、动态发展水平与速度分析、长期趋势和季节变动的分析与预测等。难点是动态水平指标和速度指标的计算、各指标之间的关系和应用条件。

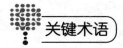

动态数列　发展水平　增长速度　长期趋势　季节变动

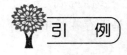

国家统计局2021年5月11日发布第七次全国人口普查主要数据公报,数据显示,全国总人口为1 443 497 378人。与2010年第六次全国人口普查相比,10年增加7 205万人,增长5.38%,年平均增长0.53%,比2000年到2010年的年平均增长率下降0.46个百分点。数据表明,10年来我国人口增长处于低生育水平阶段。

思考:

1. 资料中的数据是什么指标?是如何计算的?

2. 如果我国的人口年增长速度每年保持在0.57%,那么请预测2030年我国的人口将达到多少?

第一节　动态数列概述

一、动态数列的概念和作用

（一）动态数列的概念

要进行动态分析,我们就需积累和掌握现象在各个时期的统计资料。如果将某种现象在时间上变化发展的一系列同类的统计指标,按时间先后顺序排列,那么就会形成一个动态数列,或称为时间数列。

动态数列就是将反映社会经济现象数量特征的统计指标值按时间的先后顺序排列所形成的数列,又称时间数列。

动态数列由两个基本要素构成：一个是资料所属的时间，另一个是各时间上的统计指标数值，习惯上称之为动态数列中的发展水平。动态数列由两个互相对应的两个数列构成：时间顺序变化数列和统计指标变化数列。

编制动态数列的主要目的是开展时间数列分析，了解现象过去的活动过程，评价当前的状况和对未来的决策，因而其是统计的重要方法之一。

（二）动态数列的作用

（1）通过编制动态数列，可以反映社会经济现象的发展变化及历史状况，还可以根据动态数列计算各种时间动态指标数值，以便具体深入地揭示现象发展变化的数量特征。

（2）通过动态数列，可以揭示社会经济现象的数量变化趋势，以便进一步研究确定这种趋势和波动是否有规律。当有季度或月份资料的动态数列时，可以确定是否存在季节变动和月份变动的数量表现。

（3）通过动态数列，可以对某些社会经济现象进行动态趋势预测，这是统计预测方法的一个重要内容。

（4）利用不同的动态数列进行对比，或不同国家（或地区）间的相同动态数列对比是对社会经济现象进行统计分析的重要方法之一。

二、动态数列的种类

动态数列按统计指标的性质不同，可以分为绝对数动态数列、相对数动态数列和平均数动态数列三种。其中，绝对数动态数列是基本数列，相对数动态数列和平均数动态数列则是由绝对数动态数列派生形成的数列。

【例 5.1】 某地区 2016～2020 年国民经济某些主要指标的动态数列如表 5.1 所示。

表 5.1 某地区 2016～2020 年国民经济主要指标

年份	2016	2017	2018	2019	2020
地区生产总值/(亿元，当年价)	216 314.4	265 810.3	314 045.4	340 902.8	401 512.8
GDP 年增长率/%	12.7	14.2	9.6	9.2	10.4
年末人口数/万人	131 448	132 129	132 802	133 450	134 091
城镇职工年平均工资水平/元	20 856	24 721	28 898	32 244	36 539
人均 GDP/元	16 500	20 169	23 708	25 608	30 015

在表 5.1 中，地区生产总值、年末人数都是绝对数动态数列，GDP 增长率、人均 GDP 是相对数动态数列，全国城镇职工年平均工资是平均数动态数列。动态数列反映了各指标不同时期的水平逐年增长的趋势。

(一) 绝对数动态数列

把一系列同类的总量指标按时间先后顺序排列起来所形成的动态数列称为绝对数动态数列。它反映社会经济现象在各期达到的绝对水平及其变化发展的状况。若按照指标所反映的社会经济现象所属的时间不同,则绝对数动态数列又可分为时期数列和时点数列两种。

1. 时期数列

在绝对数动态数列中,如果各项指标都是反映某种现象在一段时期内发展过程的总量,那么这种绝对数动态数列就称为时期数列。如表5.1中所列的某地2016~2020年地区生产总值就是一个时期数列。时期数列的特点包括:

(1) 数列中各个指标的数值是可以相加的,相加具有一定的经济意义。因为时期数列中每个指标的数值是表示在一段时期内发展过程的总量,所以相加后的数值就表示现象在更长一段时期内发展过程的总量。如表5.1中将2016年、2017年、2018年、2019年、2020年五年的国内生产总值相加,就是五年间实现的国内生产总值。

(2) 数列中每一个指标数值的大小与所属的时期长短有直接的联系。在时期数列中,每个指标所包括的时期长度称为"时期"。时期的长短,主要根据研究目的而定,可以是一日、一旬、一月、一季、一年或更长时期。一般来说,时期越长,指标数值就越大,反之就越小。

(3) 数列中每个指标的数值通常是通过连续不断的登记而取得的。

2. 时点数列

在绝对数动态数列中,如果各项指标都是反映现象在某一时点上(瞬间)所处的数量水平,那么这种绝对数动态数列就称为时点数列。如表5.1中所列的某地区2016~2020年人口年末数就是一个时点数列。时点数列的特点包括:

(1) 数列中各个指标的数值是不能相加的,相加后不具有实际经济意义。这是由于时点数列中每个指标都是表明某一时点上(瞬间)现象的数量,相加以后不能确定是属于哪一时点的数量。

(2) 数列中每一个指标数值的大小与其时间间隔长短没有直接联系。在时点数列中,两个相邻指标在时间上的距离叫作间隔。因为时点数列每个指标数值只表明现象某一时点上的数量,如年末数值可以大于月末数值,也可以小于月末数值,所以它的指标数值大小与时间间隔长短没有直接联系。

(3) 数列中每个指标的数值通常是通过间断登记而取得的,即间隔一定时期登记一次。

(二) 相对数动态数列

把一系列同类的相对指标按时间先后顺序排列起来而形成的动态数列称为相对数动态数列。它反映现象对比关系的发展变化情况,说明社会经济现象的比例关系、结构、速度的发展变化过程。表5.1中所列GDP增长速度和人均GDP就是一个相对数动态数列。在相对数动态数列中,各个指标是不能相加的。

(三)平均数动态数列

把一系列同类的平均指标按时间先后顺序排列起来而形成的动态数列称为平均数动态数列。它反映社会现象一般水平的发展趋势。表5.1中所列职工年平均工资就是一个平均数动态数列。在平均数动态数列中,各个指标数值一般来说也是不能相加的,相加也没有经济意义。但有时为了计算序时平均数,各个指标数值在计算过程中也须相加。

例如,表5.2所示的某企业历年职工平均工资情况,就是一个平均数动态数列。

表5.2 某企业历年职工平均工资

年份	2016	2017	2018	2019	2020
平均工资/元	17 521	17 836	17 865	18 034	18 414

在实际工作中,为了对社会各经济现象发展过程进行全面分析,也可以把上述各种动态数列结合起来运用。

1. 表5.1中的数列属于哪种类型?
2. 下列动态数列属于哪种类型?

某企业2016~2020年产品产量

年份	2016	2017	2018	2019	2020
产量/万件	5.2	6.8	6.5	7.4	10.0

某镇2016~2020年末生猪存栏头数

年份	2016	2017	2018	2019	2020
存栏头数/万头	4.5	5.8	7.0	8.6	7.8

某企业上年各季度产值计划完成程度

季度	一	二	三	四
计划完成程度/%	105	110	108	120

某企业上半年各月工人劳动生产率

月	1	2	3	4	5	6
平均劳动生产率/(百元/人)	150	158	162	165	170	171

三、动态数列的编制原则

编制动态数列的目的是通过同一指标不同时间的数值对比来反映社会现象的发展过程及其规律。因此,保证数列中各个指标之间的可比性,就成为编制动态数列应遵守的基本原则。具体来说,应注意以下四点。

(一) 时期长短应该统一

在时期数列中,因为各个指标数值的大小与时期长短有直接的关系,所以各个指标所属的时期长短应当前后统一。时间越长,指标数值就越大,反之就越小。时期长短不一,往往就很难作直接比较,但这个原则也不能绝对化,有时在特殊的研究目的下,可将时期不同的指标编成为动态数列进行比较。

(二) 总体范围应该一致

指标数值的大小往往和被研究现象所属的空间范围存在直接的联系,若总体范围发生变化,则不同时期的指标数值就不能直接进行对比,而应当将各项数值资料进行调整,使得总体范围前后一致,才能对比分析。例如,研究某省人口发展变化,必须注意该省的行政区划有无变动,若有变动则会使人口数发生变化,这样资料的前后期就不可比,要进行适当调整,使其具备可比性。

(三) 指标的经济内容应该相同

指标的内容和含义不同,不能混合编制成一个动态数列。例如,内资企业和外商投资经营企业经济内容不是完全相同的,我们不能把内资企业单位数目和外商投资企业单位数目混合起来,编制一个动态数列进行比较分析。

(四) 计算口径应该统一

计算口径主要是指计算方法、计量单位等。例如,我们在研究某企业劳动生产率的增长情况时,如果各期指标的计算方法不一致(有的按产品的实物量计算,有的按价值量计算;或有的按生产工人计算,有的按全部职工计算;或有的按小时计算,有的按实际工作日计算等),那么各指标之间显然没有可比性,从而也就不能运用动态分析方法来正确说明该劳动生产率的变动情况。

第二节 动态数列的水平指标

动态数列水平也就是现象发展水平。为了进一步分析和认识现象发展变化的结果,根据动态数列可以计算一系列动态分析指标,一般分为反映现象发展的水平指标和反映现象发展的速度指标两大类。动态数列水平指标主要包括发展水平、平均发展水平、增长量、平均增长量和增长1%的绝对量,本节主要介绍前四种水平指标。

一、发展水平

在动态数列中,各项具体的指标数值叫作发展水平或动态数列水平。它反映社会经济现象在不同时期所达到的水平,是计算其他动态分析指标的基础。

发展水平一般是指总量指标,如工农业总产值、年末人口数等,也可以用相对指标来表示,如工业总产值占工农业总产值的比重,或用平均指标来表示,如全国职工年平均工资等。

在动态数列中,由于发展水平所处的位置不同,有最初水平、最末水平、中间各项水平、基期水平和报告期水平之分。在动态数列中,第一个指标数值叫作最初水平,最后一个指标数值叫作最末水平,其余各指标数值叫作中间水平。在对两个时间的发展水平作动态对比时,作为对比基础时期的水平称为基期水平,作为研究时期的指标水平称为报告期水平或计算期水平。如果用符号 $a_0, a_1, a_2, \cdots, a_{n-1}, a_n$ 代表数列中各个发展水平,则 a_0 就是最初水平,a_n 就是最末水平,其余就是中间各项水平。

在表5.3中,2016年社会消费品零售总额76 410亿元是最初水平,2020年社会消费品零售总额156 998亿元是最末水平,其余各项数值为中间各项水平。若用符号表示,则2016~2020年分别用 a_0, a_1, a_2, a_3, a_4 表示。如果2020年社会消费品零售总额与2016年进行对比,那么2016年社会消费品零售总额不仅是最初水平,也是基期水平,而2020年社会消费品零售总额不仅是最末水平,也是报告期水平或计算期水平。如果将2018年社会消费品零售总额与2017年社会消费品零售总额进行对比,则2017年为基期水平,2018年为报告期水平。这是随着研究时间和目的的改变而改变的。

表5.3 某地2016~2020年社会消费品零售总额

年份	2016	2017	2018	2019	2020
社会消费品零售总额/亿元	76 410	89 210	114 830	132 678	156 998

二、平均发展水平

将不同时期的发展水平加以平均而得的平均数叫作平均发展水平,在统计上又称序时平均数或动态平均数。它同前面讲的一般平均数有相同的一面,又有明显的区别。相同的是二者都是将现象的个别数量差异抽象化,概括地反映现象的一般水平。区别包括:①平均发展水平是同一现象在不同时期上发展水平的平均,从动态上说明其在某一段时间内发展的一般水平,它是根据动态数列来计算的;而一般平均数是同质总体内各单位标志值的平均,从静态上说明其在具体历史条件下的一般水平,它是根据变量数列来计算的。②平均发展水平是对同一现象不同时间上的数值差异的抽象化,而一般平均数是对同一时间总体某一数量标志值差异的抽象化。此外,平均发展水平还可解决动态数列中某些可比性问题。例如,由于各月的日历天数不同,会影响到企业总产值的大小,如果以计算出各月的每日平均总产值指标来进行对比,那么就具有可比性,更能反映总产值的发展变化情况。

序时平均数可根据绝对数动态数列计算,也可根据相对数动态数列或平均数动态数列来计算,但根据绝对数动态数列计算序时平均数是最基本的方法。

(一) 由绝对数动态数列计算序时平均数

因为绝对数动态数列分时期数列和时点数列,它们各自具有不同的性质,所以计算序时平均数的方法也就不一样。

1. 由时期数列计算序时平均数

因为数列中各项指标数值相加等于全部时期的总量,所以可以直接用数列中各时期指标值之和除以时期项数来取得序时平均数。其计算公式为

$$\bar{a} = \frac{a_1 + a_2 + \cdots + a_{n-1} + a_n}{n} = \frac{\sum a}{n}$$

式中,$\bar{a}$ 为序时平均数,$a_1, a_2, \cdots, a_n$ 为各期发展水平,n 为时期项数。

【例 5.2】 某企业 2020 年上半年的月增加值如表 5.4 所示。

表 5.4 某企业 2020 年上半年的月工业增加值

月	1	2	3	4	5	6
增加值/万元	22.1	20.6	19.8	23.5	30.2	35.9

则月平均增加值为

$$\bar{a} = \frac{22.1 + 20.6 + 19.8 + 23.5 + 30.2 + 35.9}{6} = \frac{152.1}{6} = 23.35 (万元)$$

2. 由时点数列计算序时平均数

因为不可能掌握现象发展过程中每一时点上的数字,只能间隔一段时间后统计其余额,所以时点数列的序时平均数是假定在某一时间间隔内现象的增减变动比较均匀或波动不大的前提下推算出来的近似值。现分为几种不同情况加以叙述。

(1) 根据连续时点数列计算序时平均数。在连续时点数列中有连续变动和非连续变动两种情况:

①对连续变动的连续时点数列求序时平均数。如果时点数列每日的指标数值都有变动,则称为连续变动的连续时点数列(或间隔相等的连续时点数列)。可用简单算术平均法求序时平均数。其计算公式为

$$\bar{a} = \frac{\sum a}{n}$$

例如,已知某企业一个月内每天的工人人数,要计算该月内每天平均工人人数,可将每

天的工人人数相加,除以该月的日历日数即得。

②对非连续变动的连续时点数列求序时平均数。如果被研究现象不是逐日变动,而是间隔几天变动一次,则这样的数列称为非连续变动的连续时点数列(或间隔不等的连续时点数列)。可用加权算术平均法计算序时平均数。其计算公式为

$$\bar{a} = \frac{\sum af}{\sum f}$$

例如,某企业 4 月 1 日职工有 305 人,4 月 11 日新进厂 9 人,4 月 26 日离厂 15 人,则该企业 4 月平均职工人数为

$$\bar{a} = \frac{\sum af}{\sum f} = \frac{305 \times 10 + 314 \times 15 + 299 \times 5}{10 + 15 + 5} = 309(人)$$

(2)根据间断时点数列计算序时平均数。在间断时点数列中有间隔相等和间隔不等两种情况:

①由间隔相等的间断时点数列计算序时平均数。如果掌握了间隔相等的每期期末资料,如某企业职工人数和商品库存等月末数字,则可采用简单序时平均法计算序时平均数。间隔相等的间断时点数列序时平均数的计算公式为

$$\bar{a} = \frac{\frac{a_1}{2} + a_2 + \cdots + a_{n-1} + \frac{a_n}{2}}{n-1}$$

式中,$\bar{a}$ 为序时平均数,a 为各项时点指标数值,n 为时点数列的项数。

这种计算方法称为"首末折半法"。

【例 5.3】 某企业 2020 年第四季度职工人数如表 5.5 所示。计算该企业第四季度平均职工人数。

表 5.5　某企业 2020 年第四季度职工人数

日期	9 月 30 日	10 月 31 日	11 月 30 日	12 月 31 日
月末职工人数/人	250	242	246	244

则第四季度平均职工人数为

$$\frac{\frac{250+242}{2} + \frac{242+246}{2} + \frac{246+244}{2}}{3} = \frac{\frac{250}{2} + 242 + 246 + \frac{244}{2}}{4-1} = 245(人)$$

即该企业 2020 年第四季度平均职工人数为 245 人。

【例 5.4】 某超市 2020 年第二季度液晶电视库存如表 5.6 所示。计算第二季度液晶电视平均商品库存量。

表 5.6　某超市 2020 年第二季度液晶电视库存

月份	3	4	5	6
月末库存量/台	12	20	16	18

4 月平均库存为

$$\frac{12+20}{2}=16(台)$$

5 月平均库存为

$$\frac{20+16}{2}=18(台)$$

6 月平均库存为

$$\frac{16+18}{2}=17(台)$$

第二季度平均库存量为

$$\frac{16+18+17}{3}=\frac{51}{3}=17(台)$$

可概括为一般公式为

$$\bar{a}=\frac{\frac{a_1+a_2}{2}+\frac{a_2+a_3}{2}+\frac{a_3+a_4}{2}+\cdots+\frac{a_{n-1}+a_n}{2}}{n-1}$$

$$=\frac{\frac{a_1}{2}+a_2+\cdots+a_{n-1}+\frac{a_n}{2}}{n-1}$$

在例 5.4 中,第二季度平均库存量为

$$\bar{a}=\frac{\frac{12}{2}+20+16+\frac{18}{2}}{4-1}=17(台)$$

即该超市该年第二季度液晶电视平均商品库存量为 17 台。

② 由间隔不等的间断时点数列计算序时平均数。在某些情况下,间断时点数列的间隔也可能是不相等的。如果掌握间隔不等的每期期末或期初资料,则可用各间隔时间为权数,对各项相应的相邻两时点数列加权,应用加权序时平均法计算序时平均数。其计算公式为

$$\bar{a}=\frac{\frac{a_1+a_2}{2}\cdot f_1+\frac{a_2+a_3}{2}\cdot f_2+\cdots+\frac{a_{n-1}+a_n}{2}\cdot f_{n-1}}{f_1+f_2+\cdots+f_{n-1}}$$

式中,$\bar{a}$ 为序时平均数,a 为各项时点指标数值,f 为时点数列的间隔项数。

【例 5.5】 某商场 2020 年库存情况如表 5.7 所示。计算该商场 2020 年的月平均库存额。

表 5.7 某商场 2020 年库存情况表

日期	1月1日	3月1日	7月1日	12月31日
商品库存额/万元	200	210	260	300

$$\bar{a}=\frac{\frac{200+210}{2}\times 2+\frac{210+260}{2}\times 4+\frac{260+300}{2}\times 6}{2+4+6}$$

$$= \frac{3\,030}{12} = 252.5(万元)$$

即该商场 2020 年月平均库存额为 252.5 万元。

【例 5.6】 某超市 2020 年 9～12 月职工人数如表 5.8 所示。求该超市 2020 年 9～12 月平均职工人数。

表 5.8　某超市 2020 年 9～12 月职工人数

日期	9月1日	9月30日	11月30日	12月31日
职工人数/人	208	200	205	209

$$\bar{a} = \frac{\frac{a_1+a_2}{2}f_1 + \frac{a_2+a_3}{2}f_2 + \cdots + \frac{a_{n-1}+a_n}{2}f_{n-1}}{\sum f}$$

$$= \frac{\frac{208+200}{2}\times 1 + \frac{200+205}{2}\times 2 + \frac{205+209}{2}\times 1}{1+2+1} = 204(人)$$

即该超市 2020 年 9～12 月平均职工数为 204 人。

(二) 由相对数动态数列计算序时平均数

相对数和平均数列动态数列是派生数列,其中各项指标都是由两个总量指标对比计算出来的。按照数列的性质,要求利用其相应的两个绝对数动态数列,分别计算分子数列的序时平均数和分母数列的序时平均数,而后加以对比,即可求得相对数动态数列的序时平均数。计算公式为

$$\bar{c} = \frac{\bar{a}}{\bar{b}}$$

式中,$\bar{c}$ 代表相对数时间数列的序时平均数,$\bar{a}$ 代表分子的总量指标时间数列的序时平均数,$\bar{b}$ 代表分母的总量指标时间数列的序时平均数。

根据实际情况的不同,由相对数时间数列或平均数动态数列计算序时平均数又可以分为三种情况。

1. 由两个时期数列各对应比值所形成的相对数动态数列计算的平均发展水平

【例 5.7】 某企业 10～12 月生产计划完成情况如表 5.9 所示,现计算其第三季度的平均计划完成度。

表 5.9　某企业 10～12 月生产计划完成情况

月	10	11	12
实际产量 a/吨	500	618	735
计划产量 b/吨	500	600	700
计划完成 c/%	100	103	105

将表 5.9 的数据代入公式可得第四季度平均每月计划完成程度为

$$\bar{c} = \frac{\bar{a}}{\bar{b}} = \frac{\frac{\sum a}{n}}{\frac{\sum b}{n}} = \frac{\sum a}{\sum b} \quad (\text{已知 } a、b)$$

$$\bar{c} = \frac{500 + 618 + 735}{500 + 600 + 700} = \frac{1\,853}{1\,800} = 102.94\%$$

上式中的 $\bar{a}$、$\bar{b}$ 需根据所掌握的资料不同采用不同的计算，当所掌握的资料不全，即 a、b、c 有缺项时，同样可以计算 $\bar{c}$。

$$\bar{c} = \frac{\sum bc}{\sum b} \quad (\text{已知 } b、c，\text{加权算术平均法})$$

$$\bar{c} = \frac{500 \times 100\% + 600 \times 103\% + 700 \times 105\%}{500 + 600 + 700} = \frac{1\,853}{1\,800} = 102.94\%$$

或

$$\bar{c} = \frac{\sum a}{\sum \frac{1}{c}a} \quad (\text{已知 } a、c，\text{加权调和平均法})$$

$$\bar{c} = \frac{500 + 618 + 735}{\frac{500}{100\%} + \frac{618}{103\%} + \frac{735}{105\%}} = \frac{1\,853}{1\,800} = 102.94\%$$

可见，用三种公式的计算结果是一致的。

2. 由两个时点数列各对应指标的比值所形成的相对数动态数列计算的平均发展水平

(1) 若时间间隔相等，可采用如下公式

$$\bar{c} = \frac{\bar{a}}{\bar{b}} = \frac{\frac{a_1}{2} + a_2 + \cdots + a_{n-1} + \frac{a_n}{2}}{\frac{b_1}{2} + b_2 + \cdots + b_{n-1} + \frac{b_n}{2}}$$

【例 5.8】 某企业第一季度生产工人数及在全体职工中所占比重如表 5.10 所示。

表 5.10 某企业第一季度生产工人在全体职工中所占的比重

日期	1月末	2月末	3月末	4月末
生产工人数 a/人	435	452	462	576
全部工人数 b/人	580	580	600	720
生产工人数比重 c/%	75	78	77	80

$$\text{生产工人数平均比重 } \bar{c} = \frac{\bar{a}}{\bar{b}} = \frac{\frac{435}{2} + 452 + 462 + \frac{576}{2}}{\frac{580}{2} + 580 + 600 + \frac{720}{2}} = 77.5\%$$

(2) 若时间间隔不等，则要用各个间隔的长度作权数，用加权平均法计算分子和分母的

序时平均数,然后再作对比,其计算公式为

$$\bar{c} = \frac{\dfrac{a_1+a_2}{2}f_1 + \dfrac{a_2+a_3}{2}f_2 + \cdots + \dfrac{a_{n-1}+a_n}{2}f_{n-1}}{\dfrac{b_1+b_2}{2}f_1 + \dfrac{b_2+b_3}{2}f_2 + \cdots + \dfrac{b_{n-1}+b_n}{2}f_{n-1}}$$

3. 由一个时期和一个时点数列各对应指标的比值所形成的相对数动态数列计算的平均发展水平

【例 5.9】 某企业第四季度工业增加值及人数如表 5.11 所示。

表 5.11　某企业第四季度工业增加值及人数

月	9	10	11	12
工业增加值 a/万元	—	32	34	36
月末人数 b/人	600	612	618	630

根据公式

$$\bar{c} = \frac{\bar{a}}{\bar{b}} = \frac{\sum a}{\dfrac{b_1}{2} + b_2 + \cdots + \dfrac{b_n}{2}}$$

计算第四季度平均每人增加值为

$$\bar{c} = \frac{32+34+36}{\dfrac{600}{2}+612+618+\dfrac{630}{2}} = \frac{102}{1\,845} = 0.06(万元)$$

(三) 由平均数动态数列计算序时平均数

【例 5.10】 已知各季平均人数为 351 人、353 人、354 人、350 人。则全年平均人数为

$$\frac{351+353+354+350}{4} = 352(人)$$

【例 5.11】 某企业人数,1 月平均为 452 人,2、3 月平均为 455 人,第二季度平均每月 458 人。则上半年平均人数为

$$\frac{452\times1+455\times2+458\times3}{6} = 456(人)$$

三、增长量

增长量也称增减量,是指某种社会经济现象在一定时期内增长或减少的绝对数量,等于报告期水平与基期水平之差。其计算公式为

$$增长量 = 报告期水平 - 基期水平$$

由于采用的基期不同,增长量可以分为逐期增长量和累计增长量。

（一）逐期增长量

逐期增长量是指用报告期水平减去前一期的水平计算的增长量。它表示各报告期比前一期增长的绝对数量。其计算公式为

$$逐期增长量 = 报告期水平 - 前一期水平$$

用符号表示为

$$a_1 - a_0; a_2 - a_1; \cdots; a_n - a_{n-1}$$

（二）累计增长量

累计增长量是指用报告期水平减去某一固定基期水平计算的增长量。它表示某种社会现象在一定时期内（从固定基期到报告期）累计增长的总量。其计算公式为

$$累计增长量 = 报告期水平 - 某一固定基期水平$$

用符号表示为

$$a_1 - a_0; a_2 - a_0; \cdots; a_n - a_0$$

【例 5.12】 2015～2020 年某省海关进出口总额如表 5.12 所示。计算其增长量。

表 5.12　2015～2020 年某省海关进出口总额

年份	2015	2016	2017	2018	2019	2020
进出口总额/万元	1 039.72	1 099.60	1 301.20	1 297.98	1 403.54	1 701.08
逐期增长量/万元	—	59.88	201.60	−3.22	105.56	297.54
累计增长量/万元	—	59.88	261.48	258.26	363.82	661.36

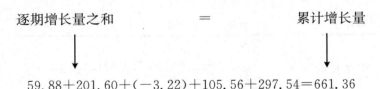

$$59.88 + 201.60 + (-3.22) + 105.56 + 297.54 = 661.36$$

（三）逐期增长量与累计增长量的关系

(1) 整个时期的逐期增长量之和等于最后一个时期的累计增长量。用符号表示为

$$(a_1 - a_0) + (a_2 - a_1) + \cdots + (a_n - a_{n-1}) = a_n - a_0$$

(2) 相邻两个时期的累计增长量之差等于相应时期的逐期增长量。用符号表示为

$$(a_n - a_0) - (a_{n-1} - a_0) = a_n - a_{n-1}$$

在实际统计分析工作中，为了消除季节变动的影响，也常计算本期发展水平较去年同期（季或月）发展水平的增长量，这个指标叫作年距增长量。其计算公式为

$$年距增长量 = 本期发展水平 - 上年同期发展水平$$

【例 5.13】 某地区 2020 年第一季度水泥产量为 1 000 万吨，2019 年第一季度为 980 万吨，则

$$年距增长量 = 1\,000 - 980 = 20(万吨)$$

这说明 2020 年第一季度水泥产量比上年同期增长 20 万吨。

计算年距增长量可以消除季节变动的影响,表明本期发展水平较上年同期水平增加(减少)的绝对量。

四、平均增长量

平均增长量是指时间数列的各个逐期增长量的序时平均数,用以说明现象在一定时期内平均每期增长的数量。其计算公式为

$$平均增长量 = \frac{逐期增长量之和}{逐期增长量的个数} = \frac{累计增长量}{数列项数 - 1}$$

用符号表示为

$$\frac{(a_1 - a_0) + (a_2 - a_1) + \cdots + (a_n - a_{n-1})}{n} = \frac{a_n - a_0}{(n+1) - 1}$$

表 5.12 中,平均增长量为

$$\frac{59.88 + 201.60 + (-3.22) + 105.56 + 297.54}{5} = \frac{661.36}{5} = 132.27(万元)$$

【例 5.14】 某企业 2015~2020 年产量如表 5.13 所示,计算其平均增长量。

表 5.13 某企业 2015~2020 年产量

年份		2015	2016	2017	2018	2019	2020
发展水平/万件		22	21	19	25	22	26
增长量/万件	逐期	—	−1	−2	6	−3	4
	累计	—	−1	−3	3	0	4

$$平均增长量 = \frac{(a_1 - a_0) + (a_2 - a_1) + \cdots + (a_n - a_{n-1})}{n}$$

$$= \frac{(-1) + (-2) + 6 + (-3) + 0 + 4}{5} = 0.8(万件)$$

或

$$平均增长量 = \frac{a_n - a_0}{n} = \frac{26 - 22}{5} = 0.8(万件)$$

第三节 动态数列的速度指标

动态数列的速度分析是分析反映国民经济速度的主要指标。这些指标主要有发展速度、增长速度、平均发展速度和平均增长速度。这四种指标具有密切联系,其中发展速度是

最基本的速度分析指标。

一、发展速度和增长速度

(一) 发展速度

发展速度是表明社会现象发展方向和程度的时间分析指标,是根据报告期水平和基期水平对比而得到的相对数。它主要说明报告期水平已发展到基期水平的若干倍(或百分之多少)。其计算公式为

$$发展速度 = \frac{报告期水平}{基期水平}$$

由于采用的基期不同,发展速度可以分为定基发展速度和环比发展速度。

1. 定基发展速度

定基发展速度是指报告期水平与某一固定时期水平(通常为最初水平)之比。它用来说明报告期水平已经发展到了固定时期水平的百分率(或多少倍),表明这种社会现象在较长时期内总的发展速度,因此有时候也叫总速度。其计算公式为

$$定基发展速度 = \frac{报告期水平}{期初水平}$$

用符号表示为

$$\frac{a_1}{a_0}, \frac{a_2}{a_0}, \frac{a_3}{a_0}, \cdots, \frac{a_n}{a_0}$$

2. 环比发展速度

环比发展速度是指报告期水平与其前一期水平之比。它用来说明报告期水平已经发展到了前一期水平的百分之几(或多少倍),表明这种社会现象逐期发展的程度。如果计算的单位时期为一年,那么这个指标也可以叫作年速度。其计算公式为

$$环比发展速度 = \frac{报告期水平}{前一期水平}$$

用符号表示为

$$\frac{a_1}{a_0}, \frac{a_2}{a_1}, \frac{a_3}{a_2}, \cdots, \frac{a_n}{a_{n-1}}$$

3. 定基发展速度与环比发展速度的关系

(1) 各环比发展速度的连乘积等于定基发展速度,用符号表示为

$$\frac{a_1}{a_0} \cdot \frac{a_2}{a_1} \cdot \frac{a_3}{a_2} \cdot \cdots \cdot \frac{a_n}{a_{n-1}} = \frac{a_n}{a_0}$$

(2) 相邻两个定基发展速度之比等于相应时期的环比发展速度,用符号表示为

$$\frac{a_n}{a_0} \div \frac{a_{n-1}}{a_0} = \frac{a_n}{a_{n-1}}$$

4. 年距发展速度

在统计工作中,为了消除季节变动的影响,通常计算年距发展速度,用以说明本期(季或

月)发展水平与去年同期(季或月)水平对比而达到的相对发展方向与程度。其计算公式为

$$年距发展速度 = \frac{本期发展水平}{去年同期发展水平}$$

【例 5.15】 某地区 2020 年第一季度钢产量为 300 万吨,2019 年第一季度钢产量为 240 万吨,则

$$年距发展速度 = \frac{300}{240} = 125\%$$

这说明 2020 年第一季度钢产量已达到上年同期产量水平的 125%。

(二)增长速度

增长速度是表明社会现象增长程度的动态相对指标。它是根据增长量与其基期水平对比求得。其计算公式为

$$增长速度 = \frac{报告期增长量}{基期水平}$$

$$= \frac{报告期水平 - 基期水平}{基期水平}$$

$$= \frac{报告期水平}{基期水平} - 1(或 100\%)$$

增长速度和发展速度既有区别又有联系。二者的区别在于概念的不同:增长速度表示社会经济现象报告期比基期增长的程度,而发展速度则表示报告期与基期相比发展到了什么程度。二者的联系可以用公式表示

$$增长速度 = 发展速度 - 1(或 100\%)$$

增长速度通常用百分数表示。当发展速度大于 100% 时,增长速度为正值,表示现象增加的程度;当发展速度小于 100% 时,增长速度为负值,表示现象减少的程度。由于采用的基期不同,增长速度也有定基增长速度和环比增长速度之分。

1. 定基增长速度

定基增长速度是指报告期的累计增长量与某一固定基期水平(通常为期初水平)之比。它表明社会经济现象在某一较长时期内总的相对增长程度。其计算公式为

$$定基增长速度 = \frac{累计增长量}{期初水平} = \frac{报告期水平 - 期初水平}{期初水平}$$

$$= 定基发展速度 - 1$$

用符号表示为

$$\frac{a_1 - a_0}{a_0}, \frac{a_2 - a_0}{a_0}, \cdots, \frac{a_n - a_0}{a_0}$$

或

$$\frac{a_1}{a_0} - 1, \frac{a_2}{a_0} - 1, \cdots, \frac{a_n}{a_0} - 1$$

2. 环比增长速度

环比增长速度是指报告期逐期增长量与前一期水平之比。它表明社会经济现象逐期的

相对增长方向和程度。其计算公式为

$$环比增长速度 = \frac{逐期增长量}{前一期水平} = \frac{报告期水平 - 前一期水平}{前一期水平}$$

$$= 环比发展速度 - 1$$

用符号表示为

$$\frac{a_1 - a_0}{a_0}, \frac{a_2 - a_1}{a_1}, \cdots, \frac{a_n - a_{n-1}}{a_{n-1}}$$

或

$$\frac{a_1}{a_0} - 1, \frac{a_2}{a_1} - 1, \cdots, \frac{a_n}{a_{n-1}} - 1$$

3. 定基增长速度与环比增长速度之间的换算关系

定基增长速度和环比增长速度都是发展速度的派生指标，它只反映增长部分的相对程度，所以二者之间不能直接换算，即定基增长速度不等于环比增长速度的连乘积。如果要进行换算，则首先将环比增长速度加1变成环比发展速度，再将各期环比发展速度连乘积，得到定基发展速度，最后用定基发展速度减1即为定基增长速度。

4. 年距增长速度

在统计实际工作中，为了消除季节变动的影响，也常计算年距增长速度，用以说明年距增长量与去年同期发展水平对比达到的相对增长程度。其计算公式为

$$年距增长速度 = \frac{年距增量}{去年同期展水平} = 年距发展速度 - 1(或100\%)$$

【例 5.16】 根据例 5.15 中某地区 2020 年第一季度钢产量情况，计算其年距增长速度为

$$125\% - 100\% = 25\%$$

这说明 2020 年第一季度钢产量比上年同期增加了 25%。

下面是某市 2020 年上半年外贸进出口情况，请指出各指标属于动态数列分析中的哪一种指标。

2020 年 1～6 月某市外贸进出口总额为 496.95 亿美元，比去年同期增长 57.2%。其中出口额 218.39 亿美元，增长 62.8%。

二、平均发展速度和平均增长速度

社会经济现象在不同时期的发展速度是不同的，为了说明社会经济现象在一段较长时期内发展变化的一般程度，必须将现象在这个时期内的发展速度差异加以抽象，计算平均速度指标。平均速度指标有平均发展速度和平均增长速度两种。

（一）平均发展速度

平均发展速度是某种社会经济现象各环比发展速度的序时平均数,说明现象在发展期内平均发展变化的程度。平均增长速度又称平均增减速度,说明现象在较长时期内平均每期增长或降低的速度,这是根据它与平均发展速度的关系推算出来的。其计算公式为

$$\text{平均增长速度} = \text{平均发展速度} - 1(\text{或} 100\%)$$

在实际工作中,计算平均发展速度的方法主要有两种,一种是水平法(或称几何平均法),另一种是累计法(方程法)。两种方法的数理依据不同,具体计算和应用场合也不一样。

1. 水平法

因为社会经济现象发展的总速度不等于各年发展速度之和,而等于各年环比发展速度的连乘积,所以平均发展速度不能用算术平均法计算,而要用几何平均法计算,这种方法称为水平法,即从最初水平 a_0 出发,以平均发展速度 $\bar{x}$ 代替各环比发展速度 $x_1, x_2, x_3, \cdots, x_n$,经过 n 期发展,正好达到最末水平 a_n,用公式表示为

$$\bar{x} = \sqrt[n]{x_1 \cdot x_2 \cdot x_3 \cdot \cdots \cdot x_n} = \sqrt[n]{\prod x}$$

式中, $\bar{x}$ 为平均发展速度, x 为各年的环比发展速度, $\prod$ 为连乘符号。

因为环比发展速度的连乘积等于相应的定基发展速度,所以平均发展速度的公式也可写成

$$\bar{x} = \sqrt[n]{\frac{a_1}{a_0} \cdot \frac{a_2}{a_1} \cdot \cdots \cdot \frac{a_n}{a_{n-1}}} = \sqrt[n]{\frac{a_n}{a_0}}$$

一段时期的定基发展速度即为现象的总速度。用 R 表示总速度,则平均发展速度的公式又可写为

$$\bar{x} = \sqrt[n]{R}$$

以上计算平均发展速度的三个公式,虽然形式不同,但其实质内容与计算结果完全相同。计算平均发展速度究竟采用哪个公式,主要取决于所掌握的资料。利用几何平均法求现象的平均发展速度,可以借助对数计算,也可以直接用多功能电子计算器计算。现就平均发展速度的几种算法分别举例。

【例 5.17】 已知某企业商品零售总额 2016～2020 年各年的环比发展速度分别为 115.3%、118.7%、120.4%、128.6%、134.3%,求年平均发展速度。

$$\bar{x} = \sqrt[n]{\prod x} = \sqrt[5]{115.3\% \times 118.7\% \times 120.4\% \times 128.6\% \times 134.3\%} = 123.3\%$$

【例 5.18】 已知该企业消费品零售额 2015 年为 7 250.3 亿元,2020 年为 20 620.0 亿元,求年平均发展速度。

$$\bar{x} = \sqrt[n]{\frac{a_n}{a_0}} = \sqrt[5]{\frac{20\,620.0}{7\,250.3}} = 123.3\%$$

【例 5.19】 已知某地区社会消费品零售额 2015～2020 年的总发展速度是 284.4%,求年平均发展速度。

$$\bar{x} = \sqrt[n]{R} = \sqrt[5]{284.4\%} = 123.3\%$$

计算结果表明,用以上三种公式对同一现象计算平均发展速度,其计算结果相同(有时出现小数不一致的情况,属计算过程中四舍五入情况造成的误差)。但是,这种方法不能准确反映中间水平的起伏状况。从理论上讲,用水平法计算的平均发展速度,是对一定发展阶段各期环比发展速度的平均,受各个时期发展水平的影响;但从计算公式中观察,它只突出了最初水平和最末水平的影响,不能全面反映现象在整个发展阶段各期发展快慢的差别。

因此,在运用这一指标时,应注意最初水平与最末水平是否受特殊因素影响;同时,要联系各期环比发展速度加以分析,必要时用分段平均发展速度补充总平均发展速度,以对现象的发展作出更加全面、客观、科学的评价。

> **水平法总结**
> 优点:简单易算,侧重考察中长期计划期末发展水平。
> 缺点:计算时仅仅采用期末和期初水平,忽略中间水平,当中间水平波动大时,计算结果的代表性较低。
> 适用:计算生产能力、国内生产总值、工资总额、劳动生产率等指标的平均发展速度。

2. 累计法

累计法是以各期发展水平的总和与某一基期水平之比为基础,利用一元高次方程计算平均发展速度的方法。其计算公式为

$$\bar{x} + \bar{x}^2 + \bar{x}^3 + \cdots + \bar{x}^n = \frac{\sum a}{a_0}$$

解出这个高次方程的正根,就是所求的平均发展速度。在实际中,计算比较麻烦,一般根据事先编好的《平均发展速度表》,依据年限和各年发展水平总和为基期的百分比直接查表求得平均发展速度。

> **累计法总结**
> 适用:侧重考察中长期计划各期的水平之和,即计划期间的累计总量。适用于计算基建投资额、新增固定资产投资额、住宅建筑面积、造林面积等指标的平均发展速度。

为什么说高水平难以高速度,低水平却可以高速度呢?为什么中国国内生产总值以每年大于7%的速度增长,而美国国内生产总值每年增长不到4%,但仍然说美国发展很快呢?

(二)平均增长速度

平均增长速度是各期环比增长速度的序时平均数,它表明现象在一定时期内逐期平均增长变化的程度。根据增长速度与发展速度之间的运算关系,要计算平均增长速度,首先要计算出平均发展速度指标,然后将其减1或100%求得,即

$$\text{平均增长速度} = \text{平均发展速度} - 1(\text{或}\ 100\%)$$

平均发展速度大于 1,平均增长速度就为正值,表示某种现象在一个较长时期内逐期平均递增的程度,这个指标也称平均递增速度或平均递增率;反之,平均发展速度小于 1,平均增长速度为负值,表示某种现象在一个较长时期内逐期平均递减的程度,这个指标也称平均递减速度或平均递减率。

求平均增长速度时,一定是先求出平均发展速度,然后减去 100% 得到平均增长速度。

【例 5.20】 已知某超市 2010~2017 年的营业额如表 5.14 所示,计算该超市营业额的定基和环比发展速度、定基和环比增长速度以及 2011~2017 年平均发展速度和平均增长速度(保留 1 位小数)。

表 5.14 某超市 2010~2017 年营业额

年份		2010	2011	2012	2013	2014	2015	2016	2017
营业额/万元		100	110	132	120	150	155	150	170
发展速度/%	环比	—	110	120	90.9	125	103.3	96.8	113.3
	定基	100	110	132	120	150	155	150	170
增长速度/%	环比	—	10	20	−9.1	25	3.3	−3.2	13.3
	定基	0	10	32	20	50	55	50	70

平均发展速度:

$$\bar{x} = \sqrt[n]{\frac{a_n}{a_0}} = \sqrt[7]{\frac{170}{100}} = 107.9\%$$

平均增长速度:

$$\bar{x} - 1 = \sqrt[n]{\frac{a_n}{a_0}} - 1 = 107.9\% - 100\% = 7.9\%$$

则该超市 2011~2017 年的营业额平均每年递增 7.9%。

三、计算和运用平均发展速度时应注意的问题

(一)根据统计研究目的选择计算方法

前述计算平均发展速度有水平法(几何平均法)和累积法(方程法)两种方法,这两个方法在具体运用上各有其特点和局限性。当目的在于考察最末一年发展水平而不关心各期水平总和时,可采用水平法;当目的在于考察各期发展水平总和而不关心最末一年水平时,可采用累计法。这样可以扬长避短,发挥两种计算方法的作用。

(二)要注意社会经济现象的特点

(1)当现象随着时间的推移比较稳定地逐年上升或逐年下降时,一般采用水平法计算

平均发展速度。但要注意,如果编制的动态数列中,最初水平和最末水平受特殊因素影响而出现过高或过低的情况,则不可计算平均发展速度。

(2) 当现象的发展不是有规律地逐年上升或下降,而是经常表示为升降交替,一般采用累计法计算平均发展速度。但要注意,如果资料中间有几年环比速度增长得特别快,而有几年又降低得较多,出现显著的悬殊和不同的发展方向,则不可计算平均发展速度,因为用这样的资料计算的平均发展速度会降低这一指标的意义,从而不能确切地说明实际情况。

(三) 应采用分段平均速度来补充说明总平均速度

这在分析较长历史时期资料时尤为重要,因为仅根据一个总的平均速度指标只能笼统地反映其在很长时期内逐年平均发展或增长的程度,对深入了解这种现象的发展过程和变化情况往往是不够的。例如,在分析新中国成立以来粮食产量的平均发展速度和平均增长速度时,就有必要分别以国民经济恢复时期、各五年计划时期和各个特定时期(如某几年受自然灾害的影响,产量逐年下降)等分段计算其平均速度,从而加以补充说明。

(四) 平均速度指标要与其他指标结合应用

(1) 要与发展水平、增长量、环比速度、定基速度等各项基本指标结合应用,起到分析研究和补充说明的作用,以便对现象有比较确切和完整的认识。

(2) 在经济分析中,要与其他有关经济现象的平均速度指标结合运用。例如,工农业生产的平均速度、基本建设投资额与新增固定资产的平均速度、商品销售额与利润额的平均速度等,都可以结合进行比较研究,以便深入了解有关现象在各个研究时期内每年平均发展和增长程度等,为研究国民经济各种具有密切联系的现象的发展动态提供数据。

第四节　现象长期趋势变动和季节变动的分析

动态数列反映现象的发展变化,是由多种复杂因素共同作用的结果。不同的因素所起的作用不同,产生的结果也相应不同。影响因素按其性质和作用大致可以归纳为四种:①长期趋势(T),即由各个时期普遍和长期作用的基本因素引起的变动。②季节变动(S),即由自然季节变换和社会习俗等因素引起的有规律的周期性波动。③循环变动(C),即社会经济发展中的一种近乎规律性的盛衰交替变动。④不规则变动(I),即剩余变动或随机变动,它是动态数列中除了上述三种变动之外,还存在受临时、偶然的因素或不明原因而引起的非趋势性、非周期性的随机变动。动态数列的上述四种变动按一定的方式组合,成为一种模式,被称为动态数列的经典模式。按对四种变动因素相互关系的不同假设,可分为加法模式和乘法模式。

动态数列分析一般采用乘法模式,把受各个因素影响的变动分别测定出来,为决策提供依据。事实上,有些现象的动态数列并非四种变动俱在,从长期来看,揭示经济现象发展的长期趋势和测定受季节变动的影响,对于每一个具体的动态数列来说都是十分重要的问题。本节将主要介绍现象长期趋势变动的分析和季节变动的分析。

一、现象长期趋势变动分析

(一) 现象长期趋势分析的意义

现象长期趋势,是指研究某种现象受到普遍的、持续的、起决定性作用因素的影响,各期发展水平在一个相当长的时期内持续向上或向下发展变动的趋势。现象长期趋势是时间数列变动的基本形式。如我国农业科学技术的持续进步、新的耕作技术不断采用、优良品种的培育和其他现代高效优质农业生产资料的开发等,使得我国的农作物产量水平也呈现不断提高的发展趋势。

分析现象长期趋势的主要目的有以下几点:

(1) 进行现象长期趋势分析能够正确反映现象发展变化的趋向,发现和掌握现象发展变化的规律,为决策者制定经营决策、编制长远规划提供依据。比如,研究和考察我国人口增长变化的趋势,可以为我国制定人口政策、编制就业计划提供重要的参考依据。

(2) 进行现象长期趋势分析能够为统计预测提供必要条件。统计分析和预测是立足于现在和过去来推测将来。时间数列资料是客观现象过去和现在的数量表现,运用它去推测现象将来的发展水平是统计工作的重要方法。

(3) 进行现象长期趋势分析可以从原有时间数列中消除中长期趋势的影响,以利于更好地研究季节变动,为季节预测提供条件。

(二) 现象长期趋势分析的方法

在实际工作中,常常把趋势分析与统计预测结合在一起。趋势分析与统计预测是现代化管理方法,它可以反映社会经济现象发展变化的规律,使我们对未来有比较科学的认识。预测可为领导机关和管理部门制定正确的决策提供依据。

反映现象发展的长期趋势有两种基本形式:一种是直线趋势,另一种是非直线趋势,即曲线趋势。当所研究的现象在一个相当长的时期内呈现出比较一致的上升或下降的变动,则为直线趋势,可求出一条直线代表它,这条直线也可叫作趋势直线。趋势直线上升或者下降表示这种现象的数值逐年俱增或俱减,且每年所增加或减少的数量大致相同,所以直线趋势的变化率或趋势线的斜率基本上是不变的。而非直线趋势的变化率或趋势线的斜率是变动的。

分析现象长期趋势就要对原来的动态数列进行统计处理,一般称之为动态数列修匀,即进行长期趋势测定。测定长期趋势常用的主要方法有时距扩大法、移动平均法及最小平方法三种。

1. 时距扩大法

时距扩大法就是将原始动态数列中各时期资料加以合并,扩大每段计算所包括的时间(时距),得出较长时距的新时间数列,以消除由于时距较短受偶然因素影响所引起的波动,从而展现出现象波动的趋势。

这是测定直线趋势的一种简单的方法。采用这种方法既可以用扩大时距后的总量指标表示,也可以采用扩大时距后的平均指标表示。前者适用于时期数列,而后者则既适用于时期数列,也适用于时点数列。

【例 5.21】 某企业各月生产机器台数如表 5.15 所示。

表 5.15　某企业各月生产机器台数

月	1	2	3	4	5	6	7	8	9	10	11	12
机器台数/台	41	42	52	43	45	51	53	40	51	49	56	54

从表 5.15 中可看出,数列变化不均匀,增长趋势并不明显,即各月之间的机器台数起伏不定,用该动态数列不能清楚地反映该企业生产量变动的趋势。现将月资料整理成季资料,可将表 5.15 整理成表 5.16。

表 5.16　某企业各季度生产机器台数

季度	1	2	3	4
机器台数/台	135	139	144	159

时距扩大后的资料,可以明显地显示出生产的机器台数呈逐期增长的变化趋势。时距扩大法可以用间隔扩大总数(见表 5.16),也可以用间隔扩大平均数来编制新的动态数列。如把上述资料改用间隔扩大平均数编制成新的动态数列,如表 5.17 所示。

表 5.17　某企业各季度月平均生产机器台数

季度	1	2	3	4
月平均机器台数/台	45	46.3	48	53

这样就能看出该企业机器生产量呈现逐期增长趋势。

应用时距扩大法应注意:

(1) 同一数列前后时间间隔应当一致,便于比较。

(2) 时间间隔的长短应根据具体现象的性质和特点而定,以能显示现象变化趋势为宜。

(3) 时距扩大法一般只用来观测现象变动的趋势,不能用来预测。

2. 移动平均法

移动平均法是利用平均的方法,被平均的数据个数是固定的,但是被平均的数值随时间变化不断向后推移,吐故纳新,故被称为移动平均。适当的移动平均可消除季节变动和不规则变动。

移动平均原理：动态数列中后面的数据中包含有以前数值的信息，通常采用算术平均方法，即设动态数列为 $x_1, x_2, \cdots$，则 k 项移动平均为

$$MA = \frac{x_t + x_{t-1} + \cdots + x_{t-k+1}}{k}$$

移动项数为偶数时，需要进行第二次移动平均，以移正。这样移正后的新时间数列项数为原时间数列项数减去移动项数，前后各少 $k/2$ 项。

移动项数要根据时间数列的特点确定，如有季节变动的，移动项数取 4。移动项数越多，修匀效果越好，趋势线越平滑。

简单移动平均可以形成新的时间数列作为原数列的趋势值，然后在原数列中除以或者减去这些趋势值，可得到季节变动和不规则变动。移动平均还可以用来预测。

【例 5.22】 某工厂某年各月增加值完成情况如表 5.18 所示。

表 5.18　某工厂某年各月增加值完成情况

月	1	2	3	4	5	6	7	8	9	10	11	12
增加值/万元	50.5	45	52	51.5	50.4	55.5	53	58.4	57	59.2	58	60.5

用三项移动平均如表 5.19 所示。

表 5.19　某工厂某年各月增加值三项移动平均

月	1	2	3	4	5	6	7	8	9	10	11	12
增加值 y/万元	50.5	45	52	51.5	50.4	55.5	53	58.4	57	59.2	58	60.5
三项移动平均 y_c	—	49.2	49.5	51.3	52.5	53	55.6	56.1	58.2	58.1	59.2	—

$$趋势值项数 = 原数列项数 - 移动平均项数 + 1$$
$$= 12 - 3 + 1 = 10$$

需要注意以下几点：

(1) 若采用奇数项移动平均（如例 5.22 中的"三项"），则平均值是对准在奇项的居中时间处，一次可得趋势值；若采用偶数项移动平均，则平均值也居中，因未对准原来的时间，还要再计算一次平均数，故一般都用奇数项移动平均。

(2) 修匀后的数列较原数列项数少（在进行统计分析时，若需要两端数据，则此法不宜使用）。

(3) 取几项进行移动平均为好，一般若现象有周期变动，则以周期为长度。例如，季度资料可四项移动平均；各年月资料，可十二项移动平均；五年一周期，可五项移动平均。移动平均法可消除周期变动。

用四项移动平均如表 5.20 所示。

表 5.20 某工厂某年各月增加值四项移动平均和移正平均

月	1	2	3	4	5	6	7	8	9	10	11	12
增加值 y/万元	50.5	45	52	51.5	50.4	55.5	53	58.4	57	59.2	58	60.5
四项移动平均			49.8	49.7	52.4	52.6	54.3	56.0	56.9	58.2	58.7	
二项移正 y_c				49.8	51.5	52.5	53.5	55.2	56.5	57.6	58.5	

可见，用四项移动平均后的资料作图，趋势更明显，上升得更均匀，可见修匀的项数越多，效果越好（但丢掉的数据多一些），如图 5.1 所示。由此可见，该厂的增加值趋势是上升的。

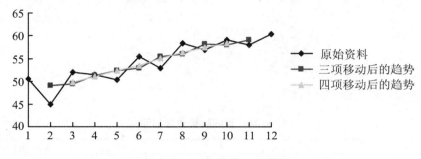

图 5.1 四项移动平均作图

3．最小平方法

最小平方法是指用最适当的数学模型对动态数列配合一个方程式，据以计算各期的趋势值。这是分析长期趋势最常用的方法。其中心思想是通过数学方程式，配合一条较为理想的趋势线，这条趋势线必须满足两点要求：实际值与趋势值的离差平方之和为最小；实际值与趋势值的离差之和等于零。

显然，第一点是最基本的，如果第一个条件能够得到满足，那么必然能够满足第二个条件。用公式表示为

$$\sum (y - y_c)^2 = \min$$

式中，y_c 代表趋势值，y 代表实际值。

这个方法既可用于配合直线，也可用于配合曲线，需要根据数列特点而定。

(1) 直线趋势。当现象的发展，其逐期增长量大体上相等时，可配合直线趋势方程。该方程的一般形式为

$$y_c = a + bt$$

式中，y_c 为趋势值，t 为时间顺序，a、b 为参数。其几何意义为：a 为直线方程的截距，b 为直线方程的斜率。其经济意义为：a 为当时间顺序 t 为零时现象的趋势值，b 为当 t 每增加一个单位时现象的平均增长量。

令

$$F = \sum (y - y_c)^2 = \sum (y - a - bt)^2$$

$$\begin{cases} \dfrac{\partial F}{\partial a}=0 \\ \dfrac{\partial F}{\partial b}=0 \end{cases} \Rightarrow \begin{cases} \sum y = na + b\sum t \\ \sum ty = a\sum x + b\sum t^2 \end{cases} \Rightarrow \begin{cases} a = \bar{y} - b\bar{t} \\ b = \dfrac{n\sum ty - \sum t \sum y}{n\sum t^2 - (\sum t)^2} \end{cases}$$

因为时间是人为设定,是等差数列。对时间进行重新设定,只要假定的 t 是等差数列,并且满足 $\sum t = 0$ 就可以得到简化公式。

当数列项数为奇数时,t 设置为:$\cdots,-3,-2,-1,0,1,2,3,\cdots$

当数列项数为偶数时,t 设置为:$\cdots,-5,-3,-1,1,3,5,\cdots$

简化公式为

$$\begin{cases} \sum y = na \\ \sum ty = b\sum t^2 \end{cases} \Rightarrow \begin{cases} a = \bar{y} \\ b = \dfrac{\sum ty}{\sum t^2} \end{cases}$$

仍用例 5.22 的资料,可得表 5.21。

表 5.21　直线趋势求增加值

t	y	ty	t^2	y_c	逐期增长量
−11	50.5	−555.5	121	47.98	—
−9	45	−405	81	49.12	−5.5
−7	52	−364	49	50.26	7
−5	51.5	−257.5	25	51.40	−0.5
−3	50.4	−151.2	9	52.54	−0.9
−1	55.5	−55.5	1	53.68	5.1
1	53	53	1	54.82	−2.5
3	58.4	175.2	9	55.96	5.4
5	57	285	25	57.10	−1.4
7	59.2	414.4	49	58.24	2.2
9	58	522	81	59.38	−1.2
11	60.5	665.5	121	60.52	2.5
合计	651.0	326.4	572	651.00	—

$$\sum y = n\sum a \Rightarrow 651.0 = 12a \Rightarrow a = 54.25$$

$$\sum ty = b\sum t^2 \Rightarrow 326.4 = 572b \Rightarrow b = 0.57$$

$y_c = 54.25 + 0.57t$

因为 $\sum y = \sum y_c$,所以该方程配合得较好。

若预测第二年 2 月增加值,则

$$y_c = 54.25 + 0.57 \times 15 = 62.8(万元)$$

由联立方程也可直接推导为

$$\begin{cases} b = \dfrac{n\sum ty - \sum t \sum y}{n\sum t^2 - (\sum t)^2} = \dfrac{\sum ty}{\sum t^2} \\ a = \bar{y} - b\bar{t} = \dfrac{\sum y}{n} - b \cdot \dfrac{\sum t}{n} = \dfrac{\sum y}{n} \end{cases} \quad (\sum t = 0)$$

(2) 曲线趋势。在现实生活中，大量的现象是非线性的。因此，研究长期趋势变动的各种曲线类型是十分必要的。曲线类型很多，此处仅选择常见的二次曲线趋势和指数曲线趋势来讨论非线性趋势的测定。

① 二次曲线趋势。当二级增长量（逐期增长量的增长量）大致相等时，则可考虑配合抛物线趋势方程。该方程一般形式为

$$y_c = a + bt + ct^2$$

式中，a、b、c 为待定系数，同样用求导方法，导出下列联立方程组

$$\begin{cases} \sum y = na + b\sum t + c\sum t^2 \\ \sum ty = a\sum t + b\sum t^2 + c\sum t^3 \\ \sum t^2 y = a\sum t^2 + b\sum t^3 + c\sum t^4 \end{cases}$$

【例 5.23】 某地区 2010～2018 年国内生产总值的动态数列，配合抛物线计算过程如表 5.22 所示。

表 5.22 某地区 2010～2018 年国内生产总值

年份	GDP y/万元	t	t^2	t^4	ty	$t^2 y$	y_c
2010	3 941	−4	16	256	−15 764	63 056	3 897.56
2011	4 258	−3	9	81	−12 774	38 322	4 259.94
2012	4 736	−2	4	16	−9 472	18 944	4 854.67
2013	5 652	−1	1	1	−5 652	5 652	5 681.76
2014	7 020	0	0	0	0	0	6 741.20
2015	7 859	1	1	1	7 859	7 859	8 032.99
2016	9 313	2	4	16	18 626	37 252	9 557.14
2017	11 738	3	9	81	35 214	105 642	11 313.64
2018	13 125	4	6	256	52 500	210 000	13 302.50
合计	67 642	0	60	708	70 537	486 727	67 641.40

$$\begin{cases} 67\,642 = 9a + 60c \\ 70\,537 = 60b \\ 486\,727 = 60a + 708c \end{cases} \Rightarrow \begin{cases} a = 6\,741.3 \\ b = 1\,175.617 \\ c = 116.17 \end{cases}$$

$$y_c = 6\,741.3 + 1\,175.617t + 116.17t^2$$

若预测该地区 2019 年 GDP,则有
$$y_c = 6\,741.3 + 1\,175.617 \times 5 + 116.17 \times 5^2 = 15\,523.64(万元)$$

②指数曲线趋势。如果现象的环比发展速度(或环比增长速度)大致相同,则可配合指数曲线方程
$$y_c = ab^t$$

先对上述方程两边各取对数
$$\lg y_c = \lg a + t\lg b$$

设 $Y = \lg y_c$, $A = \lg a$, $B = \lg b$,则
$$Y = A + Bt$$

应用最小平方法求得联立方程组为
$$\begin{cases} \sum Y = NA + B\sum t \\ \sum tY = A\sum t + B\sum t^2 \end{cases} \quad (同样设 t,使 \sum t = 0)$$

【例 5.24】 某超市 2010~2017 年营业额如表 5.23 所示。

表 5.23 某超市 2010~2017 年营业额

年份	2010	2011	2012	2013	2014	2015	2016	2017
营业额/万元	100	110	108	120	123	140	139	164

计算:
(1) 用三项和五项移动平均预测 2018 年的营业额。
(2) 用最小平方法配合适当的直线方程。
(3) 预测 2018 年该超市的营业额。

解

年份	营业额 y/万元	MA(3)	MA(5)	t	t^2	ty
2010	100	—	—	-7	49	-700
2011	110	—	—	-5	25	-550
2012	108	—	—	-3	9	-324
2013	120	106	—	-1	1	-120
2014	123	112.7	—	1	1	123
2015	140	117	112.2	3	9	420
2016	139	127.7	120.2	5	25	695
2017	164	134	126	7	49	1148
2018	—	147.7	137.2	—	—	—
合计	1 004	—	—	0	168	692

$$\begin{cases} a = \bar{y} = \dfrac{1\,004}{8} = 125.5 \\ b = \dfrac{\sum ty}{\sum t^2} = \dfrac{692}{168} = 4.12 \end{cases}$$

直线趋势方程为

$$y_c = 125.5 + 4.12t$$

2018年营业额预测值为

$$y_c = 125.5 + 4.12 \times 9 = 162.58(万元)$$

二、季节变动分析

(一)季节变动分析的意义

在一个动态数列中,除了存在长期趋势之外,往往还存在季节变动。所谓季节变动,是指客观现象由于受自然因素和生产或生活条件的影响在一年内随着季节的更换而引起的比较有规律的变动。例如,夏天汗衫、背心、冷饮的销售量就高于其他季节;冬天围巾、取暖器的销售量就比较大;铁路客运量以过年前后为高峰。在另外一些情况下,季节变动会引起设备和劳动力使用不平衡,原料供应不足,运输量不够,这给生产和人们生活带来某些影响。我们研究季节变动规律的目的主要是为了认识它、掌握它,从而克服由季节变动而引起的不良影响,以便为合理组织生产、安排人们的经济生活提供资料。例如,在商业工作中,由于季节变动对某些商品零售额的影响,我们要很好地掌握这一变动规律,这对商业部门合理组织货源、有效地使用资金,对金融部门恰当地安排商业信贷计划等,都具有十分重要的意义。

季节变动有三个特征:

(1) 季节变动按照一定的周期进行,是一种有规律的变动。

(2) 季节变动每年重复进行。

(3) 每个周期变化的强度大体相同。

季节变动是各种周期性变动中很重要的一种。因此,分析季节变动的原理和方法是分析其他周期性变动的基础。

(二)季节变动分析的方法

1. 季节变动的分析方法和长期趋势的分析方法的区别和联系

(1) 区别:长期趋势通过平均的方法将其他三个因素消除(抵消),而季节变动则采用新的方法消除季节变动以外的三个因素。

在长期趋势的分析中,构成时间数列的四个因素除了长期趋势以外,其他三个因素(季节变动、循环变动和不规则变动)要么是周期性的,要么是随机性的。不管是周期性的,还是随机性的,我们都可以通过平均的方法使它们相互抵消,抵消的结果就是长期趋势。

但在测定季节变动的时候,我们要消除的是构成时间数列的四个因素中除季节变动外的其他三个因素(长期趋势、循环变动和不规则变动)。如果说平均的方法在消除循环变动和不规则变动时是比较理想的话,则对长期趋势的消除就不那么理想了,这时候就需要采用新的方法,这是二者的区别。

(2) 联系:当现象变动的长期趋势不明显,甚至没有时,那么从时间数列中测定季节变动,实际上就只需要消除循环变动和不规则变动,这时测定季节变动的方法和测定长期趋势的方法从本质上看就完全一样了,都是平均法的思想,这就是二者的联系。

2. 分析季节变动的方法

分析季节变动的方法很多,从其是否考虑长期趋势的影响来看,有两种方法:一种是不考虑长期趋势的影响,直接根据原始的动态数列来计算,常用的方法是按月(季)平均法;另一种是根据剔除长期趋势影响后的数项资料来计算,常用的方法是移动平均趋势剔除法。不管使用哪种方法来计算季节变动,都需用3年或更多年份的资料作为基本数据来进行计算分析,这样才能较好地消除偶然因素的影响,使季节变动的规律性更切合实际。

(1) 按月(季)平均法。若为月度资料就按月平均,若为季度资料则按季平均。其计算的步骤如下:①将各年同期的数据排成一列对齐,列成数据表;②将各年同期数值加总,求各年同期平均数;③将所有时期的数值加总,求出全期总平均数;④求同期平均数对全期平均数的比率,称之为季节比率或季节指数,记为 $S.I.$ 。其计算公式为

$$S.I. = 1\,200\%(按月), \quad \sum S.I. = 400\%(按季)$$

$$\sum S.I. = 1\,200\%(按月), \quad \sum S.I. = 400\%(按季)$$

倘若季节比率之和不等于400%(按季)或1200%(按月),则需要进行校正,即求出校正系数,然后用校正系数去乘季节比率。校正系数计算如下:

$$校正系数 = \frac{1\,200}{12个月季节比率之和} \quad (按月)$$

$$校正系数 = \frac{400}{4个季度季节比率之和} \quad (按季)$$

【例 5.25】 某厂羊毛衫销售量各年分季度分布表如表 5.24 所示。

表 5.24 某厂羊毛衫销售量分布表

单位:万件

年份 \ 季度	一	二	三	四
2017	216	63	18	255
2018	245	75	22	378
2019	288	99	26	399

假设已知 2020 年第二季度的羊毛衫销售量为 120 万件,预测 2020 年第四季度羊毛衫的销售量。

从表 5.24 所示资料可看出,由于受气候变化影响,该厂的销售量有较明显的季节变动。秋冬季节,气候比较寒冷,所以羊毛衫的销售量也增多,以一季度、四季度为最高。而春夏季天气较热,羊毛衫销售量随之下降,为最低。我们掌握了销售量季节变动的规律,就可以采取适当的生产与销售措施。根据上述公式,将数字带入,则可以得出季平均数和季节比率 $S.I.$,如表 5.25 所示。

表 5.25 按月平均法计算

单位:万件

年份\季度	一	二	三	四	合计
2017	216	63	18	255	552
2018	245	75	22	378	720
2019	288	99	26	399	812
合计	749	237	66	1 032	2 084
季平均数	249.67	79	22	344	173.67
$S.I./\%$	143.76	45.49	12.67	198.08	399.99

$$预测第四季度的销售量 = \frac{120}{45.49} \times 198.08 = 522.52(万件)$$

按月(季)平均法的优点是计算简便,缺点是没有考虑数列中长期趋势的影响。从理论上说,在计算季节比率所依据的月(季)平均数中,各年同月(季)的数值应起同等重要的作用,不应过分倚重或倚轻。但在上列中明显可见,后一年的数字比前一年同期数字高,则月(季)平均数中后期各月(季)的数字比前期同月(季)的数字具有更大的作用,从而对平均数的影响比较大。因此,在有长期趋势变动情况时,使用按月(季)平均法得出的季节比率不够精确。为了弥补这个缺点,我们可以采用移动平均趋势剔除法来分析季节变动。

(2) 移动平均趋势剔除法。移动平均长期趋势剔除法就是在现象具有明显长期趋势的情况下,测定季节变动的一种基本方法。其基本思路为:先从时间数列中将长期趋势剔除掉,然后再应用"同期平均法"剔除循环变动和不规则变动,最后通过计算季节比率来测定季节变动的程度。剔除长期趋势的方法一般用移动平均法。因此,它是长期趋势的测定方法(移动平均法)和季节变动的测定方法(同期平均法)的结合运用,在方法上没有新的思想。

用移动平均趋势剔除法来测定季节变动趋势,其基本步骤如下:

① 先根据各年的季度(或月度)资料(Y)计算四季(或 12 个月)的移动平均数,然后为了"正位",再计算两季(月)移动平均数,作为各期的长期趋势值(T)。

② 将实际数值(Y)除以相应的移动平均数(T),得到各期的 Y/T。这是消除了长期趋势影响的时间数列,是一个相对数,被称为季节指数。其结果为表中第四列数值。

③ 将 Y/T 重新按"同期平均法"计算季节比率的方式排列。然后,按照该方法要求,先计算"异年同季平均数",再计算"异年同季平均数的平均数",即消除长期趋势变动后,新数

列的序时平均数,最后计算季节比率并画图显示。

【例 5.26】 依据某服装公司 2015～2019 年各月的销售额计算的季节比率如表 5.26 所示。

表 5.26 某服装公司 2015～2019 年各月的销售额

月	各年销售额/万元					五年同月售额合计/万元	五年同月售额平均/万元	季节比率/%
	2015	2016	2017	2018	2019			
1	1.1	1.1	1.4	1.4	1.3	6.3	1.26	17.6
2	1.2	1.5	2.1	2.1	2.2	9.1	1.82	25.5
3	1.9	2.2	3.1	3.1	3.3	13.6	2.72	38.1
4	3.6	3.9	5.2	5.0	4.9	22.6	4.52	63.3
5	4.2	6.4	6.8	6.6	7.0	31.0	6.20	86.8
6	14.2	16.4	18.8	19.5	20.0	88.9	17.78	249.0
7	24.0	28.0	31.0	31.5	31.8	146.3	29.26	409.7
8	9.5	12.0	14.0	14.5	15.3	65.3	13.06	182.9
9	3.8	3.9	4.8	4.9	5.1	22.5	4.50	63.0
10	1.8	1.8	2.4	2.5	2.6	11.1	2.22	31.1
11	1.2	1.3	1.2	1.4	1.4	6.5	1.30	18.2
12	0.9	1.0	1.1	1.2	1.1	5.3	1.06	14.8
年总计	67.4	79.5	91.9	93.7	96.0	428.5	7.14	100.00

应用季节变动资料可以进行某些外推预测。比如动态数列没有明显的长期趋势,或允许不考虑长期趋势存在的情况下,可直接按月(季)计算的季节比率来调整各月(季)的预测值。有两种办法:其一,如果已测得下一年度全年预测值,则各月(季)的预测值等于月(季)平均预测值乘以该月(季)的季节比率;其二,如果已知下一年份几个月的实际水平,则以后各月(季)的预测值等于已知月(季)的季节比率与已知月(季)季节比率之比。

针对上面关于服装销售的例子,假设已预测 2020 年全年销售额为 99.6 万元,平均每月销售额为 8.3 万元,则

$$1 月的销售额预测值 = 8.3 \times 17.6\% \approx 1.46(万元)$$
$$2 月的销售额预测值 = 8.3 \times 25.5\% \approx 2.12(万元)$$

如果 2020 年 1～3 月销售额为 7 万元,则可以预测以后各月的销售额。例如,

$$预测 4 月销售额 = 7 \times \left(\frac{63.3\%}{17.6\% + 25.5\% + 38.1\%}\right) \approx 5.46(万元)$$

$$预测 5 月销售额 = 7 \times \left(\frac{86.8\%}{17.6\% + 25.5\% + 38.1\%}\right) \approx 7.48(万元)$$

本 章 小 结

本章中主要介绍了动态数列的概念、动态数列的水平指标、速度指标以及现象趋势变动和季节变动的分析。

动态数列就是将反映社会经济现象的某一指标数值按时间先后顺序排列而成的数列，又称时间数列。根据统计指标的性质不同，动态数列可分为绝对数动态数列、相对数动态数列和平均数动态数列。其中绝对数动态数列又分为时期数列和时点数列。

动态数列的水平指标有发展水平、平均发展水平、增长量和平均增长量。发展水平就是动态数列中每一项具体的指标数值；平均发展水平是对动态数列中不同时间单位上的发展水平求平均数；增长量是报告期水平与基期水平之差；平均增长量是现象在一定时期内平均每期增加的绝对量。

动态数列的速度指标有发展速度、增长速度、平均发展速度和平均增长速度。发展速度是报告期水平与基期水平之比；增长速度是报告期增长量与基期水平之比；平均速度是各个时期环比速度的平均数；平均发展速度减1即为平均增长速度。

长期趋势的测定方法有时距扩大法、移动平均法和最小平方法。季节变动的测定方法有按月平均法和移动平均趋势剔除法。

思 考 与 练 习

1. 什么是动态数列？其基本构成要素是什么？
2. 如何区分时期数列和时点数列？
3. 编制时间数列应遵循哪些原则？
4. 什么是序时平均数？它与静态平均数有何区别？
5. 用几何平均法和方程法计算平均发展速度有何区别？
6. 什么是长期趋势？测定长期趋势有何意义？
7. 什么是现象的季节变动？为什么要测定季节变动？

技 能 训 练

一、单项选择题

1. 动态数列的构成要素是（　　）。
   A. 变量和次数　　　　　　　　B. 时间和指标数值
   C. 时间和次数　　　　　　　　D. 主词和宾词
2. 计算动态分析指标的基础指标是（　　）。
   A. 总量指标　　B. 相对指标　　C. 平均指标　　D. 发展水平

3. 历年的物资库存额时间数列是( )。
   A. 时期数列　　　B. 时点数列　　　C. 动态数列　　　D. 相对数数列
4. 由间隔不等的时点数列计算平均发展水平,以( )为权数。
   A. 时期长度　　　B. 时点长度　　　C. 间隔长度　　　D. 指标值项数
5. 用移动平均法修匀时间数列,在确定平均的项数时( )。
   A. 必须考虑现象有无周期性变动　　B. 不必考虑现象有无周期性变动
   C. 可以考虑也可以不考虑周期性变动　D. 平均的项数必须是奇数
6. 平均增长速度是( )。
   A. 环比增长速度的算术平均数　　　B. 总增长速度的算术平均数
   C. 环比发展速度的算术平均数　　　D. 平均发展速度减100%
7. 已知各时期环比发展速度和时期数,便能计算出( )。
   A. 平均发展速度　　　　　　　　　B. 平均发展水平
   C. 各期定基发展速度　　　　　　　D. 各期逐期增长量
8. 半数平均法适用于( )。
   A. 呈直线趋势的现象　　　　　　　B. 呈二次曲线趋势的现象
   C. 呈指数曲线趋势的现象　　　　　D. 呈三次曲线趋势的现象
9. 用最小平方法配合直线趋势,如果 $y=a+bx$ 中 b 为负值,则这条直线呈( )。
   A. 下降趋势　　　B. 上升趋势　　　C. 不升不降　　　D. 无法确定
10. 如果时间数列的逐期增长量大致相等,则适宜配合( )。
    A. 直线模型　　　B. 抛物线模型　　　C. 曲线模型　　　D. 指数曲线模型
11. 累计增长量等于( )。
    A. 报告期水平与基期水平之差
    B. 报告期水平与前一期水平之差
    C. 报告期水平与某一固定基期水平之差
    D. 逐期增长量之差
12. 增长1%的绝对值是( )。
    A. 增长量与增长速度之比　　　　　B. 逐期增长量与定基增长速度之比
    C. 增长量与发展速度之比　　　　　D. 前期水平除以100
13. 已知各期环比增长速度为2%、5%、8%、7%,则相应的定基增长速度的计算方法是( )。
    A. (102%×105%×108%×107%)−100%
    B. 102%×105%×108%×107%
    C. 2%×5%×8%×7%
    D. (2%×5%×8%×7%)−100%
14. 平均发展速度是( )。
    A. 定基发展速度的算术平均数　　　B. 环比发展速度的算术平均数

C. 环比发展速度连乘积的几何平均数　D. 增长速度加上 100%

15. 定基增长速度与环比增长速度的关系为（　　）。

   A. 定基增长速度等于相应的各个环比增长速度的算术和
   B. 定基增长速度等于相应的各个环比增长速度的连乘积
   C. 定基增长速度等于相应的各个环比增长速度加 1 后的连乘积再减 1
   D. 定基增长速度等于相应的各个环比增长速度连乘积加 1（或 100%）

16. 按季平均法测定季节比率时，各季的季节比率之和应等于（　　）。

   A. 100%　　　　B. 400%　　　　C. 120%　　　　D. 1 200%

二、多项选择题

1. 动态数列的作用表现在（　　）。

   A. 描述现象变化的过程　　　　　　B. 说明现象发展的速度和趋势
   C. 探索现象发展变化的规律性　　　D. 对现象的发展进行预测
   E. 反映现象总体的分布特征

2. 各项指标值不能直接相加的时间数列有（　　）。

   A. 时期数列　　B. 时点数列　　C. 相对数数列　　D. 平均数数列
   E. 变量数列

3. 时期数列的特点有（　　）。

   A. 数列中各个指标数值可以相加
   B. 数列中指标数值大小与其时期长短无直接关系
   C. 数列中各个指标数值不能相加
   D. 数列中指标数值大小与其时期长短有直接关系
   E. 数列中指标数值通常是通过连续不断登记而取得的

4. 下列数列中，属于两个时期对比构成的相对数动态数列有（　　）。

   A. 全员劳动生产率动态数列　　　　B. 百元产值利润率动态数列
   C. 职工人数动态数列　　　　　　　D. 计划完成程度动态数列
   E. 出勤率动态数列

5. 编制动态数列应遵循的原则有（　　）。

   A. 时期长短应该相等　　　　　　　B. 指标的经济内容应该相同
   C. 总体范围应该一致　　　　　　　D. 指标的计算方法应该一致
   E. 指标的计算价格和计量单位应该一致

6. 下列数列中属于时点数列的有（　　）。

   A. 高校每年毕业生人数　　　　　　B. 高校每年在校学生数
   C. 银行每月末银行存款余额　　　　D. 商店各月商品库存额
   E. 我国历年外汇储备量

7. 动态数列中的水平分析指标有（　　）。

A. 发展水平　　　B. 平均发展水平　　　C. 增长量　　　D. 平均增长量
E. 平均发展速度

8. 测定长期趋势的方法有（　　）。
A. 时距扩大法　　B. 移动平均法　　C. 分段平均法　　D. 最小平方法
E. 趋势剔除法

三、判断题

1. 发展水平就是动态数列中每一项具体指标数值，它只能表现为绝对数。（　　）
2. 定基发展速度等于相应各环比发展速度的连乘积，所以定基增长速度也等于相应各环比增长速度的连乘积。（　　）
3. 发展速度是以相对数形式表示的速度分析指标，增长量是以绝对数表示的速度分析指标。（　　）
4. 定基发展速度和环比发展速度之间的关系是两个相邻时期的定基发展速度之积等于相应的环比发展速度。（　　）
5. 平均增长速度不是根据各个增长速度直接来求得，而是根据平均发展速度间接计算的。（　　）
6. 任意社会经济现象在计算平均发展速度时，既可用水平法，也可用累计法。（　　）
7. 计算平均发展速度的几何平均法侧重于考察整个时期中各个发展水平的总和，而方程法侧重于考察期末发展水平。（　　）
8. 最小平方法的根据是实际值与趋势值的离差平方之和为最小以及实际值与趋势值的离差之和为零。（　　）
9. 用移动平均法测定长期趋势时，其移动平均的项数是越多越好。（　　）
10. 季节变动是指某些现象由于受自然因素和社会条件的影响，在一年之内比较有规律的变动。（　　）

四、应用题

1. 某企业 2020 年第一季度产值计划完成情况如表 5.27 所示。

表 5.27　某企业 2020 年第一季度产值计划完成情况

月	1	2	3
计划产值/万元	300	360	400
计划完成程度/%	110	95	120

计算第一季度月平均计划完成程度（保留 1 位小数）。

2. 已知某工业企业有关资料如表 5.28 所示。

表 5.28 某工业企业有关资料

月	1	2	3	4
工业总产值/万元	180	160	200	190
月初工人数/人	600	580	620	600

试计算：

(1) 第一季度月平均工业总产值。
(2) 第一季度月平均工人数。
(3) 第一季度月平均劳动生产率。
(4) 第一季度劳动生产率。

3. 已知某商业企业有关资料如表 5.29 所示。

表 5.29 某商业企业有关资料

月	1	2	3
商品销售额/万元	200	240	196
流通费用额/万元	20	21	19
月初库存额/万元	120	100	90

又知 3 月末的商品库存额为 80 万元。试计算第一季度的月平均商品流通费用率和月平均商品流转次数。

4. 已知某企业 2020 年各季度利润额及利润率如表 5.30 所示。

表 5.30 某企业 2020 年各季度利润额及利润率

季度	利润额/万元	利润率/%
一	400	28
二	350	30
三	650	35
四	600	32
合计	2 000	—

试计算该企业全年平均利润率。

5. 某地区的自行车的销售量如表 5.31 所示。

表 5.31 某地区的自行车的销售量

年	2015	2016	2017	2018	2019	2020
销售量/万辆	5.1	5.9	6.7	7.6	8.4	9.3

试用最小平方法求出直线趋势方程，并预测 2021 年该地区自行车的产量(用两种方法

计算)。

6. 已知某商业企业的鲜蛋收购量如表 5.32 所示。

表 5.32　某商业企业的鲜蛋收购量

单位:吨

年份	第一季度	第二季度	第三季度	第四季度
2016	15.5	39.0	13.6	6.0
2017	16.8	38.7	14.1	6.7
2018	18.5	42.9	14.4	9.5
2019	16.3	28.5	11.7	7.2
2020	16.1	27.1	9.7	8.3

试据此按季平均法计算各季的季节比率。

抽样推断法

 知识目标

了解抽样推断的特点及作用,明确抽样推断中涉及的基本概念。

 技能目标

掌握简单随机抽样方式抽样误差的计算;能够根据样本资料进行区间估计,并能根据要求确定样本容量。

 内容概要

抽样推断法是现代统计学中最常用、最基本的一种分析法。本章主要介绍:抽样推断的概念、特点和作用;抽样法常用的主要名词;抽样误差的含义及抽样平均误差的计算;总体参数估计的基本方法;抽样组织及样本容量的确定等内容。

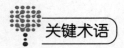

抽样推断　总体参数　样本　样本容量　重复抽样　不重复抽样　抽样误差

1. 某省政府部门欲了解全省农民收入的平均水平。该省幅员辽阔,人口众多,如果采用普查则工作量及调查费用将异常庞大。一个可行的方法是在全省抽取部分农户进行调查,根据调查得到的收入数据资料去推断全省农民收入的平均水平。

2. 某地为加强环境保护,加强水质监测,决定考察河水中某种污染物质是否超标。显然对全部河水进行检验是不可能的,只能从河水中按照一定地点定时取样检验,根据检验结果来推断河水中的污染物是否超标。

3. 某水泥厂加强产品质量控制和管理,需考察水泥标号是否达到规定标准,其方法是将水泥做成试块进行耐压试验。由于这种试验是一种破坏性试验,显然不能把全部水泥都做成试块,只能从全部水泥中抽取部分进行试验。

从上面的例子可以看出,在很多统计问题中,由于人力、物力、财力、时间限制,或由于取得全部数据是不可能的,或虽然能够取得全面数据但数据收集本身带有破坏性,我们不能收集全面数据,只能从中收集部分数据,依据这部分数据对所研究对象的数量特征或数量规律进行推断。这种依据部分观测取得的数据对整体的数量特征或数量规律进行的推断称为抽样推断。

第一节　抽样推断法概述

一、抽样推断的含义、特征与作用

(一)抽样推断的含义

抽样推断是按随机原则从全部研究单位中抽取一部分单位进行观察,根据样本资料计算样本的特征值,然后以样本的特征值,对总体的特征值作出具有一定可靠性的估计和判断,以反映总体的数量特征和数量表现的一种统计方法。

抽样推断既包括抽样调查,即对个体单位进行观察与搜集资料的方法,也包括统计分析,即对总体进行统计估计和分析的方法。例如,某企业生产的 5 000 个零件中,按照 10% 的比例抽取 500 件进行检查,发现 25 件是废品,则废品率为 $(25/500)\times 100\%=5\%$,采用抽样调查的结果,废品率是 5%,来推算 5 000 个零件的废品率,该方法即是抽样推断,抽取的 500 个零件就是样本。

随机原则又称等可能性原则,是指在抽取样本时,排除人们主观意图的作用,使得总体中的各单位均以相等的机会被抽中。例如,从一定面积的小麦中,通过随机抽样,抽取若干地块实割实测,计算平均亩产,以此来推断全部面积的小麦产量。又如,在对一批产品进行质量检查时,从全部产品中随机抽取部分产品进行检测并计算合格率,以此来推断全部产品的合格率等。

(二)抽样推断的特征

1. 按照随机原则抽取样本

总体中的各个单位是否入选样本,不受主观因素影响,保证总体中的每一单位都有相同的中选机会,剔除了人为主观因素,提高样本代表性。

2. 由样本数据推断总体特征

通过逻辑上的归纳推算实现了从特殊到一般、从部分到总体的认识,通过获得的样本的实际数据来计算样本指标,推算总体指标。

3. 抽样误差是不可避免的,但事先可以计算并加以控制

样本指标推断总体指标存在误差,这种误差可以事先估计,并能够控制这个误差范围。抽样推断根据事先给定的误差允许范围设计,具有一定概率保证的估计和判断。

4. 抽样估计具有一定程度的准确性和可靠性

抽样估计运用不确定的概率估计法,具有一定的数理依据,因而具有科学性和准确性。

(三)抽样推断的作用

1. 在无法进行全面调查时,可用抽样调查来推断总体

有些现象是无法进行全面调查的,为了测算全面资料,必须采用抽样调查的方法。例如,对无限总体不能采用全面调查。另外,有些产品的质量检查具有破坏性,如电视机使用寿命检验、罐头的防腐期限试验、汽车冲撞试验等,这些调查所使用的测试手段对产品具有破坏性,不可能进行全面调查,只能采用抽样调查。

2. 可以节省费用和时间,提高调查的时效性和经济效果

从理论上讲,有些现象虽然可以进行全面调查,但实际上没有必要或很难办到,所以也要采用抽样调查。例如,要了解全国城乡人民的家庭生活状况,从理论上讲可以挨门逐户进行全面调查,但是调查范围太大,调查单位太多,实际上难以办到,也没有必要。采用抽样调查可以节约时间、人力、物力和财力,提高调查结果的时效性,又能达到和全面调查同样的目的和效果。

3. 抽样调查的结果可以对全面调查的结果进行检查和修正

全面调查涉及面广,工作量大,参加人员多,调查结果容易出现差错。因此,在全面调查(如人口普查)之后进行抽样复查,根据抽查结果计算差错率,并以此为依据检查和修正全面调查结果,从而提高全面调查质量。

4. 可以用于工业生产过程的质量控制

在工业产品成批或大量连续生产的过程中,利用抽样调查可以检验生产过程是否正常,及时掌握信息,进行质量控制,保证生产质量稳定。

5. 可以对某些总体的假设进行检验来判断这种假设的真伪,以决定行动的取舍

例如,某地区去年职工家庭年收入为 7 200 元,今年抽样调查结果是职工家庭年收入为 7 100 元,这是否意味着职工生活水平下降呢?我们还不能下这个结论,最好通过假设性检验,检验这两年职工家庭收入是否存在显著性统计差异,才能判断该地区今年职工年收入是否低于去年水平。

总之,抽样调查是一种科学实用的调查方法,目前它不仅广泛应用于自然科学领域,也愈来愈多地应用于社会经济现象数量方面的研究。随着抽样理论的发展、抽样技术的进步和完善以及广大统计工作者业务水平的提高,抽样调查在社会经济统计中的应用将更加普及。

二、抽样推断的几个基本概念

(一) 全及总体和样本

1. 全及总体

全及总体也称总体或母体,是根据研究目的确定的所要研究的同类事物的全体,是所要说明其数量特征的研究对象,是由所研究范围内具有某种共同性质的全体单位所组成的集合体。例如,我们要研究某城市职工的生活水平,则该城市全部职工就构成全及总体或总体。构成总体的个别事物就是总体单位,也称个体。总体单位数目一般用大写字母 N 表示。

2. 样本

抽样总体就是按随机原则从全及总体中抽取的一部分单位组成的小总体。抽样总体简称样本,它也是由许多性质相同的单位组成。本章中用 n 代表样本的单位数,样本单位数 n 也称样本容量。组成样本的每个单位称为样本单位。

例如,某城市有 20 万个住户,我们采用抽样调查的方法研究该城市住户的家庭收支情况,则该城市全部住户构成全及总体,$N=20$ 万。如果从全部住户中随机抽取千分之五(1 000 户)进行调查,则被抽中的 1 000 户构成抽样总体(样本),样本容量 $n=1 000$。样本按照样本容量的大小可以分为大样本和小样本。一般地说,$n \geqslant 30$ 为大样本,$n < 30$ 为小样本。

在对社会经济现象进行抽样调查时,多数采用大样本。

应当注意的是,作为抽样推断对象的全及总体是唯一确定的,但作为观察对象的样本就不是唯一的。从一个全及总体中可以抽取很多个样本,每次抽到哪个样本是不确定的。明白这一点对理解抽样推断是很重要的。

(二) 全及指标和样本指标

1. 全及指标

全及指标又称总体参数,是总体分布的数量特征,也是抽样推断的对象。常见的总体参数包括总体平均数、总体成数、总体方差和标准差。它们都是反映总体分布特征的重要指标,一般用大写字母表示,其计算公式与第四章的公式类似。

(1) 总体平均数。总体平均数是总体各单位数量标志值的平均数,一般用符号 $\overline{X}$ 表示。其计算公式为

$$\overline{X} = \frac{\sum X}{N} \quad (在总体未分组情况下)$$

$$\overline{X} = \frac{\sum XF}{\sum F} \quad (在总体分组的情况下)$$

式中,F 表示总体各组次数,$\sum F = N$。

(2) 总体成数。总体成数是指总体中具有某一相同标志表现的单位数占全部总体单位数的比重,一般用 P 或 Q 表示。总体中具有某一相同标志表现的单位数用 N_1 表示,不具有某一相同标志表现的单位数用 N_0 表示。显然有

$$P = \frac{N_1}{N}, \quad Q = \frac{N_0}{N}, \quad P + Q = 1$$

(3) 总体方差和标准差。根据总体各单位标志值计算的方差称为总体方差,用符号 σ^2 表示,σ 为总体标准差。总体标准差的计算公式为

$$\sigma = \sqrt{\frac{\sum (X - \overline{X})^2}{N}} \quad (在总体未分组情况下)$$

$$\sigma = \sqrt{\frac{\sum (X - \overline{X})^2 F}{\sum F}} \quad (在总体分组情况下)$$

此外,总体成数的方差为 $\sigma_P^2 = P(1-P)$,标准差为 $\sigma_P = \sqrt{P(1-P)}$。

2. 样本指标

与总体参数相对应的是样本统计量,又称样本指标。因为样本是从总体中随机抽取的,而样本统计量是样本的一个函数,所以它们也是随机变量。我们利用样本统计量来估计和推断总体的有关参数。与总体参数相对应,常见的样本统计量包括样本平均数、样本成数、样本方差和标准差,一般用小写字母表示,其计算公式也与第四章的公式类似。

(1) 样本平均数。样本平均数是样本各单位数量标志值的平均数,一般用符号 $\overline{x}$ 表示。

其计算公式为

$$\bar{x} = \frac{\sum x}{n} \quad \text{(在未分组情况下)}$$

$$\bar{x} = \frac{\sum xf}{\sum f} \quad \text{(在分组情况下)}$$

式中，f 表示样本各组次数。

（2）样本成数。样本成数是指样本中具有某一相同标志表现的单位数占样本容量的比重，一般用 p 或 q 表示。样本中具有某一相同标志表现的单位数用 n_1 表示，样本中不具有某一相同标志表现的单位数用 n_0 表示，显然有

$$p = \frac{n_1}{n}, \quad q = \frac{n_0}{n}, \quad p + q = 1$$

（3）样本方差和标准差。根据样本各单位标志值计算的方差称为样本方差，用符号 s^2 表示，s 为样本标准差。样本标准差的计算公式为

$$s = \sqrt{\frac{\sum (x - \bar{x})^2}{n}} \quad \text{(在未分组情况下)}$$

$$s = \sqrt{\frac{\sum (x - \bar{x})^2 f}{\sum f}} \quad \text{(在分组情况下)}$$

此外，样本成数的方差为 $\sigma_p^2 = p(1-p)$，标准差为 $\sigma_p = \sqrt{p(1-p)}$。

（三）样本可能数目和样本容量

1. 样本可能数目

样本可能数目又称可能的样本个数，是指从全及总体中可能抽取或可能构成的样本总体。它既和每个样本的容量有关，又和抽样的方法有关。当样本容量给定时，样本的可能数目便由抽样方法决定。

2. 样本容量

样本容量也称样本单位数。样本是从总体中抽出的部分单位的集合，这个集合的大小称为样本容量，一般用小写字母 n 表示，它表明一个样本中所包含的总体单位数目。样本容量大，抽样误差就小，但调查费用会增加；反之，样本容量过小，又会导致抽样误差增大，甚至失去抽样推断的价值。因此，在抽样设计中应根据调查目的认真考虑合适的样本容量。组成样本的每个单位称为样本单位。

（四）抽样方法

按抽取样本的方式不同，抽样方法分为重复抽样和不重复抽样。

1. 重复抽样

重复抽样又称重置抽样，具体做法是从总体中抽取一个样本单位，记录其标志值后，将

其放回总体中继续参加下一次的抽取,照此下去,直到抽选 n 个样本单位。可见,重复抽样时全及总体单位数在抽选过程中始终没有减少,且各单位都有被重复抽中的可能。

重置抽样的特点是:

(1) n 个单位的样本由 n 次试验的结果构成的。

(2) 每次试验是独立的,即每次试验的结果与前次、后次的结果无关。

(3) 每次试验是在相同条件下进行的,每个单位在多次试验中被选中的机会(概率)是相同的。

在重置抽样中,如果考虑顺序,样本可能的个数是 N^n,N 为总体单位数,n 为样本容量。

2. 不重复抽样

不重复抽样又称不回置抽样,是从全及总体中抽取第一个样本单位,记录该单位有关标志表现后,这个样本单位不再放回全及总体中参加下一次抽选,然后,从总体($N-1$)个单位中随机抽选第二个样本单位,记录该单位有关标志表现以后,该单位也不再放回全及总体中去,再从全及总体($N-2$)个单位中抽选第三个样本单位,照此下去,直到抽选出 n 个样本单位。可见,不重复抽样时,总体单位数在抽选过程中是逐渐减少的,且各单位都没有被重复抽中的可能。

不重复抽样的特点是:

(1) n 个单位的样本由 n 次试验结果构成,但因为每次抽出不放回,所以实质上相当于从总体中同时抽取 n 个样本单位。

(2) 每次试验结果不是独立的,上次被选中会影响下次的抽取结果。

(3) 每个单位在多次试验中被选中的机会(概率)是不等的。不重置抽样,如果考虑顺序,则其样本可能个数为 $\frac{N!}{(N-n)!}$;如果不考虑顺序,则其样本可能个数为 $\frac{N!}{n!(N-n)!}$。

两种抽样方法会产生三个差别:①抽取的样本可能数目不同;②抽样误差的计算公式不同;③抽样误差的大小不同。

三、抽样分布

根据样本统计量去估计总体参数,必须知道样本统计量分布。

某个样本统计量的抽样分布,从理论上说就是在重复选取容量为 n 的样本时,由每一个样本算出的该统计量数值的相对数频数分布或概率分布。

因为现实中我们不可能将所有的样本都抽出来,所以统计的抽样分布实际上是一种理论分布。

(一) 样本均值的抽样分布

从单位数为 N 的总体中抽取样本容量为 n 的随机样本,在重复抽样的条件下共有 N^n 个可能的样本,在不重复抽样条件下,共有 $C_N^n = \frac{N!}{n!(N-n)!}$ 个可能样本。对于每一个样本,我们都可以计算出样本的均值 $\bar{x}$(或 p),所以样本均值是一个随机变量。所有的样本均值形成的分布就是样本均值的抽样分布。

【例 6.1】 设一个总体含有 4 个个体(元素),即 $N=4$,取值分别为 $x_1=1,x_2=2,x_3=3,x_4=4$,总体分布为均匀分布,如图 6.1 所示。

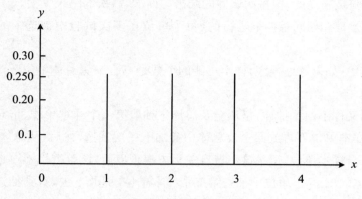

图 6.1 总体分布

总体均值:$\mu=\bar{X}=\dfrac{10}{4}=2.5$

总体方差:$\sigma^2=\dfrac{\sum(x-\bar{x})^2}{N}=1.25$

若重复抽样,$n=2$,则共有 $4^2=16$ 个可能样本,如表 6.1 所示。

表 6.1 可能的样本及其均值

样本序号	样本元素	样本均值	样本序号	样本元素	样本均值
1	1,1	1	9	3,1	2
2	1,2	1.5	10	3,2	2.5
3	1,3	2	11	3,3	3
4	1,4	2.5	12	3,4	3.5
5	2,1	1.5	13	4,1	2.5
6	2,2	2	14	4,2	3
7	2,3	2.5	15	4,3	3.5
8	2,4	3	16	4,4	4

每个样本被抽中的概率相同,均为 $\dfrac{1}{16}$。

样本均值 $\bar{x}$ 抽样分布的形状与原有总体的分布有关,如果原有总体是正态分布,那么样本均值也服从正态分布。

如果总体分布是非正态分布,当为大样本($n\geqslant 30$)时,样本均值的分布趋于服从正态分布;当为小样本时,其分布不是正态分布。

接下来再让我们看看样本均值 $\bar{x}$ 抽样分布的特征——数学期望和方差。

设总体共有 N 个元素,其均值为 μ,方差为 σ^2,从中抽取容量为 n 的样本。

$$E(\bar{x}) = \bar{\bar{x}} = \bar{X} = \mu$$

$$\sigma_{\bar{x}}^2 = \frac{\sigma^2}{n} \quad \text{(重复抽样)}$$

$$\sigma_{\bar{x}}^2 = \frac{\sigma^2}{n}\left(\frac{N-n}{N-1}\right) \quad \text{(不重复抽样)}$$

对于无限总体,样本均值的方差,不重复抽样也可按重复抽样来处理;对于有限总体,当 N 很大,而 $\frac{n}{N}$ 又很小,修正系数 $\frac{N-n}{N-1}$ 会趋于1,不重复抽样也可按重复抽样来处理。

样本均值 $\bar{x}$ 抽样分布的特征——数学期望和方差的计算公式,可以通过例 6.1 加以验证,如表 6.2 和图 6.2 所示。

$$\text{样本均值的均值}\bar{\bar{x}} = \frac{1.0+1.5+\cdots+3.5+4.0}{16} = \frac{40}{16} = 2.5 = \mu$$

$$\text{样本均值的方差}\sigma_{\bar{x}}^2 = \frac{\sum(\bar{x}_i-\mu)^2}{n} = \frac{10}{16} = \frac{1.25}{2} = \frac{\sigma^2}{n}$$

表 6.2 样本均值的抽样分布

样本均值 $\bar{x}$	频数 f	频率 $\frac{f}{\sum f} = p(\bar{x})$
1.0	1	0.062 5
1.5	2	0.125 0
2.0	3	0.187 5
2.5	4	0.250 0
3.0	3	0.187 5
3.5	2	0.125 0
4.0	1	0.062 5
合计	16	1.000 0

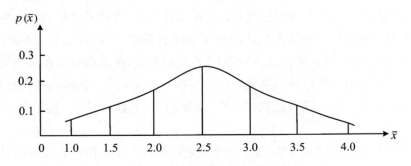

图 6.2 样本均值的抽样分布

(二) 样本成数的抽样分布

成数即结构相对数。

$$总体成数: P = \frac{N_1}{N}, \quad 1-P = \frac{N_0}{N}$$

$$样本成数: p = \frac{n_1}{n}, \quad 1-p = \frac{n_0}{n}$$

当 n 很大时,样本成数 p 的抽样分布可用正态分布近似。

对于样本成数 p,若 $np \geqslant 5$ 和 $n(1-p) \geqslant 5$,则可以认为样本容量足够大了。

$$E(P) = p$$

$$\sigma_p^2 = \frac{p(1-p)}{n} \quad (重复抽样)$$

$$\sigma_p^2 = \frac{p(1-p)}{n}\left(\frac{N-n}{N-1}\right) \quad (不重复抽样)$$

与样本均值分布的方差一样,样本成数的方差,对于无限总体,不重复抽样也可按重复抽样来处理;对于有限总体,当 N 很大,而 $\frac{n}{N} \leqslant 5\%$,修正系数 $\frac{N-n}{N-1}$ 会趋于 1,不重复抽样也可按重复抽样来处理。

第二节 抽样误差计算与分析

一、抽样误差的概念

抽样误差是抽样理论的一个重要概念,在说明抽样误差之前我们先介绍统计误差。统计误差是指在统计调查中,调查资料与实际情况间的偏差,即抽样估计值与被估计的未知总体参数之差。例如,样本平均数与总体平均数之差,样本成数与总体成数之差等。在统计推断中,误差的来源是多方面的,统计误差按产生的来源分类,有登记误差和代表性误差。

登记误差又称调查误差或工作误差,是指在调查过程中,由各种主观或客观的原因而引起的误差。例如,由指标含义不清、口径不同而造成的误差;由被调查者提供不实的资料,以及在登记、计算、抄写等上有差错而导致的误差。登记误差不论是在抽样调查还是在其他形式的调查中都有可能产生。调查的范围越广,规模越大,内容越复杂,产生登记误差的可能性就越大。

代表性误差是指在抽样调查中,样本各单位的结构情况不足以代表总体的状况,而用部分去推断总体产生的误差。代表性误差的发生分为两种情况:一种是由违反了抽样调查的随机原则,如有意识地选择较好的单位或较差的单位进行调查而造成的系统性误差。可见,只要遵循了随机原则就可以避免产生系统性误差,系统性误差和登记性误差一样,都是抽样组织工作造成的,应该采取措施预防误差发生或将其减小到最低程度。另一种情况是指遵循了随机原则,可能抽到各种不同的样本而产生的随机性误差。随机性误差在抽样推断中是不避免的,是偶然的代表性误差。

抽样误差是指在遵循了随机原则的条件下,用样本指标代表总体指标而产生的不可避免的误差,不包括登记误差和系统性误差,因为总体平均数、总体成数是唯一确定的,而样本平均数、样本成数是随机变量,所以抽样误差也是一个随机变量。抽样误差越小,说明样本的代表性越高;反之,样本的代表性越低。同时,抽样误差还说明了样本指标与总体指标的相差范围,因此它是推断总体指标的依据。

抽样误差是统计推断所固有的,虽然无法避免,但可以运用数学公式计算来确定其具体的数量界限,并通过抽样设计程序加以控制,因此抽样误差也可以称为可控制的误差。

抽样误差是指某一具体样本的样本估计值与总体参数的真实值之间的差异。在实际抽样调查中,因为总体参数是未知的,所以每次抽样的实际抽样误差是无法计算的。

因为样本是随机抽取的,样本估计量是随样本不同而变化的随机变量,所以实际抽样误差也是随样本不同而变化的随机变量,它可正可负、可大可小。但就某个既定的抽样方案而言,样本估计量的所有可能取值总是有一定的分布规律,它们与总体参数的差异即抽样误差也就有一定的规律可循。抽样调查中所谓抽样误差可以计算和控制,并不是指某次具体抽样的实际抽样误差,而是指从所有可能的样本来考察的抽样平均误差和抽样极限误差。

一般而言,抽样误差是指样本指标与被它估计未知的总体参数(总体特征值)之差。具体是指样本平均数 $\bar{x}$ 与总体平均数 $\bar{X}$ 的差 $(\bar{x}-\bar{X})$,样本成数 p 与总体成数 P 的差 $(p-P)$。例如,某地区全部小麦平均亩产 400 千克,而抽样调查得到的平均亩产为 391 千克或 403 千克,则样本指标与总体指标之间的误差为 -9 千克或 3 千克。

二、影响抽样误差的因素

(一)抽样单位的数目

在其他条件不变的情况下,抽样单位的数目越多,抽样误差越小;抽样单位数目越少,抽样误差越大。这是因为随着样本数目的增多,样本结构越接近总体,抽样调查也就越接近全面调查。当样本扩大到总体时,则为全面调查,也就不存在抽样误差了。

(二)总体被研究标志的变异程度

在其他条件不变的情况下,总体标志的变异程度越小,抽样误差越小;总体标志的变异程度越大,抽样误差越大。抽样误差和总体标志的变异程度成正比。这是因为总体的变异程度小,表示总体各单位标志值之间的差异小,则样本指标与总体指标之间的差异也可能小;如果总体各单位标志值相等,则标志变动度为零,样本指标等于总体指标,此时不存在抽样误差。

（三）抽样方法的选择

重复抽样和不重复抽样的抽样误差大小不同。采用不重复抽样比采用重复抽样的抽样误差小。

（四）抽样组织方式不同

采用不同的组织方式会有不同的抽样误差，这是因为不同的抽样组织所抽中的样本，对于总体的代表性不同。通常，我们利用不同的抽样误差作出判断各种抽样组织方式的比较标准。

三、抽样平均误差

（一）抽样平均误差的概念

抽样平均误差，从一般意义上说，是所有抽样实际误差的平均水平。抽样平均误差一般用符号 μ 表示，其中，平均数的抽样平均误差用 $\mu_{\bar{x}}$ 表示，成数的抽样平均误差用 μ_p 表示。虽然某一次抽样结果的抽样实际误差不能确定，但是抽样平均误差是客观存在的，是可以计算的。

抽样平均误差是指抽样平均数（或抽样成数）的标准差。它反映抽样平均数（或抽样成数）与总体平均数（或总体成数）的平均差异程度。其实质是样本指标与总体指标的标准差，通常用抽样指标的标准差来衡量。

因为从一个总体可能抽取多个样本，所以抽样指标（如平均数、抽样成数等）就有多个不同的数值，从而对全及指标（如总体平均数、总体成数等）的离差也就有大有小，这就必须用一个指标来衡量抽样误差的一般水平。

抽样平均数的平均数等于总体平均数，抽样成数的平均数等于总体总数，因而抽样平均数（或抽样成数）的标准差实际上反映了抽样平均数（或抽样成数）与总体平均数（或总体成数）的平均差异程度。

（二）抽样平均误差的计算

1. 抽样平均数的平均误差

根据抽样平均误差的概念，平均数的抽样平均误差是所有可能样本平均数的标准差，同样，成数的抽样平均误差是所有可能样本成数的标准差。其公式表示为

$$\mu_{\bar{x}} = \sqrt{\frac{\sum (\bar{x} - \bar{X})^2}{M}}, \quad \mu_p = \sqrt{\frac{\sum (p - P)^2}{M}}$$

式中，M 为样本可能数目（或抽样平均数的个数），$\bar{x}$ 为抽样平均数，$\bar{X}$ 为全及平均数，p 为抽样成数，P 为全及成数。

在实际工作中,因为 $\bar{X}$ 和 P 是未知的,也不可能一一列出所有的样本,所以无法按照上面的定义公式来计算抽样平均误差。

当抽样方式为重复抽样时,样本标志值是相互独立的,样本变量 x 与总体变量 X 同分布,所以得

$$\mu_{\bar{x}} = \sqrt{\frac{\sigma^2}{n}} = \frac{\sigma}{\sqrt{n}}$$

式中,$\mu_{\bar{x}}$ 表示抽样平均数的抽样平均误差,σ 表示总体标准差,n 表示样本容量。它说明在重复抽样的条件下,抽样平均误差与总体标准差成正比,与样本容量的平方根成反比。

当抽样方式为不重复抽样时,样本标志值不是相互独立的,根据数理统计知识可知

$$\mu_{\bar{x}} = \sqrt{\frac{\sigma^2(N-n)}{n(N-1)}}$$

当总体单位数 N 很大时,这个公式可近似表示为

$$\mu_{\bar{x}} = \sqrt{\frac{\sigma^2}{n}\left(1 - \frac{n}{N}\right)}$$

【例 6.2】 对某地区农村 9 500 户家庭年消费支出情况进行调查,采用简单随机抽样方式从中抽取 475 户作为样本,调查结果为平均每户年消费支出 8 800 元,各户年消费支出的标准差为 200 元。要求分别用重复和不重复抽样公式计算总体中平均每户年消费支出的抽样平均误差。

解 用重复抽样平均误差公式计算

$$\mu_{\bar{x}} = \frac{\sigma}{\sqrt{n}} = \frac{200}{\sqrt{475}} \approx 9.18(元)$$

用不重复抽样平均误差公式计算

$$\mu_{\bar{x}} = \sqrt{\frac{\sigma^2}{n}\left(1 - \frac{n}{N}\right)} = \sqrt{\frac{200^2}{475}\left(1 - \frac{475}{9\,500}\right)} \approx 8.94(元)$$

2. 抽样成数的平均误差

总体成数 P 可以表现为总体是非标志的平均数,即 $E(X) = P$,它的标准差为 $\sigma_P = \sqrt{P(1-P)}$。

根据样本平均误差和总体标准差的关系,可以得到样本成数的平均误差的计算公式为

$$\mu_p = \sqrt{\frac{P(1-P)}{n}} \quad (在重复抽样下)$$

式中,μ_p 表示抽样成数的抽样平均误差,$P(1-P)$ 表示成数总体方差,n 表示样本容量。

$$\mu_p = \sqrt{\frac{P(1-P)}{n}\left(\frac{N-n}{N-1}\right)} \quad (在不重复抽样下)$$

当总体单位数 N 很大时,可近似地写成

$$\mu_p = \sqrt{\frac{P(1-P)}{n}\left(1 - \frac{n}{N}\right)}$$

上述系列公式中,当总体方差未知时,可采用以下方法解决:

(1) 用样本方差代替总体方差，即用 s^2 代替 σ^2，用 $p(1-p)$ 代替 $P(1-P)$。

(2) 可以采用过去全面调查的资料，也可以采用过去抽样调查资料的经验数据代替。如果有多个不同的资料，则应选择方差数值较大的。

【例 6.3】 从 20 000 件中随机抽取 200 件进行质量检验，发现其中有 10 件产品不合格。要求分别用重复和不重复抽样公式计算该产品合格率的抽样平均误差。

解 样本合格率 $p=\dfrac{200-10}{200}=0.95=95\%$

用重复抽样平均误差公式计算

$$\mu_p = \sqrt{\dfrac{P(1-P)}{n}} = \sqrt{\dfrac{0.95(1-0.95)}{200}} \approx 1.54\%$$

用不重复抽样平均误差公式计算

$$\mu_p = \sqrt{\dfrac{P(1-P)}{n}\left(1-\dfrac{n}{N}\right)} = \sqrt{\dfrac{0.95(1-0.95)}{200}\left(1-\dfrac{200}{20\,000}\right)} \approx 1.53\%$$

（三）重复抽样和不重复抽样条件下抽样平均误差的区别

从上面的计算公式可看到，在其他条件相同的情况下，重复抽样和不重复抽样仅差一个修正因子的平方根 $\sqrt{\left(1-\dfrac{n}{N}\right)}$。因为 $\sqrt{\left(1-\dfrac{n}{N}\right)}<1$，所以在同样条件下，不重复抽样的平均误差小于重复抽样的平均误差。$\dfrac{n}{N}$ 又称抽样比例或抽样强度。

四、抽样极限误差

（一）抽样极限误差的概念

抽样极限误差是指抽样指标与总体指标之间误差可允许的最大范围。平均误差反映抽样的可能误差范围，而实际上每次抽样推断中只抽一个样本，因此实际上的抽样误差可能大于抽样平均误差，也可能小于抽样平均误差。误差太大或太小都会给抽样工作造成不利影响，因而在抽样估计时，应根据研究对象的变异程度和分析任务的要求确定可允许误差的范围，这一允许范围称极限误差。

在一个总体中可以抽取许多个样本并计算得到许多个样本统计量，这些样本统计量总是围绕总体参数上下波动，这种变动幅度或大或小，与总体指标的离差或正或负，因而就有一个变动范围，这个变动范围的绝对值就是误差范围。这种以绝对值形式表示的抽样误差可能范围称为抽样极限误差，用希腊字母 Δ 表示。

$$\Delta_{\bar{x}} = |\bar{x}-\overline{X}|, \quad \Delta_p = |p-P|$$

上述公式表明样本统计量在总体参数周围的某一范围内变动，而我们的目的是要用样本统计量来估计总体参数，所以上述公式可展开为

$$\bar{x} - \Delta_{\bar{x}} \leqslant \bar{X} \leqslant \bar{x} + \Delta_{\bar{x}}, \quad p - \Delta_p \leqslant P \leqslant p + \Delta_p$$

公式表明总体参数包含在样本统计量减去和加上极限误差的范围内。可以看出,抽样极限误差对于控制所估计的总体参数是相当重要的,这就是抽样极限误差的实际意义。

(二)抽样极限误差与概率度、抽样平均误差的关系

抽样极限误差的确定依赖于人们希望控制总体参数的把握程度的大小。如果希望控制的把握程度大些,那么就给出较大的极限误差;反之,就给出较小的极限误差。统计上把这种把握性叫作概率保证程度。那么如何确定某一抽样的极限误差和概率保证程度呢?通常抽样极限误差要用抽样平均误差 μ 为标准单位来进行衡量,把抽样极限误差 Δ 除以 μ 得到相对数 t,我们将 t 称为概率度。由此可以得出抽样极限误差的计算公式为

$$\Delta = t\mu$$

式中,t 表示概率度,Δ 表示抽样极限误差,μ 表示抽样平均误差。

抽样平均数的抽样极限误差为

$$\Delta_{\bar{x}} = t\mu_{\bar{x}}$$

抽样成数的抽样极限误差为

$$\Delta_p = t\mu_p$$

从概率论和数理统计中可以确定概率度 t 与概率 $F(t)$(又称概率保证程度、置信概率)之间的数值关系。它们之间的关系可以从正态分布概率表中查到。

把极限误差 $\Delta_{\bar{x}}$ 或 Δ_p 分别除以 $\mu_{\bar{x}}$ 或 μ_p 可得相对数 t,表示误差范围为抽样平均误差的 t 倍。其计算公式为

$$t = \frac{\Delta_{\bar{x}}}{\mu_{\bar{x}}} \quad \text{或} \quad t = \frac{\Delta_p}{\mu_p}$$

式中,t 是测量估计可靠程度的一个参数,称为抽样误差的概率度。

几个常用的概率度 t 值和概率 $F(t)$ 关系如表 6.3 所示。

表 6.3 常用的概率度和概率函数关系表

概率度 t	概率 $F(t)$
1.00	0.682 7
1.50	0.866 4
1.96	0.950 0
2.00	0.954 5
2.50	0.987 6
3.00	0.997 3
4.00	0.999 4
5.00	0.999 999

第三节　抽样估计方法

一、抽样估计概述

所谓抽样估计,是指用样本统计量估计总体的未知参数,又称参数估计,如估计总体平均数、估计总体成数等。

抽样估计有点估计和区间估计两种基本形式。前者是用一个数值作为未知参数的估计值,后者则是给出具体的上限和下限,把未知参数包括在这个区间内。

在许多实际问题中,总体被理解为我们所研究的那个统计指标,它在一定范围内取数值,而且是以一定的概率取各种数值的,从而形成一个概率分布,但是这个概率分布往往是未知的。例如,为了制定绿色食品的有关规则,我们需要研究蔬菜中残留农药的分布状况,对这个分布我们知之甚少,以致它属于何种类型我们都不清楚。有时我们可以断定分布的类型。例如,在农民收入调查中,根据实际经验和理论分析,如概率论中的中心极限定理,我们可以断定收入服从正态分布,但分布中的参数取何值却是未知的。这就出现了统计估计问题。统计估计问题专门研究由样本估计总体的未知分布或分布中的未知参数。直接对总体的未知分布进行估计的问题称为非参数估计;当总体分布类型已知,仅需对分布的未知参数进行估计的问题称为参数估计。本节我们主要研究参数估计问题。本节及后文中假定抽样方法为放回简单随机抽样,样本的每个分量都与总体同分布,它们之间相互独立。

二、抽样估计的特点

(一)在逻辑上采用归纳推理,而不是演绎推理

演绎推理是从一般命题导出特殊结论的逻辑方法;归纳推理是从研究个别命题出发达到一般性的认识,结论的内容大于前提,所以前提正确未必导致结论正确,前提正确也可能有错误结论。因为抽样估计运用归纳推理,从局部的前提来达到对总体的认识,所以不能保证绝对正确。

(二)在方法上运用不确定的概率估计法,而不是运用确定的数学分析法

抽样估计虽然也是利用样本数据来推断总体数量特征,但因为样本数据和总体数量特征之间并不存在严格对应的自变量和因变量的关系,所以不可能运用数学函数关系建立一定的数学模型,将自变量带入样本数据来推算因变量的总体特征值。在实际工作中,首先抽

样估计抽取一个样本,计算相应的样本统计量,然后用样本统计量来代替相应的总体参数,其结论并非必然,是不确定的,但这种不确定性可以按概率论的原理加以估计和控制。

(三)抽样估计存在抽样误差,抽样误差总是和抽样估计的可靠程度联系在一起

抽样误差和抽样估计的可靠程度即概率的关系是:允许的误差范围越大,则概率的保证程度越大;允许的误差范围越小,则概率的保证程度越小。

三、抽样估计的优良标准

要估计总体某一指标,并非只能用一个样本指标,而可能有多个样本指标可供选择,即对于同一总体参数可能会有不同的样本估计量,究竟其中哪个估计量是总体参数的最优估计量呢?评价估计量的优劣常用以下三个标准。

(一)无偏性

无偏性是指样本估计量的平均数应等于被估计总体参数的真实值。也就是说,对于不同的样本有不同的估计值,虽然从一个样本来看,估计值与真实值之间可能有误差,但从所有可能样本来看,估计值的平均数等于总体参数的真实值,即从平均意义来讲估计是无偏的。

(二)一致性

一致性也称相合性,是指当 $n \to \infty$ 时,估计量依概率收敛于总体参数的真实值,即随着样本容量 n 的增大,一个好的估计量将在概率意义下越来越接近于总体的真实值。

(三)有效性

有效性是指作为优良的估计量,除了满足无偏性以外,其方差应比较小,这样才能保证估计量的取值集中在被估计的总体参数的附近,对总体参数的估计和推断更可靠。

有时不一定能找到完全符合以上标准的优良估计量,但总是希望所采用的估计量能尽可能符合或接近这些标准。样本平均数作为总体平均数的估计量,样本成数作为总体成数的估计量,都具有上述优良性质。因此,通常用样本平均数去估计总体平均数,用样本成数去估计总体成数。

四、总体参数估计方法

(一)点估计

点估计又称定值估计,就是用实际样本统计量数值作为总体参数的估计值。点估计的方法简单,一般不考虑抽样误差和可靠程度,适用于对推断准确程度与可靠程度要求不高的

情况。

在实际中,常用样本平均数来估计总体平均数,即用 $\bar{x}$ 估计 $\bar{X}$,用样本成数来估计总体成数,即用 p 估计 P。

(二)区间估计

所谓区间估计,是指根据样本统计量、抽样误差和概率保证程度去推断总体参数的可能范围。

点估计能够给出总体参数的具体估计值,但这个估计值的可靠性如何,点估计则无从回答。区间估计则弥补了点估计在这方面的不足。统计实践中,通常用一个区间及其出现的概率来估计总体参数。具体地说,就是根据样本统计量和抽样误差构成的区间来估计总体参数,并以一定的概率保证总体参数包含在估计区间内,这就是总体参数的区间估计。

区间估计必须具备的三个要素分别是估计值、抽样误差范围及概率保证程度。

1. 抽样平均数的区间估计范围

估计上限:$\bar{x}+\Delta_{\bar{x}}$,估计下限:$\bar{x}-\Delta_{\bar{x}}$

即

$$\bar{x}-\Delta_{\bar{x}} \leqslant \bar{X} \leqslant \bar{x}+\Delta_{\bar{x}}$$

2. 抽样成数的区间估计范围

估计上限:$p+\Delta_p$,估计下限:$p-\Delta_p$

即

$$p-\Delta_p \leqslant P \leqslant p+\Delta_p$$

其中,区间$(\bar{x}-\Delta_{\bar{x}}, \bar{x}+\Delta_{\bar{x}})$和区间$(p-\Delta_p, p+\Delta_p)$称为置信区间,$F(t)$称为置信度。

需要注意的是,参数的区间估计所表示的仅是一个可能的范围,而不是一个绝对可靠的范围。总体参数在这个范围内只有一定的把握程度,即只有一定的概率。究竟采用多大的概率保证程度,要具体问题具体分析。一般情况下取95.45%的概率保证程度即可,质量要求非常高或非常重要的问题要求的概率保证程度应更高。

在相同条件下,要提高推断的可靠程度即提高概率,必然会扩大误差范围,扩大参数估计的区间范围;反之,要缩小误差范围,缩小参数估计的区间范围,就必须降低推断的可靠程度,即降低概率。

3. 区间估计的一般步骤

总体平均数(或成数)的区间估计的一般步骤。

(1)计算抽样平均数和标准差。

对于变量总体:

变量值平均数 $\bar{x}$ 有

$$\bar{x}=\frac{\sum x}{n} \quad (\text{未分组资料})$$

$$\bar{x} = \frac{\sum xf}{\sum f} \quad \text{(已分组资料)}$$

变量值标准差：如果总体标准差未知，则用样本标准差代替。

对于小样本用

$$\sigma = \sqrt{\frac{\sum (x-\bar{x})^2}{n-1}} \quad \text{(未分组资料)}$$

$$\sigma = \sqrt{\frac{\sum (x-\bar{x})^2 f}{\sum f - 1}} \quad \text{(已分组资料)}$$

对于大样本用

$$\sigma = \sqrt{\frac{\sum (x-\bar{x})^2}{n}} \quad \text{(未分组资料)}$$

$$\sigma = \sqrt{\frac{\sum (x-\bar{x})^2 f}{\sum f}} \quad \text{(已分组资料)}$$

对于成数总体：

成数平均数为

$$\bar{x}_p = p = \frac{n_1}{n}$$

成数标准差为

$$\sigma_p = \sqrt{p(1-p)}$$

（2）计算平均误差：

重复抽样有

$$\mu_{\bar{x}} = \frac{\sigma}{\sqrt{n}} \quad \text{或} \quad \mu_p = \sqrt{\frac{p(1-p)}{n}}$$

不重复抽样有

$$\mu_{\bar{x}} = \sqrt{\frac{\sigma^2}{n}\left(\frac{N-n}{N-1}\right)} \quad \text{或} \quad \mu_p = \sqrt{\frac{p(1-p)}{n}\left(\frac{N-n}{N-1}\right)}$$

当 N 很大时，有

$$\mu_{\bar{x}} = \sqrt{\frac{\sigma^2}{n}\left(1-\frac{n}{N}\right)} \quad \text{或} \quad \mu_p = \sqrt{\frac{p(1-p)}{n}\left(1-\frac{n}{N}\right)}$$

（3）计算极限误差：

$$\Delta_{\bar{x}} = t\mu_{\bar{x}} \quad \text{或} \quad \Delta_p = t\mu_p$$

或已知极限误差，计算概率度 t 值，查表求概率 $F(t)$ 为

$$t = \frac{\Delta_{\bar{x}}}{\mu_{\bar{x}}} \quad \text{或} \quad t = \frac{\Delta_p}{\mu_p}$$

（4）计算区间的上下限：

$$\bar{x} - \Delta_{\bar{x}} \leqslant \bar{X} \leqslant \bar{x} + \Delta_{\bar{x}}$$
$$p - \Delta_p \leqslant P \leqslant p + \Delta_x$$

(5) 结合 $F(t)$ 作估计说明。可以在 $1 \sim \alpha$（如果给定的是概率度，则可查《正态分布概率表》获得）的概率保证程度下，估计总体平均数（或成数）。

【例 6.4】 一批产品中按简单随机重复抽样方法抽取 50 包进行检查，结果如表 6.4 所示。

表 6.4 某产品抽样检查结果

每包重量/克	包数 f	组中值 x	xf	$(x-\bar{x})$	$(x-\bar{x})^2$	$(x-\bar{x})^2 f$
90～95	2	92.5	185	−10	100	200
95～100	8	97.5	780	−5	25	200
100～105	28	102.5	2 870	0	0	0
105～110	12	107.5	1 290	5	25	300
合计	50	—	5 125	—	—	700

要求：以 95.45% 的概率估计该批产品平均每包重量的范围。

解
$$\bar{x} = \frac{\sum xf}{\sum f} = \frac{5\,125}{50} = 102.5 \text{（克）}$$

$$\sigma = \sqrt{\frac{\sum (x-\bar{x})^2 f}{\sum f}} = \sqrt{\frac{700}{50}} = \sqrt{14} \approx 3.74 \text{（克）}$$

$$\mu_{\bar{x}} = \frac{\sigma}{\sqrt{n}} = \sqrt{\frac{14}{50}} = \sqrt{0.28} \approx 0.53 \text{（克）}$$

$$\Delta_{\bar{x}} = t\mu_{\bar{x}} = 2 \times 0.53 = 1.06 \text{（克）}$$

估计上限
$$\bar{x} + \Delta_{\bar{x}} = 102.5 + 1.06 = 103.56$$

估计下限
$$\bar{x} - \Delta_{\bar{x}} = 102.5 - 1.06 = 101.44$$

即
$$101.44 \leqslant \bar{X} \leqslant 103.56$$

所以，可以在 95.45% 的概率保证程度下，估计这批产品的平均每包重量为 101.44～103.56 克。

【例 6.5】 在 4 000 件成品中，按重复抽样方式抽取 200 件产品进行检查，其中废品为 8 件，当概率为 0.954 5 时，试估计这批产品的废品范围。

解
$$N = 4\,000, n = 200, t = 2, p = \frac{8}{200} = 0.04$$

$$\mu_p = \sqrt{\frac{p(1-p)}{n}} = \sqrt{\frac{0.04 \times 0.96}{200}} \approx 0.013\,9$$

$$\Delta_p = t\mu_p = 2 \times 0.0139 = 0.0278$$
$$p \pm \Delta_p = 0.04 \pm 0.0278, \text{即 } 1.22\% \sim 6.78\%$$

所以，可以在 0.954 5 的概率保证程度下，估计这批产品的废品范围为 1.22%～6.78%。

【例 6.6】 某灯泡厂某月生产 5 000 000 个灯泡，在进行质量检查中，随机可重复抽取 500 个进行检验，这 500 个灯泡的耐用时间如表 6.5 所示。

表 6.5 抽取的 500 个灯泡的耐用时间

耐用时间/小时	灯泡数/个	组中值
800～850	35	825
850～900	127	875
900～950	185	925
950～1 000	103	975
1 000～1 050	42	1 025
1 050～1 100	8	1 075

试求：

(1) 该厂全部灯泡平均耐用时间的取值范围（概率保证程度为 0.997 3）。

(2) 检查 500 个灯泡中不合格产品占 0.4%，试在 0.682 7 的概率保证程度下，估计全部产品中不合格率的取值范围。

解 （1）计算平均耐用时数和抽样平均误差

$$\bar{x} = \frac{\sum xf}{\sum f} = 926.4$$

$$\sigma = 55.2$$

$$\mu_{\bar{x}} = \frac{\sigma}{\sqrt{n}} = \frac{55.2}{\sqrt{500}} \approx 2.47$$

概率保证程度为 0.997 3 时，查表得概率度 $t=3$。

计算抽样极限误差

$$\Delta_{\bar{x}} = t\mu_{\bar{x}} = 3 \times 2.47 = 7.4$$

估计总体指标区间

$$\bar{x} - \Delta_{\bar{x}} = 926.4 - 7.4 = 919$$
$$\bar{x} + \Delta_{\bar{x}} = 926.4 + 7.4 = 933.8$$

(2) 已知 $p = 0.4\%$，则

$$\mu_p = \sqrt{\frac{p(1-p)}{n}} = \sqrt{\frac{0.004 \times 0.996}{500}} \approx 0.28\%$$

概率保证程度为 0.682 7 时，查表得概率度 $t=1$，

$$\Delta_p = 1 \times \mu_p = 0.28\%$$

$$p - \Delta_p = 0.4\% - 0.28\% = 0.12\%$$
$$p + \Delta_p = 0.4\% + 0.28\% = 0.68\%$$

五、样本容量的确定

（一）样本容量确定的意义

样本容量是指样本中含有的总体单位的个数。一般把抽样数目大于等于 30 个单位的样本称为大样本，而把抽样数目小于 30 个单位的样本称为小样本。对社会经济现象进行抽样调查一般采用大样本。抽样数目的多少与抽样误差、调查费用都有直接的关系。如果抽样数目过大，虽然抽样误差很小，但调查工作量增大，耗费的时间和经费太多，则体现不出抽样调查的优越性；反之，如果抽样数目过小，虽然耗费少，但抽样误差太大，那么抽样推断就会失去意义。因此，抽样设计中的一个重要内容就是确定必要的样本容量。

（二）影响必要样本容量的因素

1. 总体各单位标志变异程度

总体各单位标志变异程度即总体方差 σ^2 或 $P(1-P)$ 的大小。总体标志变异程度较大，就要求样本容量大些；反之，总体标志变异程度较小，样本容量就可以小些。

2. 允许的极限误差 $\Delta_{\bar{x}}$ 或 Δ_p 的大小

极限误差是指估计值的误差范围。允许的极限误差越大，样本容量越小；反之，允许的极限误差越小，样本容量越大。

3. 抽样方法

在其他条件相同的情况下，重复抽样比不重复抽样要多抽取一些样本单位。

4. 抽样组织方式

采用类型抽样的样本容量要小于简单随机抽样，采用整群抽样的样本容量要大一些。

5. 抽样推断的可靠程度即概率 $F(t)$ 的大小

推断的可靠程度要求越高，即 $F(t)$ 越大，样本容量越大；反之，推断的可靠程度要求越低，即 $F(t)$ 越小，样本容量越小。

（三）估计总体均值时样本容量的确定

在简单随机重复抽样条件下，因为

$$\Delta_{\bar{x}} = t\mu_{\bar{x}} = t \cdot \frac{\sigma}{\sqrt{n}}$$

所以

$$n = \frac{t^2 \sigma^2}{\Delta_{\bar{x}}^2} \quad \text{（重复抽样条件下）}$$

同理,在简单随机不重复抽样条件下,因为

$$\Delta_{\bar{x}} = t\mu_{\bar{x}} = t \cdot \sqrt{\frac{\sigma^2}{n}\left(1 - \frac{n}{N}\right)}$$

所以

$$n = \frac{Nt^2\sigma^2}{N\Delta_{\bar{x}}^2 + t^2\sigma^2} \quad \text{（不重复抽样条件下）}$$

【例 6.7】 在某企业中采用简单随机抽样调查职工月平均奖金额,设职工月奖金额服从标准差为 10 元的正态分布,要求估计的绝对误差为 3 元,可靠度为 95%,试问应抽多少名职工作为样本?

解 已知 $\sigma = 10, \Delta_{\bar{x}} = 3, F(t) = 0.95, t = 1.96$,则

$$n = \frac{t^2\sigma^2}{\Delta_{\bar{x}}^2} = \frac{1.96^2 \times 10^2}{3^2} = 42.68 \approx 43$$

即需抽取 43 名职工作为样本进行调查。

（四）估计总体成数时样本容量的确定

在简单随机重复抽样条件下,估计总体成数时,由于

$$\Delta_p = t\mu_p = t \cdot \sqrt{\frac{p(1-p)}{n}\left(1 - \frac{n}{N}\right)}$$

从而得到样本容量

$$n = \frac{t^2 p(1-p)}{\Delta_p^2} \quad \text{（重复抽样条件下）}$$

同理,在简单随机不重复抽样条件下,由于

$$\Delta_{\bar{x}} = t\mu_{\bar{x}} = t \cdot \sqrt{\frac{\sigma^2}{n}\left(1 - \frac{n}{N}\right)}$$

得到

$$n = \frac{Nt^2 p(1-p)}{N\Delta_p^2 + t^2 p(1-p)} \quad \text{（不重复抽样条件下）}$$

【例 6.8】 根据以往的生产统计,某种产品的合格率为 90%,现要求绝对误差为 5%,在置信水平为 95% 的置信区间时,应抽取多少件产品作为样本?

解 已知 $P = 90\%, \Delta_p = 5\%, t = 1.96$,则

$$n = \frac{t^2 P(1-P)}{\Delta_p^2} = \frac{1.96^2 \times 0.9 \times (1-0.9)}{0.05^2} \approx 139 \text{（件）}$$

（五）计算必要样本容量应注意的问题

计算必要样本容量应注意以下几个问题:

(1) 通过公式计算的样本容量是最低的,也是最必要的样本容量。

(2) 运用公式计算样本容量时,一般总体方差 σ^2 或 $P(1-P)$ 是未知的,在实际计算中往往利用有关资料替代。若此次抽样调查之前,曾经作过同类问题的全面调查,则用全面调查

的有关数据来替代。在进行正式抽样调查之前,组织两次或两次以上的试验性抽样,用试验样本中的最大方差替代。同样,利用过去全面调查的资料,也要注意选择大的方差;成数方差在完全缺乏资料的情况下,可用成数方差极大值 0.25 来替代。

(3) 如果进行一次抽样调查,同时对总体平均数和总体成数进行估计,则运用前面公式计算两个样本容量 n_1 和 n_2。一般情况下,为了同时满足两个推断的要求,要在两个样本容量中选择较大的一个。

(4) 通过公式计算的样本容量不一定是整数,如果带小数,那么一般不采取四舍五入法取整数,而是选取比这个数大的临近整数。

第四节 抽样组织形式

根据统计研究的目的和研究对象的特点,抽样调查可以采用不同的组织方式。在统计实践中,抽样调查的组织方式主要有以下四种,实际调查所用的方法通常可以是这四种方法的各种形式的组合。

一、简单随机抽样

简单随机抽样又称纯随机抽样,是按随机原则直接从总体 N 个单位中抽取 n 个单位作为样本。简单随机抽样的具体实施方法主要有抽签法、随机数法和直接抽取法等。

(1) 简单随机抽样对总体不加任何限制,等概率地从总体中直接抽取样本,是最简单、最单纯的抽样技术。它具有计算简便的优点,是研究其他复杂抽样技术的基础,也是比较各种抽样技术之间估计效率的标准。同时,从理论上讲,简单随机抽样在各种抽样技术中是贯彻随机原则最好的一种,并且数学性质很简单,是等概率抽样的特殊类型。

(2) 因为简单随机抽样是等概率抽取样本,所以要求总体在所研究的主要标志上同质性或齐整性(共性)较好,即总体要均匀。但是,在社会经济现象中,这种均匀总体是很少见的。因此,实际工作中很少单纯使用简单随机抽样方法。

(3) 因为简单随机抽样直接从总体中抽取样本,所以未能充分利用关于总体的各种其他已知信息,从而不能有效地提高样本的代表性,并进而提高抽样的估计效率。

(4) 简单随机抽样要求在抽样前编制出抽样框,并对每一个总体抽样单位进行编号,而且当总体抽样单位的分布比较分散时,样本也可能会比较分散,这些都会给简单随机抽样方法的运用造成许多的不便,甚至在某些情况下根本无法使用。因此,在此基础上研究其他抽样技术显得更为必要。

二、类型抽样

类型抽样又称分层抽样。它是实际工作中常用的抽样技术之一。类型抽样是在抽样之前,先将总体 N 个抽样单位按某一标志划分为 k 层(类),然后在各层内分别独立地进行随机抽样,由此所抽得的样本称为分层样本。各层的抽样可以采取同一抽样方法,也可采取不同的抽样方法。

设总体由 N 个单位构成,把总体划分为 k 组,使 $N=N_1+N_2+\cdots+N_k$,然后从每组的 N_i 个单位中抽取 n_i 个单位构成样本容量为 n 的样本,这就是类型抽样。

同简单随机抽样相比,类型抽样具有以下特点:

(1) 类型抽样能够充分地利用关于总体的各种已知信息进行分层,因此抽样的效果一般比简单随机抽样要好。但当对总体缺乏较多的了解时,则无法分层或不能保证分层的效果。

(2) 在类型抽样中,总体的方差一般可以分解为层间方差和层内方差两部分。因为类型抽样的误差只与层内差异有关,而与层间差异无关,所以类型抽样可以提高估计量的精度。

(3) 因为类型抽样是在每层内独立地进行抽样,所以分层样本能够比简单随机样本更加均匀地分布于总体之内,其代表性也更好些。

(4) 类型抽样的随机性具体体现在层内各单位的抽取过程之中,即在各层内部的每一个单位都有相同的机会被抽中,而在层与层之间则是相互独立的。

(5) 类型抽样适合于调查标志在各单位的数量分布差异较大的总体,因为对这样的总体进行合理的分层后可将其差异较多地转化为层间差异,从而使层内差异大大减弱。

(6) 类型抽样除了可以推断总体参数以外,还可以推断各层的数量特征,并进一步作对比分析,从而满足不同方面的需要,也能帮助人们对总体作更全面、更深入的了解。但其对各层的估计缺乏精度保证。

(7) 在类型抽样中,因为各层的抽样相互独立、互不影响,且各层间可能有显著的不同,所以对不同层可以按照具体情况和条件分别采用不同的抽样和估计方法进行处理,从而提高估计的精确度。

(8) 在对类型抽样进行分层时,需收集可用于分层的必要的各种资料,因此可能会增加一定的额外费用。同时,在类型抽样中,总体参数的估计以及各层间样本量的分配、总样本量的确定等都更为复杂。

三、等距抽样

等距抽样也称机械抽样或系统抽样,是指将总体各抽样单元按一定的标志和顺序排列以后,每隔一定的距离(间隔)抽取一个单元组成样本进行调查。其具体方法如下:

设总体由 N 个单元组成,并按某种顺序编上号码($1\sim N$),要在其中抽取容量为 n 的样本,先在前 K 个单元中随机抽选出一个单元,以后每隔 K 个单元抽取一个单元,由所有抽中的单元共同所组成的样本称为等距样本。可见,抽出了第一个单元就等于决定了整个样本。这种抽样方法就是等距抽样,这里的 K 称为抽样间隔。

作为总体各单位顺序排列的标志,可以是无关标志也可以是有关标志。所谓无关标志是指与调查标志无关的或不起主要影响作用的标志。例如,工业产品质量抽查按时间顺序取样,农产量抽样调查按田间的地理顺序取样,居民家计调查按街道的门牌号码抽取调查户,等等。

在等距抽样中,最简单、最基本的方法是随机起点等距抽样。但在实际实施等距抽样时,考虑到排序标志的不同以及总体单元数是否能被某一数值整除等因素,具体的抽样实施方法又可以有一系列不同的变化。常见的等距抽样实施方法有随机起点等距抽样、循环等距抽样、中点等距抽样、对称等距抽样法等。

四、整群抽样

整群抽样也称集团抽样,是指将总体各单位划分成许多群,然后从其中随机抽取部分群,对中选群的所有单位进行全面调查的抽样组织形式。确切地说,这种抽样组织形式应称为单级整群抽样。

如果总体中的单位可以分成多级,则可以对前几级单位采用多阶抽样;而在最后一级中,对该级抽样单位所包含的全部个体(最基本单元)进行调查,这种抽样称作多级整群抽样。

在抽样调查中没有总体单位的原始记录可以利用时,常常采用整群抽样。例如,调查某市去年底育龄妇女的生育人数,但却没有去年的育龄妇女的档案资料,难以对育龄妇女抽样,这时可以采用整群抽样的方式,将全市按户籍派出所的管辖范围分成许多区域,随机抽选其中若干区域,并对抽中的派出所辖区内按户籍册全面调查育龄妇女的生育人数。

整群抽样因为是对中选群的全面调查,所以调查单位很集中,大大简便了抽样工作,节省了经费开支。

整群抽样是对中选群进行全面调查,所以只存在群间抽样误差,不存在群内抽样误差。这一点和类型抽样只存在组内抽样误差、不存在组间抽样误差恰好相反。因此,整群抽样和类型抽样虽然都要对总体各单位进行分组,但分组的原则却是完全不同的。类型抽样的分组要求尽量缩小组内的差异程度,扩大组间方差;而整群抽样的分组则要求扩大群内的差异程度,缩小群间方差。

本 章 小 结

抽样推断法是按照随机抽样的原则抽选总体中的部分单位进行调查,用部分单位的指标数值作为代表去推断总体的指标数值的方法。

全及总体也称母体,即被研究事物或现象的总体,一般简称总体,这是开展抽样所面对的总体。样本总体是从全及总体中抽出来的一部分单位所组成的小总体,简称样本。

抽样估计就是用样本估计量估计总体的未知参数，评价估计量的标准有无偏性、一致性和有效性三个。

抽样指标与总体指标之间误差可允许的最大范围叫作抽样极限误差，抽样平均数的标准差叫作抽样平均误差或抽样标准误差。

抽样误差是一个随机变量，因此我们不能期望抽样平均数和抽样成数落入一个区间内是一个必然事件，而只能给予一定的概率保证程度。概率保证程度称为抽样估计的置信度。

简单随机抽样也称纯随机抽样，是按随机原则直接从总体 N 个单位中抽取几个单位作为样本。类型抽样又称分层抽样，是在抽样之前，先将总体 N 个抽样单位按某一标志划分为 k 层（类），然后在各层内分别独立地进行随机抽样。等距抽样又称机械抽样或系统抽样，是将总体各抽样单元按一定的标志和顺序排列以后，每隔一定的距离（间隔）抽取一个单元组成样本进行调查。整群抽样也称集团抽样，是将总体各单位划分成许多群，然后从其中随机抽取部分群，对中选群的所有单位进行全面调查的抽样组织形式。

思考与练习

1. 什么是抽样推断？它有哪些基本特点？
2. 说明总体、样本、参数、统计量、样本个数和样本容量的含义。
3. 什么是抽样误差？为什么它不同于登记误差和系统误差？抽样误差的大小受哪些因素影响？
4. 什么是重复抽样和不重复抽样？不同的抽样方法怎样影响着抽样推断的结果？
5. 什么叫抽样极限误差？它和抽样平均误差的关系是什么？
6. 什么叫估计量？评价估计量优劣有哪些标准？
7. 什么是概率度？什么是置信度？二者间有什么关系？
8. 点估计和区间估计有什么区别和联系？
9. 常用的抽样组织形式有哪些？各有什么特点？
10. 进行简单随机重复抽样，假定抽样单位增加 3 倍，则抽样平均误差将发生怎样变化？如果要求抽样误差范围减少 20%，那么其样本单位数应如何调整？

技 能 训 练

一、单项选择题

1. 抽样调查应遵循的基本原则是（　　）。
   A. 随机性原则　　B. 准确性原则　　C. 可靠性原则　　D. 经济性原则
2. 抽样调查的目的在于（　　）。
   A. 对调查单位作深入研究　　　　　B. 随意抽选调查单位
   C. 掌握重点单位情况　　　　　　　D. 用样本指标推断总体指标

3. 所谓大样本一般是指样本单位数达到或超过（   ）。
   A. 30　　　　　B. 50　　　　　C. 60　　　　　D. 80
4. 抽样误差是指（   ）。
   A. 统计资料与实际资料的误差　　　　B. 调查登记时产生的误差
   C. 抽样时未遵循随机原则所产生的误差　　D. 抽样过程中的随机误差
5. 抽样平均误差反映样本指标与总体指标之间的（   ）。
   A. 实际误差　　B. 平均误差程度　　C. 可能误差范围　　D. 偏差
6. 在一定的抽样平均误差条件下,要提高抽样推断的把握度,必须（   ）。
   A. 扩大抽样极限误差　　　　B. 缩小抽样极限误差
   C. 增加抽样数目　　　　　　D. 减少抽样数目
7. 若其他条件不变,为使抽样平均误差减少一半,则要求抽样数目（   ）。
   A. 增加2倍　　B. 增加到2倍　　C. 增加4倍　　D. 增加到4倍
8. 抽样单位数为400,样本平均数为30,标准差系数为0.2,要求推断的把握度为0.9545,则抽样极限误差为（   ）。
   A. 6　　　　　B. 0.3　　　　　C. 0.6　　　　　D. 0.24
9. 现有三个成数资料 $P_1=0.78$、$P_2=0.45$、$P_3=0.95$,则计算必要抽样数目所依据的成数是（   ）。
   A. P_1　　　B. P_2　　　C. P_3　　　D. 不一定
10. 用简单随机抽样方法抽取某银行19%的存单进行调查,则不重复抽样平均误差比重复抽样平均误差小（   ）。
    A. 10%　　　　B. 19%　　　　C. 81%　　　　D. 90%

二、多项选择题

1. 抽样调查与其他非全面调查方法相比,具有的特点有（   ）。
   A. 按随机原则抽取调查单位　　　　B. 用样本指标推断总体指标
   C. 可计算抽样误差　　　　　　　　D. 可控制抽样误差范围
   E. 可保证推断结果达到一定的可靠程度
2. 影响抽样平均误差的因素有（   ）。
   A. 总体标志变动度　　　　B. 样本容量
   C. 抽样方法　　　　　　　D. 抽样组织形式
   E. 不遵守随机原则
3. 抽样数目的大小决定于（   ）。
   A. 总体标志变动度　　　　B. 抽样方式
   C. 抽样组织形式　　　　　D. 抽样极限误差
   E. 推断把握度
4. 简单随机抽样一般适合于（   ）等情况。

A. 均匀总体　　　　　　　　　　B. 对调查对象(总体)了解甚少
C. 总体单位的排列没有秩序　　　D. 总体各单位的标志变异程度较小
E. 抽到的单位比较分散时也不影响调查工作

5. 常用的抽样组织形式有(　　)。
A. 简单随机抽样　B. 类型抽样　　C. 重复抽样　　　D. 等距抽样
E. 整群抽样

三、判断题

1. 所有可能样本的平均数的平均值,等于总体平均数。（　）
2. 抽样误差可以事先计算并加以控制,因而可以消除。（　）
3. 从理论上讲,只有简单随机抽样最为完全地遵循随机原则,因此它是实际工作中最优良的抽样调查方法。（　）
4. 重复抽样的抽样误差一定大于不重复抽样的抽样误差。（　）
5. 抽样成数是某种特殊标志,即是非标志的平均数,它反映样本中具有某种特定属性的单位占全部样本单位的比重。（　）
6. 抽样推断法实质上是一种不完全归纳推理方法。（　）
7. 抽样估计的准确度和把握度成反比关系。（　）
8. 在样本容量固定的情况下,抽样估计往往难以同时满足给定准确度和把握度的要求。为此,需要在抽样前事先确定合理的抽样数目。（　）
9. 等距抽样是类型抽样的特殊形式。（　）
10. 任何抽样组织形式都可以采用重复抽样和不重复抽样两种抽样方式。（　）

四、应用题

1. 某储蓄所 6 月共有存单 3 000 张,为了解存款数量情况,现随机抽取 200 张进行调查,结果如表 6.6 所示。

表 6.6　某储蓄所随机调查结果

按存款额分组/元	存款单/张
100 以下	15
100～200	40
200～500	70
500～1 000	35
1 000～2 000	25
2 000～5 000	10
5 000 以上	5
合计	200

试在重复抽样条件下求：

(1) 该储蓄所本月存单平均存款范围(概率保证程度为 0.95)。

(2) 该储蓄所本月存款额在 1 000 元以上的存单所占比重范围(概率保证程度为 0.954 5)。

2. 资料同第 1 题。

试在不重复抽样条件下求：

(1) 该储蓄所本月存单平均存款额范围(概率保证程度为 0.95)。

(2) 该储蓄所本月存款额在 1 000 元以上的存单所占比重范围(概率保证程度为 0.954 5)。

3. 采用不重复抽样抽取 5% 的产品 250 件检查，发现有废品 10 件，试在 95% 的概率保证程度下估计这批产品的废品率和废品量的范围。

4. 随机抽取 400 名听众进行调查，其中喜欢某广播电台节目的有 240 人，试在 95.45% 的概率保证程度下估计喜欢该电台节目的听众比重范围。如果允许误差为 5%，则这时的把握程度为多大？

5. 以 99.73% 的把握程度由样本成数推断总体成数，要求抽样允许误差不超过 1.5%，则必要的样本单位数是多少？(提示：按重复抽样条件下的抽样数目公式计算。)

6. 已知总体单位总量为 8 000 人，方差为 225 平方元。在概率保证程度为 95.45% 的条件下，抽样允许误差不超过 2 元，则在不重复抽样方法下应抽查多少人？(提示：抽查人数取整数。)

7. 某工厂对本厂产品质量进行抽样检查，要求概率保证程度为 0.95，抽样误差范围为 0.02。根据过去几次相同调查，产品的不合格率分别为 1.26%、1.68%、1.87%。

试计算：

(1) 必要的抽样数目。

(2) 若其他条件不变，抽样误差范围比原来扩大一倍，则抽样数目应为多少？

8. 某银行有甲、乙、丙三个储蓄所，其贷款业务量比例为 1.5∶2∶2.5。现按此比例分别在三个储蓄所进行抽样调查，共抽取 600 张贷款单，资料如表 6.7 所示。

表 6.7　某银行三个储蓄所抽样调查情况

储蓄所	平均贷款额/万元	标准差/万元
甲	120	9.8
乙	180	14.8
丙	150	17.5

试在 0.95 的概率保证程度下估计该银行平均每笔贷款范围。

9. 资料同第 8 题。

若允许误差不超过 1 万元，则推断的把握度有多大？

10. 资料同第 8 题。

若允许误差不超过 0.5 万元，推断把握度为 0.954 5，则应抽查多少张贷款单？各家储蓄所的贷款单分别为多少张？

11. 为了了解某地区职工家庭的收入情况，随机抽取 300 户进行调查，调查结果如

表 6.8 所示。

表 6.8　某地区职工家庭收入情况调查

收入水平/元	家庭数
2 000 以下	40
2 000～4 000	80
4 000～6 000	120
6 000 以上	60
合计	300

根据以上资料,在 99.73% 的概率保证程度下,推算该地区职工家庭平均收入的可能范围。

12. 某制鞋厂生产的一批旅游鞋,按 1% 的比例进行抽样调查,总共抽查 500 双,结果如表 6.9 所示。

表 6.9　某制鞋厂抽样调查结果

耐穿时间/天	双数
300 以下	30
300～350	70
350～400	300
400～450	60
450 以上	40
合计	500

在 95.45% 的概率保证程度下,试求:
(1) 这批旅游鞋的平均耐穿时间的可能范围。
(2) 如果耐穿时间在 350 天以上才算合格,那么求这批旅游鞋合格率的可能范围。

13. 某地种植农作物 6 000 亩,按照随机抽样,调查了 300 亩。调查结果:平均亩产量为 650 千克,标准差为 15 千克,概率保证程度为 0.954 5。

根据上述资料,试求:
(1) 利用点估计,推算农作物的总产量。
(2) 全部农作物的平均亩产量。
(3) 利用区间估计,求这 6 000 亩农作物的总产量的可能范围。

14. 采用简单随机重复抽样的方法,在 1 000 件产品中抽查 100 件,其中合格品为 90 件,要求:
(1) 计算合格品率及其抽样平均误差。
(2) 以 95.45% 的概率保证程度($t=2$)对合格品率和合格品数量进行区间估计。
(3) 如果极限误差为 3.32%,则其概率保证程度的临界值是多少?

　　了解狭义的指数的概念、分类和特点；熟练掌握综合指数法的编制方法、平均数指数法的编制方法；学会利用指数体系进行指数间的推算，以及利用指数体系进行总量指标变动的因素分析和平均指标变动的因素分析。

　　能够熟练地对常见的指数进行分析；总指数的计算、平均指数的计算和因素分析；能够理解一些常用的经济指数的编制方法及原理。

本章阐述了统计指数的编制理论和方法。指数的方法有综合指数法和平均数指数法，两种方法既有联系也有区别：综合指数法是通过引入同度量因素，把复杂现象总体中不能直接相加的现象转化成可以相加的现象，再进行不同时期的数量对比的方法；平均数指数法先计算出个体指数，再以总量价值指标作为权数并采用加权平均法计算总指数。指标体系是由若干个有联系的指数形成的整体；因素分析是从数量方面研究现象动态变动中受各种因素变动的影响程度，这是统计分析中广泛运用的一种重要分析方法。在实际生活中，我们经常遇到的统计指数有居民消费价格指数、商品零售价格指数、股票价格指数等。

总指数　综合指数　平均数指数法　指数体系　因素分析

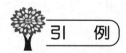

2021年，面对复杂多变的国内外环境，我国经济持续稳定恢复，主要宏观指标均处于合理区间，经济发展呈现稳中向好态势。

GDP按可比价格计算，上半年同比增长12.7%。

居民消费价格温和上涨。上半年，同比上涨0.5%。其中，城市居民消费价格上涨0.6%，农村居民消费价格上涨0.4%。

工业生产者出厂价格仍处高位。上半年，全国工业生产者出厂价格同比上涨5.1%，涨幅比一季度扩大3个百分点；全国工业生产者购进价格同比上涨7.1%，涨幅比一季度扩大4.3个百分点。

思考：

日常生活中，我们经常听到或看到各种具体统计数字，如居民消费价格指数（CPI）、商品零售价格指数、工业品出厂价格指数（PPI）、房屋销售价格指数、制造业采购经理指数等。那么什么是指数？它们是如何计算出来的？又有什么用途？

第一节 统计指数概述

在日常生活中,我们经常会听到或者看到各种价格指数的统计数据,如 CPI 指数、上证 A 股指数、标准普尔股票价格指数等,那么指数到底是一种什么样的统计分析方法? 又有什么作用呢?

"指数"这个概念产生于 18 世纪中叶的欧洲,当时随着美洲新大陆的开发,大批金银不断地输入欧洲大陆,导致欧洲大陆的物价迅速上涨。快速上涨的物价引起社会的广泛关注,为了了解物价的变动,统计学家和经济学家开始尝试编制物价指数,这就是统计指数产生的根源。随着经济社会的发展,今天统计指数在经济分析的各个领域都得到了广泛的应用,如产量、成本、进出口贸易、劳动生产率等各个方面,成为一种常用的分析指标。

一、统计指数的概念

统计指数简称指数,是进行动态分析的一种非常重要的方法。"统计指数"的概念有广义和狭义两种理解。

广义的指数是指一切说明社会经济现象数量变动的相对数,即把相对数与指数等同起来,这种对指数的理解不仅包括动态相对数,也包括静态相对数(如比较相对数、计划完成相对数)。

指数作为一种特有的统计指标和方法,主要是指狭义的指数。狭义的指数是指综合反映复杂现象总体数量综合变动的特殊相对数。所谓复杂现象总体,是指那些由许多度量单位不同、性质不同的个体组成在数量上不能直接相加的现象总体。在本章中,如果不作特别说明,那么指数都是狭义的指数。

统计指数具有以下几个基本的特点:

(1) 统计指数具有相对数的表现形式。

(2) 统计指数具有综合的性质。所谓综合性,是指狭义指数不是反映一种事物的变动,而是综合反映多种不同事物构成的复杂现象总体的变动。例如,居民消费价格不是反映一种消费品或者一种服务的价格变动,而是综合反映若干居民生活消费代表品价格的变动。

(3) 统计指数具有平均性的特点。统计指数反映复杂现象总体各个单位变动的平均水平,如商品价格指数,它所表明的是市场上销售的各种商品价格变动的平均水平。

二、统计指数的分类

统计指数可以从不同的角度划分为不同的类别。

（一）按照反映对象的范围不同分类

按照反映对象范围的不同，指数可以分为个体指数和总体指数。个体指数是反映个别现象数量变动的相对数，如一种商品价格或者销售量的相对变动水平。总体指数就是狭义的指数，是反映多个个体构成的复杂现象总体综合变动的相对数。

（二）按照反映现象的内容不同分类

按照反映现象内容的不同，指数可以分为数量指数和质量指数。数量指数就是反映数量指标变动程度的相对数，如商品销售量指数、产品产量指数等。质量指数就是反映质量指标变动程度的相对数，如消费品物价指数、产品成本指数等。

（三）按照采用的基期不同分类

按照采用的基期不同，指数可以分为定基指数和环比指数。定基指数是反映社会经济现象的报告期数量与某一固定时期的数量对比形成的相对数。环比指数是反映社会经济现象的报告期数量与其前一期的数量进行对比形成的相对数。

（四）按照反映的时间状况不同分类

按照统计指数反映的时间状况不同，指数可以分为动态指数和静态指数。动态指数是反映同类经济现象数量在不同时期变动的相对数。静态指数是反映经济现象在相同时期、不同空间变动的数量对比。

（五）按照编制总指数的方法不同分类

编制总指数的方法主要有两种，分别是综合指数法和平均数指数法。综合指数法是指通过引入同度量因素，把复杂现象总体中不能直接相加的现象转化成可以相加的现象，再进行不同时期的数量对比的方法；平均数指数法先计算出个体指数，再以总量价值指标作为权数并采用加权平均法计算总指数。

三、统计指数的作用

统计指数在社会经济统计工作中的作用非常广泛，主要表现在以下两点：

（1）能够综合反映社会经济复杂现象总体的变动方向和程度。这是统计指数最基本的特点。编制统计指数可以将不能直接相加的个别事物组成的现象总体转化成可以直接相加的指标值，从而实现综合说明复杂现象总体变动的目的。

（2）能够分析和测定复杂现象总体中各因素对总量变动的影响方向和程度。许多现象的总变动是受其内部诸多因素影响的结果。例如，销售额＝销售价格×销售量，通过编制统计指数就可以分析销售价格和销售量的变动对销售额的变动产生的影响。

第二节　统计指数编制方法

编制总指数的方法主要有综合指数法和平均数指数法，我们将通过这两种方法计算出来的统计指数称为综合指数和平均数指数，两种方法有一定的联系，但是也有各自的特点。

一、综合指数法

（一）综合指数的概念和特点

综合指数法是计算总指数的一种最基本的形式，是由两个总量指标对比而形成的指数。这里的总量指标并不是简单相加得到的，而是通过引入同度量因素，将不能直接相加的经济变量转换成可以相加的总量指标，并且将引入的同度量因素固定在某一时期以突出指数化因素综合变动的指数。这里的同度量因素不仅仅有同度量的作用，还具有加权的作用，所以综合指数严格意义上又叫加权综合指数。

综合指数的特点简单地讲就是先综合再对比。具体来说有以下三点：

（1）先综合再对比。综合指数的编制就是通过引入同度量因素，将不能直接相加的复杂现象综合成总量指标，然后通过不同时期的两个总量指标的对比，来反映指数化因素的变动。

（2）综合指数的编制需要具备研究总体的全部资料，如果资料不全面，那么综合指数就无法编制，并且在编制的过程中需要保持分子和分母指标的含义、口径、计量方法和计量单位的一致性。

（3）综合指数的分子和分母指标都是总量指标，可以综合多种不同种类的个体，具有广泛的综合性。两个总量指标相除和相减分别表示复杂现象总体综合变动的相对数和绝对数，具有十分明确的经济含义。

（二）综合指数的编制

综合指数的编制主要需要解决以下两个问题：

（1）确定同度量因素。同度量因素是指将不能直接相加的现象过渡到能够直接相加和对比的媒介因素。如果我们希望了解各种产品的产量总动态的综合变动，则需要引入产品单价作为同度量因素，一旦引入了单价，就可以将原来因产品性质不同而不能直接相加的产量转换成可以直接相加的产品价值；反之，如果我们希望了解各种产品在销售价格上的综合变动，则需要引入产品产量作为同度量因素，一旦引入了产品产量，就可以将原来因产品性质不同而不能直接相加的产品单价转换成可以直接相加的产品价值。综上所述，研究总体的数量指标的综合变动,需要引入质量指标作为同度量因素;研究总体的质量指标的综合变动,就需要引入数量指标作为同度量因素。

(2) 固定同度量因素。同度量因素在编制的过程中需要被固定下来,只有同度量因素被固定下来,才可以单独反映出我们所要研究的现象的综合变动情况。

了解了综合指数的编制方法后,要实际编制综合指数,就必须先解决究竟固定同度量因素在哪个时期的问题,对于该问题的研究,有两位代表人物,分别是德国的经济学家拉斯贝尔和派许。

拉斯贝尔在1864年提出了将同度量因素固定在基期的公式,通常称为拉氏指数公式,即

$$K_p = \frac{\sum p_1 q_0}{\sum p_0 q_0}$$

$$K_q = \frac{\sum p_0 q_1}{\sum p_0 q_0}$$

式中,p(price)代表价格,q(quantity)代表数量,K_p代表价格指数,K_q代表质量指数,下标1代表报告期,下标0代表基期。

派许在1874年提出了将同度量因素固定在报告期的公式,通常称为派氏指数公式,即

$$K_p = \frac{\sum p_1 q_1}{\sum p_0 q_1}$$

$$K_q = \frac{\sum p_1 q_1}{\sum p_1 q_0}$$

这两组公式成为研究综合指数的经典公式,至今仍被广泛使用,但是这两组公式都同时涉及了数量指数和质量指数,在实际应用中又各有使用的一般原则。下面就分别以数量指数和质量指数说明综合指数的编制方法。

(1) 数量指数的编制方法。数量指数是指根据数量指标计算的综合指数,也称数量总指数,是为了说明复杂现象总体数量方面的综合变动情况。

现以商品销售量综合指数编制为例来说明数量指数编制的方法和一般原则,上述两组公式中有两个公式可以计算数量指数,分别称为拉氏数量指数公式和派氏数量指数公式,即

$$K_q = \frac{\sum p_0 q_1}{\sum p_0 q_0}$$

$$K_q = \frac{\sum p_1 q_1}{\sum p_1 q_0}$$

理论上,上述两个公式均成立,但在实际工作中,编制数量综合指数时,一般均采用拉氏数量指数公式,这是比较符合经济现象的客观实际的。

综上所述,编制数量综合指数的一般原则是采用基期的质量指标作为同度量因素。这

个原则包含两层含义:一是编制数量指标指数应以质量指标作为同度量因素;二是将同度量因素固定在基期。

【例 7.1】 某商店销售的三种商品资料如表 7.1 所示。

表 7.1 某商店三种商品的销售资料

商品名称	计量单位	销售价格 p/万元		销售量 q		销售额/万元		
		基期 p_0	报告期 p_1	基期 q_0	报告期 q_1	$p_0 q_0$	$p_0 q_1$	$p_1 q_1$
甲	万千克	35	37	55	60	1 925	2 100	2 220
乙	万米	28	30	60	70	1 680	1 960	2 100
丙	万件	40	47	70	75	2 800	3 000	3 525
合计	—	—	—	—	—	6 405	7 060	7 845

试编制该商店的商品销售量总指数。

解 根据拉氏数量指数公式

$$K_q = \frac{\sum p_0 q_1}{\sum p_0 q_0} = \frac{7\ 060}{6\ 405} = 110.23\%$$

$$\sum p_0 q_1 - \sum p_0 q_0 = 7\ 060 - 6\ 405 = 655(万元)$$

计算结果表明,三种商品的销售量总指数为 110.23%,报告期的销售量是基期销售量的 110.2%,报告期的销售量比基期增加了 10.23%,销售额增加了 655 万元,并且销售额的增加纯粹是由销售量的增加导致的。

根据派氏数量指数公式

$$K_q = \frac{\sum p_1 q_1}{\sum p_1 q_0} = \frac{7\ 845}{7\ 125} = 110.11\%$$

$$\sum p_1 q_1 - \sum p_1 q_0 = 7\ 845 - 7\ 125 = 720(万元)$$

计算结果表明,三种商品的销售量总指数为 110.11%,报告期的销售量是基期销售量的 110.1%,报告期的销售量比基期增加了 10.11%,销售额增加了 720 万元,并且销售额的增加纯粹是由销售量的增加而导致的。

由上述计算可以看出,以不同时期的销售价格为同度量因素计算出来的数量总指数是不同的,根据一般原则我们一般会采用拉氏数量指数公式进行计算,即将同度量因素固定在基期。

(2) 质量指数的编制方法。质量指数是指根据质量指标计算的综合指数,也称质量总指数,用于说明复杂现象总体质量方面的综合变动情况。

现以商品销售价格综合指数的编制为例来说明质量指数的编制方法和一般原则,上述两组公式中有两个公式可以计算质量指数,分别称为拉氏质量指数公式和派氏质量指数公式,即

$$K_p = \frac{\sum p_1 q_0}{\sum p_0 q_0}$$

$$K_p = \frac{\sum p_1 q_1}{\sum p_0 q_1}$$

同样，理论上上述两个公式均成立，但在实际工作中，编制质量综合指数时，一般均采用派氏质量指数公式，这和数量指数的编制刚好是相反的。因此，编制质量综合指数的一般原则是采用报告期的数量指标作为同度量因素。这个一般原则包含两层含义：一是编制质量指标指数应以数量指标作为同度量因素；二是将同度量因素固定在报告期。

【例 7.2】 利用例 7.1 的资料编制该商店的商品销售价格综合指数。

解 根据拉氏质量指数公式

$$K_p = \frac{\sum p_1 q_0}{\sum p_0 q_0} = \frac{7\ 125}{6\ 405} \approx 111.24\%$$

$$\sum p_1 q_0 - \sum p_0 q_0 = 7\ 125 - 6\ 405 = 720 (万元)$$

计算结果表明，三种商品的销售价格总指数为 111.24%，报告期的销售价格是基期销售价格的 111.24%，报告期的销售价格比基期增加了 11.24%，销售额增加了 720 万元，并且销售额的增加纯粹是由销售价格的增加而导致的。

根据派氏质量指数公式

$$K_p = \frac{\sum p_1 q_1}{\sum p_0 q_1} = \frac{7\ 845}{7\ 060} = 111.12\%$$

$$\sum p_1 q_1 - \sum p_0 q_1 = 7\ 845 - 7\ 060 = 785 (万元)$$

计算结果表明，三种商品的销售价格总指数为 111.12%，报告期的销售价格是基期销售价格的 111.12%，报告期的销售价格比基期增加了 11.12%，销售额增加了 785 万元，并且销售额的增加纯粹是由销售价格的增加而导致的。

由上述计算可以看出，以不同时期的销售量为同度量因素计算出来的质量总指数是不同的，根据一般原则我们一般会采用派氏质量指数公式进行计算，即将引入的同度量因素固定在报告期。

二、平均数指数法

（一）平均数指数的概念和特点

平均数指数是总指数的另一种常用编制形式，这种方法可以是综合指数的变形，也可以是独立意义的平均指标指数。在解决复杂现象总体各组成要素不能直接相加与综合的问题上，平均数指数法和综合指数法的不同在于平均数指数法从总体来说是个体指数的加权平均数,它是先计算个体指数,再将个体指数加权平均计算的总指数。

编制平均数指数的时候,权数的选择是一个关键的问题。要求权数能评价复杂总体各要素在总体中的地位,即能够很好地表明个体指数的重要性大小,一般是以某一个总量作为权数,采用绝对数的形式。

平均数指数法和综合指数法这两种方法既有联系又有区别。二者之间的联系在于:首先,两种方法都是用来计算总指数的;其次,在一定的权数条件下,综合指数和平均数指数具有变形关系,可以相互转化。二者之间的区别也是很显著的:首先,编制方法不同,综合指数法是通过引入固定在某一个时期的同度量因素,先计算出复杂总体的价值总量,然后对不同时期的总量进行对比,即先综合再对比的形式,而平均数指数法是先计算出个体指数,再以总量指标作为权数,采用平均数的形式以突出总体的综合变动,即先对比再综合的形式;其次,计算综合指数需要有研究总体的全面资料,如果资料不全面,则不能用综合指数法来编制总指数,而平均数指数法既适用于全面的资料,也适用于非全面的资料,可以说综合指数法是编制总指数的比较基本的方法,而平均数指数法则具有更广的应用范围。

（二）平均数指数的编制

平均数指数的编制步骤如下:

首先,计算个体指数。如果是编制数量总指数,则先计算个体数量指数;如果是编制质量总指数,则先计算个体质量指数。个体指数是一种动态相对数,用报告期的相关指标值去除基期的相关指标值就可以了。

其次,确定权数。在平均数指数中,权数一般用总量价格指标,有 $p_0 q_0$、$p_0 q_1$、$p_1 q_0$ 和 $p_1 q_1$ 四种。

再次,以个体指数为变量,采用加权平均法计算总指数。常用的加权平均法有加权算术平均法和加权调和平均法两种。

下面分别介绍应用加权算术平均法计算总指数和加权调和平均法计算总指数。

1. 加权算术平均数指数

加权算术平均数指数是在个体指数的基础上,以基期的价值总量指标为权数,采用加权算术平均法计算的总指数。

（1）数量指标加权算术平均数指数为

$$K_q = \frac{\sum k_q p_0 q_0}{\sum p_0 q_0} = \frac{\sum \left(\frac{q_1}{q_0}\right) p_0 q_0}{\sum p_0 q_0}$$

式中,$k_q = \frac{q_1}{q_0}$ 为个体数量指数,$p_0 q_0$ 为基期的价值总量指标。

（2）质量指标加权算术平均数指数为

$$K_p = \frac{\sum k_p p_0 q_0}{\sum p_0 q_0} = \frac{\sum \left(\frac{p_1}{p_0}\right) p_0 q_0}{\sum p_0 q_0}$$

式中，$k_p = \frac{p_1}{p_0}$ 为个体质量指数，$p_0 q_0$ 为基期的价值总量指标。此公式实际中较少应用。

2. 加权调和平均数指数

加权调和平均数指数是以个体指数为变量，按照调和平均数的形式进行加权计算的平均数。和加权算术平均数指数的先期计算一样，先算出个体指数，再以价值总量指标作为权数，用加权调和平均数指数公式进行计算，在这里要注意和加权算术平均数指数计算的区别在于采用的权数不是基期的价值总量，而是报告期的价值总量。

（1）数量指标加权调和平均数指数为

$$K_q = \frac{\sum p_1 q_1}{\sum \frac{1}{k_q} p_1 q_1} = \frac{\sum p_1 q_1}{\sum \frac{1}{\frac{q_1}{q_0}} p_1 q_1}$$

式中，$k_q = \frac{q_1}{q_0}$ 为个体数量指数，$p_1 q_1$ 为报告期的价值总量指标。此公式实际中较少应用。

（2）质量指标加权调和平均数指数为

$$K_p = \frac{\sum p_1 q_1}{\sum \frac{1}{k_p} p_1 q_1} = \frac{\sum p_1 q_1}{\sum \frac{1}{\frac{p_1}{p_0}} p_1 q_1}$$

式中，$k_p = \frac{p_1}{p_0}$ 为个体质量指数，$p_1 q_1$ 为报告期的价值总量指标。

（三）平均数指数的应用

【例 7.3】 已知三种商品的销售数据如表 7.2 所示，试用加权算术平均数指数法分别编制销售量总指数和销售价格总指数。

表 7.2 三种商品的销售数据

商品	计量单位	商品价格/元		销售量		销售额/元		
		基期 p_0	报告期 p_1	基期 q_0	报告期 q_1	$p_0 q_0$	$p_1 q_1$	$p_0 q_1$
甲	箱	20	21	2 100	2 400	42 000	50 400	48 000
乙	件	23	30	5 000	5 400	115 000	162 000	124 200
丙	米	15	19	12 000	15 000	180 000	285 000	225 000
合计	—	—	—	—	—	337 000	497 400	397 200

解 先计算销售量总指数：

$$k_{甲} = \frac{q_1}{q_0} = \frac{2\,400}{2\,100} \approx 114.29\%, k_{乙} = \frac{q_1}{q_0} = \frac{5\,400}{5\,000} = 108\%, k_{丙} = \frac{q_1}{q_0} = \frac{15\,000}{12\,000} = 125\%$$

$$K_q = \frac{\sum k_q p_0 q_0}{\sum p_0 q_0} = \frac{114.29\% \times 20 \times 2\,100 + 108\% \times 23 \times 5\,000 + 125\% \times 15 \times 12\,000}{20 \times 2\,100 + 23 \times 5\,000 + 15 \times 12\,000}$$

$$= \frac{397\,200}{337\,000} \approx 117.86\%$$

$$\sum k_q p_0 q_0 - \sum p_0 q_0 = 397\,200 - 337\,000 = 60\,200(元)$$

计算结果表明,三种商品的销售量指数为117.86%,报告期的销售量比基期上涨了17.86%,销售额增加了60 200元,销售额的增长纯粹是由销售量的增加而引起的。

再计算销售价格总指数

$$k_{甲} = \frac{p_1}{p_0} = \frac{21}{20} = 105\%, k_{乙} = \frac{p_1}{p_0} = \frac{30}{23} = 130.43\%, k_{丙} = \frac{p_1}{p_0} = \frac{19}{15} = 126.67\%$$

$$K_p = \frac{\sum p_1 q_1}{\sum \frac{1}{k_p} p_1 q_1} = \frac{50\,400 + 162\,000 + 285\,000}{\frac{50\,400}{1.05} + \frac{162\,000}{1.304\,3} + \frac{285\,000}{1.266\,7}}$$

$$\approx \frac{497\,400}{397\,200} \approx 1.252\,3 = 125.23\%$$

$$\sum p_1 q_1 - \sum \frac{1}{k} p_1 q_1 = 497\,400 - 397\,200 = 100\,200(元)$$

计算结果表明,三种商品的销售价格指数为125.23%,报告期的销售价格比基期上涨了25.23%,销售额增加了100 200元,销售额的增长纯粹是由销售价格的增加而引起的。

【例7.4】 某公司的两个季度三种不同药品的销售数据如表7.3所示。

表7.3 销售量总指数计算表

药品名称	销售额/万元 基期 p_0q_0	销售额/万元 报告期 p_1q_1	销售量增长率/%	销售量指数 k/%	$kp_0q_0 = p_0q_1$
甲	150	180	15	115	172.5
乙	220	250	23	123	270.6
丙	60	80	42	142	85.2
合计	430	510	—	—	528.3

试计算销售量总指数。

分析:在解这道题的时候,题目并没有明确用哪种方法编制总指数,所以需要进行简单的分析。首先,是否可以用综合指数法进行总指数的计算呢?前面在比较综合指数法和平均数指数法的时候介绍过综合指数法的一个特点是要求有全面的资料,而在表7.3中,并没有关于销售情况的全面资料,所以这道题不能用综合指数法来编制,可以用平均数指数法来计算,在这里仅使用加权算术平均数指数法来计算。

解 $k_{甲} = \frac{q_1}{q_0} = 1 + 15\% = 115\%, k_{乙} = 1 + 23\% = 123\%, k_{丙} = 1 + 42\% = 142\%$

$$K_q = \frac{\sum k p_0 q_0}{\sum p_0 q_0} = \frac{528.3}{430} \approx 122.86\%$$

$$\sum k p_0 q_0 - \sum p_0 q_0 = 528.3 - 430 = 98.3(万元)$$

计算结果表明,这三种药品的销售量总指数为 122.86%,报告期的销售量比基期销售量上升了 22.86%,由于销售量的增长,销售额增加了 98.3 万元。

【例 7.5】 已知两种商品的销售数据如表 7.4 所示。

表 7.4 两种商品的销售数据

商品名称	计量单位	个体价格指数 $k/\%$	报告期成交额 $p_1 q_1$/万元
甲	米	118	120
乙	斤	164	60

试计算这两种商品的销售价格总指数。

分析:因为没有明确告知用什么方法进行编制,所以这道题同样需要先进行简单的分析。和例 7.4 一样,因为没有关于研究对象的全面资料,所以不能用综合指数法进行编制,那么加权算术平均数法呢? 我们发现缺少基期的总价值,即基期的成交额,所以加权算术平均数法也不行,只能用加权调和平均数法。

解
$$K_p = \frac{\sum p_1 q_1}{\sum \frac{1}{k_p} p_1 q_1} = \frac{120+60}{\frac{120}{118\%}+\frac{60}{164\%}} = \frac{180}{138.28} \approx 130.17\%$$

$$\sum p_1 q_1 - \sum \frac{1}{k_P} p_1 q_1 = 180 - 138.28 = 41.72(万元)$$

计算结果表明,这两种商品的销售价格总指数为 130.17%,报告期的销售价格比基期销售价格上升了 30.17%,由于销售价格的增长,销售额增加了 41.72 万元。

第三节 指数体系与因素分析方法

一、指数体系的概念与作用

(一)指数体系的概念

所谓指数体系,是指由三个或者三个以上具有内在联系的指数构成的有一定数量对等关系的整体。社会经济现象之间都是相互联系的,某一个现象往往可以分解为两个或者多个影响因素的乘积,从而形成经济方程式,现象之间的这种联系就会形成指数体系。指数体系的形式不是随意的,而是由现象之间客观存在的联系决定的。例如,

$$商品销售额=商品单价×商品销售量$$
$$产品产值=产品产量×产品价格$$
$$产品总成本=产品产量×产品单位成本$$

上述指标体系按照指数形式表现时,可以形成以下指数体系:

$$商品销售额指数=商品单价指数×商品销售量指数$$
$$产品产值指数=产品产量指数×产品价格指数$$
$$产品总成本指数=产品产量指数×产品单位成本指数$$

这些指数关系可以归纳为

$$现象总体变动指数=数量指标指数×质量指标指数$$

在指数体系中,一般称等号左边的指数为对象指数,等式右边的指数为因素指数,指数体系的因素分析法的基本前提就是对象指数等于因素指数的连乘积。我们可以利用指数原理,按相对数和绝对数分别分析每一个因素的变动对对象指标的影响,这种影响包括方向和程度的影响。

(二)指数体系的作用

根据指数体系的定义,我们可以归纳出指数体系的两个作用。

(1) 利用指数体系可以进行指数之间的相互推算。指数体系是一个数量对等关系式,我们可以根据已知的若干指数,推算出某一个未知的指数。

(2) 便于进行因素分析。从等式可以看出对象指数受哪些因素影响,并且可以进一步测定出各影响因素的方向和程度。

二、指数的因素分析

(一)因素分析的概念

所谓因素分析,是指利用指数体系从数量上分析现象动态变动中受各种因素影响的方向和程度的一种分析方法。根据影响因素的多少不同,可以将因素分析法分为指数的两因素分析法和指数的多因素分析法;根据分析指标的表现形式不同,可以将因素分析分为总量指标因素分析法、相对指标因素分析法和平均指标因素分析法。

在指数体系中,指数之间的数量对等关系表现在两个方面:一方面是对象指数等于因素指数的乘积,另一方面是对象指数的分子、分母之差等于各因素指数的分子、分母之差的和。

(二)因素分析的步骤

应用因素分析法对社会经济现象进行因素分析的步骤如下:

(1) 在定性分析的基础上列出对象指数与因素指数的关系式。这一步骤是要依据相关的理论来确定经济关系式。

(2) 将经济关系式转换成指数体系。

(3) 确定具体的因素分析表达式。其具体确定的方法有两种：

①根据指标的性质确定。如果只有两个因素,则根据前述的两个原则确定,即数量指标指数要以基期的质量指标作为同度量因素,质量指标指数要以报告期的数量指标作为同度量因素。如果有三个或者三个以上的因素,则要合理地安排各因素的顺序,要相对地确定数量指标和质量指标,要相对地确定同度量因素。

②采用连环替代法确定。连环替代法是实际工作中常用的一种因素分析法,这种方法是指在被分析指标的因素结合式中,根据各因素的性质和相互联系的数量关系,将各个因素的基期数字顺次以报告期的数字替代,有多少因素就替代多少次,每次替代后的结果与替代前的结果进行对比,从相对数和绝对数两个方面分析各因素对现象总体的影响。

(4) 从绝对数与相对数两个方面进行因素分析。在进行因素分析的时候,要注意满足两个基本条件:一是总变动程度等于各因素变动程度的连乘积,二是总变动的绝对值等于各因素变动绝对值之和。

（三）因素分析的应用

下面将从两因素的指数分析法、多因素的指数分析法以及平均指标变动的因素分析法三个方面来说明因素分析法。

1. 总量指标的两因素分析

总量指标的两因素的指数分析法,就是将总量指标分为数量和质量两个因素,通过总量指标指数体系将这两个因素分离出来进行计算,从而对总量指标的变动作出解释。

【例 7.6】 表 7.5 是某商场的销售情况表,根据数据对商场销售总额的变动作两因素分析。

表 7.5 某商场的销售情况表

商品名称	计量单位	销售价格/元		销售量		销售额/元		
		基期 p_0	报告期 p_1	基期 q_0	报告期 q_1	p_0q_0	p_0q_1	p_1q_1
甲	件	20	21	160	320	3 200	6 400	6 720
乙	斤	16	18	40	64	640	1 024	1 152
丙	袋	12	13	200	240	2 400	2 880	3 120
合计	—	—	—	—	—	6 240	10 304	10 992

分析:(1) 销售额变动分析。

销售额变动程度为

$$K_{pq} = \frac{\sum p_1 q_1}{\sum p_0 q_0} = \frac{10\ 992}{6\ 240} \approx 176.15\%$$

销售额变动的绝对值为

$$\sum p_1 q_1 - \sum p_0 q_0 = 10\ 992 - 6\ 240 = 4\ 752(元)$$

（2）销售价格变动分析。

销售价格变动影响程度为

$$K_p = \frac{\sum p_1 q_1}{\sum p_0 q_1} = \frac{10\ 992}{10\ 304} \approx 106.68\%$$

销售价格变动影响绝对值为

$$\sum p_1 q_1 - \sum p_0 q_1 = 10\ 992 - 10\ 304 = 688(元)$$

（3）销售量变动分析。

销售量变动影响程度为

$$K_q = \frac{\sum p_0 q_1}{\sum p_0 q_0} = \frac{10\ 304}{6\ 240} \approx 165.13\%$$

销售量变动影响绝对值为

$$\sum p_0 q_1 - \sum p_0 q_0 = 10\ 304 - 6\ 240 = 4\ 064(元)$$

（4）影响因素综合分析。

相对数为

$$176.16\% = 106.68\% \times 165.13\%$$

绝对数为

$$4\ 752 = 688 + 4\ 064$$

从以上计算结果可以看出，由于商品销售价格提高了 6.68%，使销售额增长了 688 元；由于商品销售量提高了 65.13%，使销售额增加了 4 064 元。两个因素共同作用的结果是使销售额实际增长了 76.16%，绝对额增加了 4 752 元。

2. 总量指标的多因素分析

多因素指数分析法的关键是各个因素在乘积关系式中的位置，所处的位置不同，分析的结果也会不同，按照逻辑关系的顺序排列各个因素，把数量因素排在前面，质量因素排在后面，数量因素和质量因素具有相对性，这种方法就是上面提到的连环替代法。

以三因素为例，总变动程度等于各因素变动影响程度的连乘积

$$\frac{\sum a_1 b_1 c_1}{\sum a_0 b_0 c_0} = \frac{\sum a_1 b_0 c_0}{\sum a_0 b_0 c_0} \times \frac{\sum a_1 b_1 c_0}{\sum a_1 b_0 c_0} \times \frac{\sum a_1 b_1 c_1}{\sum a_1 b_1 c_0}$$

【例 7.7】 在例 7.6 的基础上增加利润率资料（见表 7.6），试分析销售量、销售价格和利润率对利润额的影响。

表 7.6 某商场的销售情况及利润率

商品名	计量单位	销售价格/万元		销售量		利润率/%	
		p_0	p_1	q_0	q_1	r_0	r_1
甲	件	20	21	160	320	3	6
乙	斤	16	18	40	64	8	12
丙	袋	12	13	200	240	10	15

分析：(1) 利润额变动分析。

利润额变动程度为

$$\frac{\sum q_1 p_1 r_1}{\sum q_0 p_0 r_0} = \frac{1\,009.44}{387.2} \approx 260.70\%$$

利润额变动的绝对值为

$$\sum q_1 p_1 r_1 - \sum q_0 p_0 r_0 = 1\,009.44 - 387.2 = 622.24(万元)$$

(2) 销售量变动分析。

销售量变动影响程度为

$$\frac{\sum q_1 p_0 r_0}{\sum q_0 p_0 r_0} = \frac{561.92}{387.2} \approx 145.12\%$$

销售量变动影响绝对值为

$$\sum q_1 p_0 r_0 - \sum q_0 p_0 r_0 = 561.92 - 387.2 = 174.72(万元)$$

(3) 销售价格变动分析。

销售价格变动影响程度为

$$\frac{\sum q_1 p_1 r_0}{\sum q_1 p_0 r_0} = \frac{605.76}{561.92} \approx 107.8\%$$

销售价格变动影响绝对值为

$$\sum q_1 p_1 r_0 - \sum q_1 p_0 r_0 = 605.76 - 561.92 = 43.84(万元)$$

(4) 利润率变动分析。

利润率变动影响程度为

$$\frac{\sum q_1 p_1 r_1}{\sum q_1 p_1 r_0} = \frac{1\,009.44}{605.76} \approx 166.64\%$$

利润率变动影响绝对值为

$$\sum q_1 p_1 r_1 - \sum q_1 p_1 r_0 = 1\,009.44 - 605.76 = 403.68(万元)$$

对上述计算结果进行综合分析

$$260.69\% = 145.12\% \times 107.8\% \times 166.64\%$$

$$622.24 = 174.72 + 43.84 + 403.68$$

分析结果表明,报告期由于销售量增加45.12％,销售价格增加7.8％,利润率增加66.64％,三方面因素综合作用的结果使利润额提高了160.69％;利润总额增加了622.24万元,是由于销售量增加而增加利润174.72万元,销售价格增加而增加利润43.84万元,利润率增加而增加利润403.68万元的共同结果。

3. 平均指标变动的因素分析

在分组的条件下,平均指标变动一般取决于两个因素的变动的影响:一个是各组平均指标变动的影响因素,另一个是各组单位数在总量之中比重变动的影响因素。

在平均指标变动的因素分析中,将各组平均水平视为质量因素,将各组单位数占总体单位数的比重视为数量因素。利用连环替代法,就可以对平均数的变动以及各因素的影响进行分析,其指数体系为

相对数为

$$\frac{\bar{x}_1}{\bar{x}_0} = \frac{\dfrac{\sum x_1 f_1}{\sum f_1}}{\dfrac{\sum x_0 f_0}{\sum f_0}} = \frac{\dfrac{\sum x_0 f_1}{\sum f_1}}{\dfrac{\sum x_0 f_0}{\sum f_0}} \times \frac{\dfrac{\sum x_1 f_1}{\sum f_1}}{\dfrac{\sum x_0 f_1}{\sum f_1}}$$

绝对数为

$$\frac{\sum x_1 f_1}{\sum f_1} - \frac{\sum x_0 f_0}{\sum f_0} = \left[\frac{\sum x_0 f_1}{\sum f_1} - \frac{\sum x_0 f_0}{\sum f_0}\right] - \left[\frac{\sum x_1 f_1}{\sum f_1} - \frac{\sum x_0 f_1}{\sum f_1}\right]$$

上述列出的指数体系包括了三个指数,依次称为可变构成指数、结构影响指数和固定构成指数。

可变构成指数是根据报告期和基期总体平均指标的实际水平对比得到的结果,它不仅反映总平均指标的动态对比中各组平均水平的变化,还反映总体内部结构变化的影响。其计算公式为

$$K_{可变} = \frac{\bar{x}_1}{\bar{x}_0} = \frac{\dfrac{\sum x_1 f_1}{\sum f_1}}{\dfrac{\sum x_0 f_0}{\sum f_0}}$$

结构影响指数是指将各组平均水平这个因素固定在基期,以测定总体结构变动影响程度的指标,它反映的是总体结构变动对总体平均水平指标变动的影响。其计算公式为

$$K_{结构} = \frac{\bar{x}_{01}}{\bar{x}_0} = \frac{\dfrac{\sum x_0 f_1}{\sum f_1}}{\dfrac{\sum x_0 f_0}{\sum f_0}}$$

固定构成指数是指将总体的结构这个因素固定在报告期,以测定各组平均水平变动影响程度的指数,它反映了各组变量水平值的变动对总体平均指标变动的影响方向。其

计算公式为

$$K_{固定} = \frac{\bar{x}_1}{\bar{x}_{01}} = \frac{\dfrac{\sum x_1 f_1}{\sum f_1}}{\dfrac{\sum x_0 f_1}{\sum f_1}}$$

【例 7.8】 某企业职工有关工资的资料如表 7.7 所示。

表 7.7 某企业职工有关工资的资料

职工类别	月工资/元		职工人数/人	
	基期 x_0	报告期 x_1	基期 f_0	报告期 f_1
行政人员	1 000	1 100	30	32
业务人员	800	900	50	60

试分析该企业总平均工资水平的变动情况。

分析:(1) 计算总平均工资变动指数。

可变构成指数为

$$\frac{\sum x_1 f_1}{\sum f_1} \div \frac{\sum x_0 f_0}{\sum f_0} = \frac{969.57}{875} \approx 110.81\%$$

变动绝对额为

$$\frac{\sum x_1 f_1}{\sum f_1} - \frac{\sum x_0 f_0}{\sum f_0} = 969.57 - 875 = 94.57(元)$$

(2) 计算各组工资变动指数。

固定构成指数为

$$\frac{\sum x_1 f_1}{\sum f_1} \div \frac{\sum x_0 f_1}{\sum f_1} = \frac{969.57}{869.57} \approx 111.50\%$$

各组水平变动绝对额为

$$\frac{\sum x_1 f_1}{\sum f_1} - \frac{\sum x_0 f_1}{\sum f_1} = 969.57 - 869.57 = 100(元)$$

(3) 计算结构影响指数。

结构影响指数为

$$\frac{\sum x_0 f_1}{\sum f_1} \div \frac{\sum x_0 f_0}{\sum f_0} = \frac{869.57}{875} \approx 99.38\%$$

结构影响变动绝对额为

$$\frac{\sum x_0 f_1}{\sum f_1} - \frac{\sum x_0 f_0}{\sum f_0} = 869.57 - 875 = -5.43(元)$$

$$总平均工资指数=结构影响指数×固定构成指数$$
$$110.81\%=111.50\%×99.38\%$$
$$总平均工资变动绝对额=结构影响额+各组工资变动影响额$$
$$94.57=100+(-5.43)$$

分析结果表明,从相对数方面看,该企业总平均工资报告期比基期上涨了10.81%,这是由于各组职工工资水平变动使总平均工资上涨11.50%,职工结构变动使总平均工资下降0.62%,这是二者共同作用的结果;从绝对数方面看,该企业总平均工资报告期比基期增加了94.57元,这是由于各组职工工资水平变动使总平均工资增加100元、职工结构变动使总平均工资降低5.43元的共同结果。

小知识

常用的经济指数

指数作为一种重要的经济分析指标和方法,在实践中获得了广泛应用。但在不同场合,往往需要运用不同的指数形式。一般而言,选择指数形式的主要标准是指数的经济分析意义。除此之外,有时还要考虑实际编制工作的可行性,以及对指数分析性质的某些特殊要求。现以国内外常见的主要经济指数为例,对指数方法的具体应用加以介绍。

1. 居民消费价格指数

居民消费价格指数(CPI)是大多数国家都会编制的一种指数,又称消费价格指数。这种指数反映的是一定时期内城乡居民所购买的生活消费品价格和服务项目价格变动趋势的相对数,是对城乡居民消费价格指数进行综合汇总计算的结果。

一般来说,当CPI的增幅大于3%时,称为通货膨胀(Inflation);而当CPI的增幅大于5%时,称为严重的通货膨胀(Serious Inflation)。

当国家统计局计算居民消费价格指数时,要使用成千上万的物品与劳务的价格数据,以下是编制CPI指数的五个步骤:

(1) 固定物品。确定哪些物品和劳务对于普通消费者是重要的,就将这些消费品纳入到指数计算的范围中来,并且用权数的大小反映这些消费品的重要程度。

(2) 确定价格。确定所有物品和劳务在每个时点上的价格。

(3) 计算所有消费品的总花费。使用价格数据计算不同时期固定物品和劳务的费用,要注意的是,在这种计算中只有价格变动。

(4) 选择基期并计算指数。

(5) 计算通货膨胀率。

$$报告期的通货膨胀率=\frac{报告期CPI-基期CPI}{基期CPI}×100\%$$

国家统计局收集并整理成千上万种物品与劳务的价格数据,遵循上述五个步骤,确定普通消费者的生活费用的上升速率。目前,我国编制价格指数的商品和服务项目包括食品、烟酒及用品、衣着、家庭设备用品及服务、医疗保健及个人用品、交通和通信、娱乐教育文化用品及服务、居住等八大类,251 个基本分类,约 700 个代表品种。

2. 工业生产指数

工业生产指数概括反映一个国家或地区各种工业产品产量的综合变动程度,是衡量经济增长水平的重要指标之一。世界各国都非常重视工业生产指数的编制,但采用的编制方法却不完全相同。在我国,编制工业生产指数是根据代表产品报告期与基期的产量数据,分别计算出各产品的个体指数,然后用其各自的权数对个体指数进行加权平均。编制工业生产指数一般采用基期固定权数。其计算公式为

$$K_q = \frac{\sum i_q p_0 q_0}{\sum p_0 q_0}$$

式中,i_q 是各种产品的个体产量指数,$p_0 q_0$ 为相应的基期增加值。

生产者物价指数(PPI)的主要目的是衡量各种商品在不同的生产阶段的价格变化情形。一般而言,商品的生产分为三个阶段:①完成阶段:商品至此不再做任何加工手续。②中间阶段:商品尚需做进一步加工。③原始阶段:商品尚未做任何加工。

PPI 是衡量工业企业产品出厂价格变动趋势和变动程度的指数,是反映某一时期生产领域价格变动情况的重要经济指标,也是制定有关经济政策和国民经济核算的重要依据。目前,我国 PPI 的调查产品有 4 000 多种(含规格品 9 500 多种),覆盖全部 39 个工业行业大类,涉及调查种类 186 个。

根据价格传导规律,PPI 对 CPI 有一定的影响。PPI 反映生产环节的价格水平,CPI 反映消费环节的价格水平。整体价格水平的波动一般首先出现在生产领域,然后通过产业链向下游产业扩散,最后波及消费品。产业链可以分为两条:一条是以工业品为原材料的生产,存在"原材料→生产资料→生活资料"的传导;另一条是以农产品为原料的生产,存在"农业生产资料→农产品→食品"的传导。在中国,就以上两条传导路径来看,目前第二条,即农产品向食品的传导较为充分,自 2006 年以来粮价上涨是拉动 CPI 上涨的主要因素。但第一条,即工业品向 CPI 的传导基本是失效的。

因为 CPI 不仅包括消费品价格,还包括服务价格、CPI 与 PPI 在统计口径上并非严格的对应关系,所以 CPI 与 PPI 的变化出现不一致的情况是可能的。CPI 与 PPI 持续处于背离状态,这不符合价格传导规律。价格传导出现断裂的主要原因在于工业品市场处于买方市场以及政府对公共产品价格的人为控制。

在不同市场条件下,工业品价格向最终消费价格传导有两种可能情形:一是在卖方市场条件下,成本上涨引起的工业品价格(如电力、水、煤炭等能源、原材料价格)上涨最终会顺利传导到消费品价格上;二是在买方市场条件下,由于供大于求,工业品价格很难传递到消费品价格上,企业需要通过压缩利润对上涨的成本予以消化,其结果表现为中下游产品价格稳定,甚至可能继续走低,企业盈利减少。部分难以消化成本上涨的企业可能会面临破产。可以顺利完成传导的工业品价格(主要是电力、煤炭、水等能源原材料价格)目前主要属于政府调价范围。在上游产品价格(PPI)持续走高的情况下,企业无法顺利把上游成本转嫁出去,使最终消费品价格(CPI)提高,最终会导致企业利润的减少。

3. 道·琼斯股价指数

道·琼斯股价指数是世界上最早并最具有影响力的股票价格指数，由美国道·琼斯公司编制并在《华尔街日报》上公布。现在人们所说的道·琼斯股价指数实际上是一组股价平均数，包括：

（1）工业股价平均数。这一股价平均数是以美国埃克森石油公司、美国钢铁公司等30家大型工商企业为编制对象，能反映经济发展水平和变化趋势。

（2）公用事业股价平均数。以美国电力公司、煤气公司等15家具有代表性的公用事业大公司为编制对象的公用事业股价平均数。

（3）运输业股价平均数。以美国泛美航空、国际联运航空、环球航空等20家具有代表性的运输业公司为编制对象的运输业股价平均数。

（4）股价综合平均数。以上述65家公司股票为编制对象的股价综合平均数。

（5）道·琼斯公正市价指数。该指数于1988年10月首次公布，以700家不同规模或实力的公司股票作为编制对象，因为它不仅考虑了广泛的行业分布，还兼顾了公司的不同规模，所以具有相当的代表性。

几种常见的股票物价指数

1. 标准普尔股票价格指数

除道·琼斯股票价格指数外，标准普尔股票价格指数在美国也很有影响。它是美国最大的证券研究机构——标准普尔公司编制的股票价格指数。该公司于1923年开始编制发布股票价格指数，最初采用了230种股票，编制两种股票价格指数。几十年来，虽然有股票更迭，但始终保持为500种股票。

2. 纳斯达克市场及其指数

纳斯达克（NASDAQ）的全称是全美证券交易商自动报价系统，于1971年正式启用。NASDAQ市场设立了13种指数，NASDAQ综合指数是以在NASDAQ市场上市的、所有本国和外国的上市公司的普通股为基础计算，该指数按每个公司的市场价值来设权重，这意味着每个公司对指数的影响是由其市场价值所决定的。NASDAQ综合指数包括4 600多种股票，主要由美国的数百家发展最快的先进技术、电信和生物公司组成，因而成为美国"新经济"的代名词。

3. 日经道·琼斯股价指数（日经平均股价）

这是由日本经济新闻社编制并公布的反映日本股票市场价格变动的股票价格平均数，该指数从1950年9月开始编制。最初根据东京证券交易所第一市场上市的225家公司的股票算出修正平均股价，当时称为东证修正平均股价，1975年5月1日，日本经济新闻社向道·琼斯公司买进商标，采用美国道·琼斯公司的修正法计算，这种股票指数也就改称为日经道·琼斯平均股价。按计算对象的采样数目不同，该指数分为两种，分别是日经225种平均股价和日经500种平均股价。

4. 上海证券股票指数

上证综合指数以1990年12月19日为基日，基日指数为100点，该股票指数的样本是所有在上海证券交易所挂牌上市的股票；上证 30 指数从在上海证券交易所上市的 A 股中选取最具代表性的 30 种股票为计算对象，取 1996 年 1～3 月的平均流通市值为指数的基期，基期指数定为 1 000 点。

5. 深圳证券交易所股价指数

深证综合指数是以在深证证券交易所上市的所有股票为对象编制的指数，1991 年 4 月 3 日为指数的基日，基期指数定为 100 点；深证成分股指数是以 1994 年 7 月 20 日为基日，基日指数定为 1 000，于 1995 年 1 月 23 日开始对外发布。深证成分股指数是从上市公司中挑选出 40 家具有代表性的成分股计算。

4. 景气指数

景气指数是将反映各行业运行状况的定量指标(如价格、成交量、开工率等)或定性指标(如预期、信心等)指数化，来反映经济或行业的景气变化的一种指数。

常见的景气指数有企业景气指数、国房景气指数以及各个行业的景气指数。通常景气指数在 0～200，100 为中间值，高于 100 视为景气状态，越接近 200 反映行业经济运行越景气，低于 100 则是不景气，越接近 0 则经济越低迷。

企业景气指数是根据企业家对本企业综合生产经营情况的判断与预期(通常为对"好""一般""不佳"的选择)而编制的景气指数，用以综合反映企业的生产经营状况。景气指数又称景气度，是对景气调查中的定性问题通过定量方法加工汇总，综合反映某一特定调查群体或某一社会经济现象所处的状态或发展趋势的一种指标。景气指数的数值介于 0 和 200 之间，100 为景气指数的临界值。当景气指数大于 100 时，表明所处状况趋于上升或改善，处于景气状态，越接近 200 状态越好；当景气指数小于 100 时，表明所处状况趋于下降或恶化，处于不景气状态，越接近 0 状态越差。

企业景气调查是国家统计局企业调查队系统于 1998 年建立的定期调查制度。它采用重点调查与抽样调查相结合的方法，对象为全部大型企业和部分中小企业；范围覆盖 8 个主要行业，即工业、建筑业、交通运输业、仓储和邮政业、信息传输计算机服务和软件业、批发和零售业、住宿和餐饮业、房地产业和社会服务业。调查内容包括企业家对本行业景气状况的判断及预期和对本企业生产经营状况的判断及预期。调查频率为季报。

5. 采购经理指数

采购经理指数(Purchasing Managers Index，PMI)是国际上通行的宏观经济监测指标体系之一，对国家经济活动的监测和预测具有重要作用。PMI 涵盖生产与流通、制造业与非制造业等领域，分为制造业 PMI、服务业 PMI，也有一些国家建立了建筑业 PMI。

采购经理指数以百分比来表示，常以 50% 作为经济强弱的分界点：当指数高于 50% 时，被解释为经济扩张的讯号；当指数低于 50%，尤其是非常接近 40% 时，则有经济萧条的忧虑；一般在 40%～50% 时，说明制造业处于衰退，但整体经济还在扩张。

PMI 是不断变化的五项指标的一个综合性加权指数：新订单指标、生产指标、供应商交货指标、库存指标和就业指标。加权指数在某种程度上具有代表意义，显示出变化的趋势和程度大小，从而得出每一家企业在每一方面处于上升、下降和不变的结果，通过计算每一个方面不同结果企业所占比例后,得出这五个方面的扩散指数。

PMI 指数是经济监测的先行指标。由于采取快速、简便的调查方法,可以在每月第一个工作日发布,在时间上大大早于其他官方数据。PMI 被视为国际通行的经济监测指标体系,许多国家通常把它与国内生产总值(GDP)、就业指数、生产者物价指数(PPI)、新屋开工/营建指标(与国内固定资产投资指标类似)、汇率、股指等并行,用来分析和预测经济走势。

中国采购经理人指数由国家统计局和中国物流与采购联合会共同合作完成,是快速及时反映市场动态的先行指标,它包括制造业和非制造业采购经理指数,与 GDP 一同构成中国宏观经济的指标体系。

本 章 小 结

广义指数是一切说明社会经济现象数量变动的相对数。狭义指数是指综合反映复杂现象总体数量变动程度的特殊相对数。复杂现象总体是由度量单位不同、性质不同的个体组成在数量上不能直接相加的现象总体。

总指数的编制方法有两种:综合指数法和平均数指数法。综合指数是通过两个时期的综合总量对比得到的相对数;平均数指数是通过计算个体指数再加权平均得到的总指数。两种方法有区别也有联系。

同度量因素在综合指数的编制中起着非常重要的作用,它使不能直接相加的量转换成可以直接相加的量。

指数体系是指由三个或者三个以上具有内在联系的指数构成的有一定数量对等关系的整体。利用指数体系可以进行指数之间的相互推断,也可以进行因素分析。

总量指标的两因素分析法是将总量指标分为数量和质量两个因素,总量指标的两因素的指数分析法就是将总量指标分为数量和质量两个因素,通过总量指标指数体系将这两个因素分离出来进行计算,从而对总量指标的变动作出解释。当影响因素为三个及三个以上,总量指标表现为多个因素的乘积时,要根据多因素分析法进行分析。

平均指标变动的因素分析是一种非常重要的统计分析方法,涉及三种平均指标指数,即可变构成指数、结构影响指数和固定构成指数。

思考与练习

1. 什么叫统计指数?它有何作用?
2. 编制综合指数时,同度量因素及所属时期是如何确定的?
3. 何谓指数体系、因素分析?它们之间有何联系?
4. 在因素分析时应注意什么?怎样进行两因素分析?
5. 对多因素现象变动进行因素分析时,应特别注意什么问题?怎样进行?

6. 由个体指数怎样编制总指数？

技 能 训 练

一、单项选择题

1. 狭义的指数是综合反映由多种事物构成的复杂现象总体的变动,这反映了狭义指数的（　　）。
   A. 相对性　　　　B. 综合性　　　　C. 数量性　　　　D. 代表性
2. 从指数的研究范围来看,综合指数属于（　　）。
   A. 组指数　　　　B. 平均指数　　　C. 总指数　　　　D. 个体指数
3. 编制总指数的两种方法是（　　）。
   A. 综合指数和平均指数　　　　　　B. 综合指数和个体指数
   C. 综合指数和平均指标指数　　　　D. 综合指数和平均数指数
4. 在指数体系中,总量指标指数等于（　　）。
   A. 各因素指数之差　　　　　　　　B. 各因素指数之和
   C. 各因素指数之商　　　　　　　　D. 各因素指数之积
5. 平均指标的因素分析中, $\dfrac{\sum x_1 f_1}{\sum x_0 f_1}$ 是（　　）。
   A. 数量指标指数　　　　　　　　　B. 固定构成指标指数
   C. 不变构成指数　　　　　　　　　D. 结构影响指数
6. 数量指标指数的同度量因素一般是（　　）。
   A. 基期质量指标　　　　　　　　　B. 报告期质量指标
   C. 基期数量指标　　　　　　　　　D. 报告期数量指标
7. 质量指标指数的同度量因素一般是（　　）。
   A. 基期质量指标　　　　　　　　　B. 报告期质量指标
   C. 基期数量指标　　　　　　　　　D. 报告期数量指标
8. 副食品类商品价格上涨10%,销售量增长20%,则副食品类商品销售总额增长（　　）。
   A. 30%　　　　　B. 32%　　　　　C. 2%　　　　　D. 10%
9. 如果物价上升10%,则现在的1元钱（　　）。
   A. 只是原来的0.09元　　　　　　　B. 与原来的1元钱等价
   C. 无法与过去进行比较　　　　　　D. 只是原来的0.91元
10. 下列是数量指标指数的有（　　）。
    A. 产品产量指数　B. 商品销售额指数　C. 价格指数　　　D. 单位成本指数

二、多项选择题

1. 指数的作用有（　　）。
   A. 综合反映复杂现象总体的数量变动
   B. 分析现象总体变动中受各个因素变动的影响
   C. 反映现象总体中个体的集中趋势
   D. 反映现象总体中个体的离散程度

2. 关于综合指数法和平均数指数法，下列说法正确的是（　　）。
   A. 都是编制总指数的方法
   B. 都是编制广义指数的方法
   C. 在一定权数条件下，可以相互转化
   D. 当资料全面的时候，两种方法都可以用

3. 关于拉氏指数和派氏指数，下列说法正确的是（　　）。
   A. 拉氏数量指数不符合一般原则
   B. 拉氏质量指数不符合一般原则
   C. 派氏数量指数符合一般原则
   D. 派氏质量指数符合一般原则

4. 下列各项中，属于平均指标变动分析指数体系的项目有（　　）。
   A. 个体价格指数　　　　　　　　B. 可变构成指数
   C. 结构影响指数　　　　　　　　D. 固定构成指数

三、判断题

1. 广义的指数是反映复杂现象总体在不同时期的数量总和变动程度的相对数。（　　）
2. 综合指数分为定基指数和环比指数。（　　）
3. 居民消费物价指数不能反映通货膨胀的情况。（　　）
4. 拉氏质量指数的计算是符合综合指数法的一般原则的。（　　）
5. 平均数指数与综合指数在本质上是不同的。（　　）
6. 总指数的计算方法包括综合指数、平均数指数和平均指标指数。（　　）
7. 利用指数体系可以进行因素分析。（　　）
8. 如果数据资料不全面，是不能用综合指数法计算总指数的。（　　）
9. 商品零售物价指数的计算形式是平均数指数。（　　）
10. 某企业产品的实际完成数值与计划完成数值之比为动态指数。（　　）

四、应用题

1. 某商店三种产品的销售资料如表7.8所示。

表7.8 某商店三种产品的销售资料

商品名称	计量单位	销售量		销售价格/元	
		基期	报告期	基期	报告期
甲	箱	320	360	250	280
乙	件	1 200	1 500	85	78
丙	双	450	560	35	40

根据表7.8中数据计算：
(1) 三种商品的个体销售量指数和个体销售价格指数。
(2) 用综合指数法计算三种商品的销售量总指数。
(3) 用加权算术平均数法计算三种商品的销售价格总指数。

2. 某企业四种产品甲、乙、丙、丁的个体出厂价格指数分别为104％、112％、108％、123％，它们的固定权数分别是40％、5％、30％、25％，试计算这四种产品的物价总指数。

3. 某商场商品销售额增长了10％，销售价格下降了20％，则其销售量的变化情况怎样？

4. 某银行的职工人数和平均工资如表7.9所示。

表7.9 某银行职工情况

按职称分组	平均工资/元		职工人数/人	
	基期	报告期	基期	报告期
初级经济师	900	950	150	154
中级经济师	960	1 020	240	300
高级经济师	1 020	1 060	210	240

试用因素分析法对该行职工的平均工资的变动进行分析。

5. 某工业企业生产甲、乙两种产品，基期和报告期的产量、单位产品成本和出厂价格如表7.10所示。

表7.10 甲乙两产品的基本情况

产品	产量/件		单位成本/(元/件)		出厂价格/(元/件)	
	基期	报告期	基期	报告期	基期	报告期
甲	3 000	3 200	0.7	8.0	10.0	11.5
乙	6 000	7 000	7.0	6.5	8.2	8.0

试计算:
(1) 以单位成本为同度量因素的产量总指数。
(2) 单位成本总指数。
(3) 对总成本进行两因素分析。

6. 某企业总产值及产量增长速度如表7.11所示。

表7.11 某企业总产值及产量增长速度

产品名称	总产值/万元		产量增长率/%
	基期	报告期	
甲	120	150	10
乙	200	210	5
丙	400	440	20

根据上述资料计算:
(1) 产量总指数。
(2) 物价总指数。
(3) 由于物价变动所引起的总产值的增加或减少额。

7. 某商店出售三种商品,其销售情况如表7.12所示。

表7.12 某商店三种商品的销售情况

商品名称	计量单位	销售额/万元		价格今年比去年升降率/%
		去年	今年	
甲	台	20	22	+10
乙	件	70	72	−4
丙	米	50	49	−2
合计	—	140	143	—

试计算:
(1) 价格总指数以及价格变动对销售额的影响。
(2) 销售量总指数以及销售量变动对销售额的影响。

8. 某企业的职工人数及职工月平均工资如表7.13所示。

表7.13 某企业职工人数及职工月平均工资

	去年	今年
职工人数/人	100	120
职工月平均工资/元	560	620

试从相对数和绝对数两个方面分析该企业职工的工资总额变动及其各因素影响。

9. 某企业两种产品的产量和原材料的消耗情况如表 7.14 所示,试对原材料消耗的变动进行因素分析。

表 7.14　某企业生产两种产品的情况

产品名称	计量单位	产量		材料单耗/吨	
		基期	报告期	基期	报告期
甲	桶	1 450	1 620	180	160
乙	件	3 200	3 600	78	70

相关与回归分析法

了解相关关系的概念、种类和特点;了解回归分析的概念、种类和特点。

掌握线性相关关系、相关程度的测定及判断;熟悉一元线性回归方程的配合、估计标准误差的计算和说明。

客观现象之间的相互关系主要划分为函数关系和相关关系,对客观现象相关关系的分析称为相关分析。建立在相关分析基础上的回归分析主要是将变量间的相关关系模型化。本章主要介绍相关关系的概念、种类、相关关系的判断;相关系数的概念、种类和计算分析方法;回归分析的概念和种类;回归分析的主要模型等。

相关关系　相关系数　回归系数

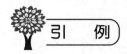

质量控制中的相关与回归分析

某石油炼化厂的催化装置通过高温及催化剂让原料产生反应,生成各种产品,其中液化气用途广泛、易于储存运输。因此,提高液化气收率,降低不凝气体产量,成为提高经济效益的关键。

目标确定后,质量控制人员收集某季度回流温度与液化气收率的 30 组数据资料,通过对因果分析图和排列图的观察发现,回流温度是影响液化气收率的主要原因,二者成直线相关关系。因此,在确定二者之间的相关关系后,寻找到合适的回流温度,就能达到提高液化气收率的目的。经认真仔细研究,建立回归直线方程,确定了在保持原有轻油收率的前提下,液化气收率比上年同期增长 1 个百分点的目标,即达到 12.24% 的液化气收率。

通过分析回归直线图得知:若保持液化气收率在 12.24% 以上,则回流温度必须控制在 34℃ 以下,因为装置的工艺卡片要求回流温度在 33～34 ℃,为了确保液化气质量合格,可以将回流温度控制在 33～34 ℃。因此,应当采取各项有效措施,改善外部操作环境,将液化气收率控制在目标值范围内。

思考:

该企业回流装置的回流温度与液化气收率之间存在怎样的关系? 回归分析是怎样进行的? 带着这些问题,我们开始本章内容的介绍。

第一节　相关分析法

一、相关关系与函数关系

自然界和社会中的许多现象,彼此之间都处在相互依存、相互制约和普遍联系之中。由于这种联系和发展,形成了千变万化的自然界,构成了错综复杂的社会整体,并促进了人类社会的发展。我们如果对各种现象之间的相互联系作进一步考察,则可以发现,现象之间的联系大致可以归纳成相关关系和函数关系两大类。

(一) 相关关系

相关关系是指现象之间确实存在的,但关系值不固定的相互依存关系,即对于某一变量的每一个数值,另一变量有若干个数值与之相适应。例如,身高 1.75 米的人可以表现为许多不同的体重;相同的施肥量,其亩产数值可能各不相同。又如,生育率与人均国内生产总值的关系属于典型的相关关系:人均国内生产总值高的国家,生育率往往较低,但二者没有唯一确定的关系,这是因为生育率除了受经济因素影响以外,还受教育水平、城市化水平以及不易测量的民族风俗、宗教和其他随机因素的共同影响。

(二) 函数关系

函数关系反映着现象之间存在的严密的依存关系,在这种关系中,对于某一变量的一个数值,都有另一变量的确定的值与之对应。如 $S=\pi r^2$,圆的面积 S 与半径 r 是函数关系,r 值发生变化,则有相应的 S 值与之对应。

设有两个变量 x 和 y,变量 y 随变量 x 一起变化,并完全依赖于 x,当变量 x 取某个数值时,y 依确定的关系取相应的值,则称 y 是 x 的函数,记为 $y=f(x)$,其中 x 称为自变量,y 称为因变量,各观测点落在一条线上。

例如,圆面积和它的半径之间的对应关系可用公式表示,它表明圆面积的大小是随着半径的大小变动而变动的,且有一个半径,就有一个唯一确定的圆面积与之相对应。

又如,在匀速直线运动条件下,根据路程与时间、速度的关系可写出表达式,路程与时间或速度的关系数值也是唯一确定的。

二、相关关系的种类

(一) 根据相关关系的程度划分

根据相关关系的程度划分,相关关系可分为不相关、完全相关和不完全相关。

1. 不相关

如果变量间彼此的数量变化互相独立,则其关系为不相关,即自变量 x 变动时,因变量 y 的数值不随之相应变动。

2. 完全相关

如果一个变量的变化是由其他变量的数量变化所唯一确定,则此时变量间的关系称为完全相关,即因变量 y 的数值完全随自变量 x 的变动而变动,它在相关图上表现为所有的观察点都落在同一条直线上,这种情况下,相关关系实际上是函数关系。因此,函数关系是相关关系的一种特殊情况。

3. 不完全相关

如果变量间的关系介于不相关和完全相关之间,则称为不完全相关。大多数相关关系属于不完全相关,是统计研究的主要对象。

(二) 根据相关关系的方向划分

根据相关关系的方向划分,相关关系可分为正相关和负相关。

1. 正相关

正相关指两个变量之间的变化方向一致,都呈增长或下降的趋势,即自变量 x 的值增加(或减少),因变量 y 的值也相应地增加(或减少),这样的关系就是正相关。

2. 负相关

负相关指两个因素或变量之间变化方向相反,即自变量的数值增大(或减小),因变量随之减小(或增大)。

(三) 根据自变量的多少划分

根据自变量的多少划分,相关关系可分为单相关和复相关。

1. 单相关

两个因素之间的相关关系叫作单相关,即研究时只涉及一个自变量和一个因变量。

2. 复相关

三个或三个以上因素的相关关系叫作复相关,即研究时涉及两个或两个以上的自变量和因变量。

(四) 根据变量间相互关系的表现形式划分

根据变量间相互关系的表现形式划分,相关关系可分为直线(或线性)相关和曲线(或非线性)相关。

1. 直线(或线性)相关

相关关系的自变量 x 发生变动,因变量 y 值随之发生大致均等的变动,从图像上近似地表现为直线形式,这种相关称为直线(或线性)相关。

2. 曲线(或非线性)相关

在两个相关现象中,自变量 x 值发生变动,因变量 y 也随之发生变动,这种变动不是均等的,在图像上的分布是各种不同的曲线形式,这种相关关系称为曲线(或非线性)相关。曲线相关在相关图上的分布表现为抛物线、双曲线、指数曲线等非直线形式。

三、相关分析

(一) 相关分析的主要内容

相关分析研究变量之间关系的紧密程度,使用相关系数或指数来表示。其目的是揭示现象之间是否存在相关关系,确定相关关系的表现形式以及确定现象变量间相关关系的密切程度和方向。

(二) 相关关系的判断

1. 相关表

在定性判断的基础上,把具有相关关系的两个量的具体数值按照一定顺序平行排列在一张表上,以观察它们之间的相互关系,这种表就称为相关表。

2. 相关图

把相关表上一一对应的具体数值在直角坐标系中用点标出来而形成的散点图称为相关图。利用相关图和相关表,可以更直观、更形象地表现变量之间的相互关系,如图 8.1～8.6 所示。

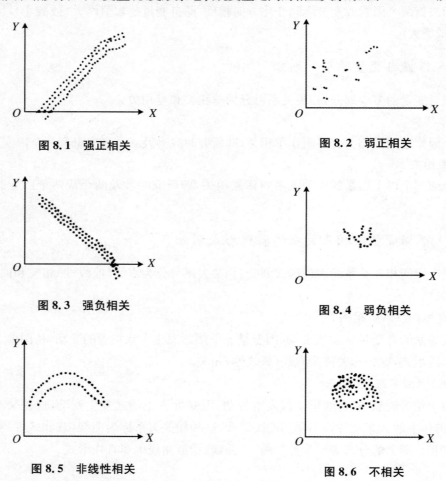

图 8.1 强正相关　　　　图 8.2 弱正相关

图 8.3 强负相关　　　　图 8.4 弱负相关

图 8.5 非线性相关　　　图 8.6 不相关

3. 相关系数

相关图可以帮助我们直观了解相关关系,但这只是初步的判断,是相关分析的开始。为了说明现象之间相关关系的密切程度,还要计算相关系数。相关系数是在直线相关条件下说明两个现象之间相关关系密切程度的统计分析指标。

四、相关系数概述

(一) 简单相关系数的含义

相关系数是测定变量之间线性相关程度和方向的指标,通常用 r 表示。按照线性相关变量的个数和分析问题的角度不同,相关系数可以分为简单相关系数、偏相关系数和复相关系数。这里只讨论简单相关系数。

简单相关系数反映两个变量之间线性相关密切程度和相关方向的统计测定,它是其他相关系数形成的基础。

(二) 简单相关系数的计算

$$r = \frac{\sum(x-\bar{x})(y-\bar{y})}{\sqrt{\sum(x-\bar{x})^2 \cdot \sum(y-\bar{y})^2}} = \frac{\sigma_{xy}^2}{\sigma_x \cdot \sigma_y}$$

或化简为

$$r = \frac{n\sum xy - \sum x \sum y}{\sqrt{n\sum x^2 - (\sum x)^2} \cdot \sqrt{n\sum y^2 - (\sum y)^2}}$$

【例 8.1】 表 8.1 是 10 家百货商店的每人月平均销售额和利润率,计算二者相关系数。

表 8.1 百货商店的每人月平均销售额和利润率

编号	人均销售额 x/百元	利润率 y/%	x^2	xy	y^2
1	6	12.6	36	75.6	158.76
2	5	10.4	25	52	108.16
3	8	18.5	64	148	342.25
4	1	3	1	3	9
5	4	8.1	16	32.4	65.61
6	7	16.3	49	114.1	265.69
7	6	12.3	36	73.8	151.29
8	3	6.2	9	18.6	38.44
9	3	6.6	9	19.8	43.56
10	7	16.8	49	117.6	282.24
合计	50	110.8	294	654.9	1465

解 $\sum x = 6+5+8+1+4+7+6+3+3+7 = 50$

$\sum y = 12.6+10.4+18.5+3.0+8.1+16.3+6.2+6.6+16.8 = 110.8$

$$\sum x^2 = 6^2+5^2+8^2+1^2+4^2+7^2+6^2+3^2+3^2+7^2 = 294$$
$$\sum y^2 = 12.6^2+10.4^2+18.5^2+3.0^2+8.1^2+16.3^2+12.3^2+6.2^2+6.6^2$$
$$+16.8^2 = 1\,465$$
$$\sum xy = 6\times12.6+5\times10.4+8\times18.5+1\times3.0+4\times8.1+7\times16.3$$
$$+6\times12.3+3\times6.2+3\times6.6+7\times16.8 = 654.9$$
$$r = \frac{n\sum xy - \sum x \sum y}{\sqrt{\left[n\sum x^2 - (\sum x)^2\right]\left[n\sum y^2 - (\sum y)^2\right]}}$$
$$= \frac{10\times654.09 - 50\times110.8}{\sqrt{(10\times294-50^2)(10\times1465-110.8^2)}} = 0.987$$
$$r = +0.987$$

说明利润率和人均销售额之间存在着高度线性正相关。

(三) 相关系数的性质

(1) 相关系数的取值范围在 -1 和 $+1$ 之间,即 $-1 \leqslant r \leqslant 1$。

(2) 计算结果,若 r 为正,则表明两变量为正相关;若 r 为负,则表明两变量为负相关。

(3) 相关系数 r 的数值越接近于 1(-1 或 $+1$),表示相关系数越强;越接近于 0,表示相关系数越弱。如果 $r=+1$ 或 -1,则表示两个现象完全直线性相关;如果 $r=0$,则表示两个现象完全不相关。

(4) 判断两个变量线性相关密切程度的具体标准为:$0 < |r| < 0.3$,称为弱相关;$0.3 \leqslant |r| < 0.5$,称为低度相关;$0.5 \leqslant |r| < 0.8$,称为显著相关;$0.8 \leqslant |r| < 1$,称为高度相关。

(四) 样本相关系数的显著性检验

检验两个变量之间是否存在线性相关关系,等价于对回归系数 β_1 的检验,采用 t 检验,具体步骤为

(1) 提出假设:
$$H_0: \rho = 0; \quad H_1: \rho \neq 0$$

(2) 计算检验的统计量:
$$t = \frac{r\sqrt{n-2}}{\sqrt{1-r^2}} \sim t(n-2)$$

在给定的显著性水平 α 和自由度 $(n-2)$ 下,查找 t 分布表求出相应的临界值 $t_{\frac{\alpha}{2}}$,若 $|t| > t_{\frac{\alpha}{2}}$,则拒绝 H_0;若 $|t| < t_{\frac{\alpha}{2}}$,则接受 H_1。

第二节 回归分析法

一、回归分析的概念

相关关系能说明现象间有无关系,但它不能说明一个现象发生一定量的变化时,另一个变量将会发生多大量的变化。也就是说,它不能说明两个变量之间的一般数量关系值。

回归分析,是指在相关分析的基础上,把变量之间的具体变动关系模型化,求出关系方程式,就是找出一个能够反映变量间变化关系的函数关系式,并据此进行估计和推算。通过回归分析,可以将相关变量之间不确定、不规则的数量关系一般化、规范化,从而可以根据自变量的某一个给定值推断出因变量的可能值(或估计值)。

回归分析是研究相关关系的一种方法,用这种方法可研究一个因变量对于一个或多个自变量的依存关系。因变量与自变量的依存关系是近似地用一个方程式来表示的,这个方程式称为回归方程。回归方程是回归关系的表现形式,要找出变量之间的回归关系,需要对具有相互联系的大量的现象进行观测,从而获得相关关系的数据,分析这些数据所表现出来的关系形态,选择一个合适的数学模型,可以求出一定的关系式——回归方程。用回归方程可以近似地表达具有相互联系的变量之间的平均变化关系。通过建立回归方程,可以根据自变量的数值推测因变量之值。

回归分析包括多种类型,根据所涉及变量的多少不同,可分为简单回归和多元回归。简单回归又称一元回归,是指两个变量之间的回归,其中一个变量是自变量,另一个变量是因变量。

根据变量变化的表现形式不同,回归分析也可分为直线回归和曲线回归。对具有直线相关关系的现象配之以直线方程进行回归分析,即直线回归;对具有曲线相关关系的现象配之以曲线方程进行回归分析,即曲线回归。

二、一元线性回归模型

(一)一元线性回归模型

$$\hat{y} = a + bx + u_t$$

模型中,$\hat{y}$ 是 x 的线性函数(部分)加上误差项。线性部分反映了由 x 的变化而引起的 $\hat{y}$ 的变化;误差项 u_t 是随机变量,反映了除 x 和 $\hat{y}$ 之间的线性关系之外的随机因素对 $\hat{y}$ 的影响,是不能由 x 和 $\hat{y}$ 之间的线性关系所解释的变异性;a 和 b 称为模型的参数,又称回归系数。

(二) 一元线性回归模型基本假定

(1) 误差项 u_t 是一个期望值为 0 的随机变量,即 $E(u_t)=0$。对于一个给定的 x 值,y 的期望值为:$\hat{y}=a+bx$。

(2) 对于所有的 x 值,u_t 的方差 σ^2 都相同。

(3) 误差项 u_t 是一个服从正态分布的随机变量,且相互独立,即 $u_t \sim N(0,\sigma^2)$。

三、回归方程的参数估计——最小二乘法

(一) 回归系数的点估计

该方法是使因变量的观察值与估计值之间的离差平方和达到最小来求得 a 和 b 的方法。即由 $\sum(y-\hat{y})^2 = \min$ 得到 $Q = \sum(y-a-bx)^2 = \min$,分别对函数 Q 中 a、b 求偏导数,并令其为 0,则有

$$\begin{cases} 2\sum(y-a-bx)(-1)=0 \\ 2\sum(y-a-bx)(-x)=0 \end{cases}$$

可解得

$$\begin{cases} \sum y = na + b\sum x \\ \sum xy = a\sum x + b\sum x^2 \end{cases}$$

$$\begin{cases} b = \dfrac{n\sum xy - \sum x \sum y}{n\sum x^2 - (\sum x)^2} \\ a = \dfrac{\sum y}{n} - b\dfrac{\sum x}{n} = \bar{y} - b\bar{x} \end{cases}$$

【例 8.2】 某市城镇居民 2011~2020 年末用水量与年末人口数如表 8.2 所示,试建立回归方程,并预测人口达到 230 万人时的用水量。

表 8.2 某市城镇居民年末用水量与人口数之间回归分析计算表

年份	人口数 x/万人	用水量 y/亿吨	x^2	xy
2011	82.4	0.61	6 789.76	50.26
2012	95.6	0.73	9 139.36	69.79
2013	109.4	0.85	11 968.36	92.99
2014	136.6	1.05	18 659.56	143.43

续表

年份	人口数 x/万人	用水量 y/亿吨	x^2	xy
2015	163.7	1.29	26 797.69	211.17
2016	177.8	1.31	31 612.84	232.92
2017	192.3	1.42	36 979.29	273.07
2018	192.6	1.46	37 094.76	281.20
2019	206.0	1.55	42 436.00	319.30
2020	219.5	1.64	48 180.25	359.98
合计	1 575.9	11.91	269 657.87	2 034.11

解
$$L_{xy} = n\sum xy - \sum x \sum y = 10 \times 2\,034.11 - 1\,575.9 \times 11.91$$
$$L_{xx} = n\sum x^2 - (\sum x)^2 = 10 \times 269\,657.87 - (1\,575.9)^2$$
$$b = \frac{L_{xy}}{L_{xx}} = \frac{10 \times 2\,034.11 - 1\,575.9 \times 11.91}{10 \times 269\,657.87 - (1\,575.9)^2} = 0.007\,377$$
$$a = \bar{y} - b \cdot \bar{x} = \frac{11.91}{10} - 0.007\,377 \times \frac{1\,575.9}{10} = 0.028\,525$$
$$\hat{y} = a + bx = 0.028\,525 + 0.007\,377x$$

上式中,b 表示该市人口每增加 1 万人,该市居民用水量平均增加 0.007 377 亿吨。

预测人口达到 230 万人时的用水量为
$$\hat{y} = a + bx = 0.028\,525 + 0.007\,377 \times 230 = 1.73(亿吨)$$

(二) 总体方差的估计

一元线性回归模型还包括了另外的未知参数,那就是总体随机误差项的方差 σ^2。σ^2 可以反映理论模型误差的大小,是检验模型时必须利用的一个重要参数。因为随机误差项本身不能直接观测,所以需要用最小二乘残差代替随机误差项来估计 σ^2。数学上可以证明,σ^2 的无偏估计 S 为

$$S^2 = \frac{\sum e_t^2}{n-2} \quad \text{或} \quad S = \sqrt{\frac{\sum e_t^2}{n-2}}$$

S 叫作回归估计的标准误差。S 越小,表明实际观察点与所拟合的样本回归线的离差程度越小,即回归线具有较强的代表性。反之,S 越大,表明实际观察点与所拟合的样本回归线的离差程度越大,即回归线的代表性较差。

上式的分子残差平方和 $\sum e_t^2$ 为

$$\sum e_t^2 = \sum (Y_t - \hat{\beta}_1 - \hat{\beta}_2 X_t)^2 = \sum y_t^2 - \hat{\beta}_1 \sum y_t - \hat{\beta}_2 \sum x_t y_t$$

四、一元线性回归模型的检验

（一）回归方程的显著性检验

检验自变量和因变量之间的线性关系是否显著，具体方法是将回归离差平方和（SSR）同剩余离差平方和（SSE）加以比较，应用 F 检验来分析二者之间的差别是否显著，如果显著，则两个变量之间存在线性关系；如果不显著，则两个变量之间不存在线性关系。具体步骤如下：

(1) 提出假设。

$$H_0: 线性关系不显著$$

(2) 计算检验统计量 F。

$$F = \frac{\frac{SSR}{1}}{\frac{SSE}{n-2}} = \frac{\sum \frac{(\hat{y}_t - \bar{y})^2}{1}}{\sum \frac{(y_t - \hat{y}_t)^2}{n-2}} \sim F(1, n-2)$$

(3) 确定显著性水平 α，并根据分子自由度 1 和分母自由度 $(n-2)$ 找出临界值 F_α 作出决策：若 $F \geqslant F_\alpha$，则拒绝 H_0；若 $F < F_\alpha$，则接受 H_0。

（二）拟合优度检验

$$r^2 = \frac{SSR}{SST} = \frac{\sum (\hat{y}_t - \bar{y})^2}{\sum (y_t - \bar{y})^2} = 1 - \frac{\sum (y_t - \hat{y}_t)^2}{\sum (y_t - \bar{y})^2}$$

该式反映回归直线的拟合程度，取值范围在 $[0, 1]$ 之间。$r^2 \to 1$，说明回归方程拟合得越好；$r^2 \to 0$，说明回归方程拟合得越差。

（三）回归系数的显著性检验

(1) 提出假设。

$$H_0: \beta_2 = 0 \quad (没有线性关系); \quad H_1: \beta_2 \neq 0 \quad (有线性关系)$$

(2) 计算检验的统计量。

$$t = \frac{\hat{\beta}_2}{S_{\hat{\beta}_2}} \sim t(n-2), \quad S_{\hat{\beta}_2} = \frac{S}{\sqrt{\sum (x_t - \bar{x})^2}}$$

(3) 确定显著性水平 α，并进行决策：若 $|t| > t_{\frac{\alpha}{2}}$，则拒绝 H_0；若 $|t| < t_{\frac{\alpha}{2}}$，则接受 H_0。

五、相关与回归之间的关系

相关与回归既有区别又有密切的联系。相关分析以测度两个变量之间的线性关联力度为其主要目的,并不给出变量之间的因果关系,公平地对待任何(两个)变量,用相关系数 r 表示两个随机变量的相关程度和相关方向。相关分析不能指出两个变量相互关系的具体形式,也无法从一个变量的变化来推测另一个变量的变化情况。回归分析通过建立回归方程来估计变量与变量之间的因果关系。回归分析从一个已知量来推测另一个未知量,为估计预测提供一个重要方法。相关与回归相辅相成,只有当相关系数达到显著标准时,才能显示出这两个变量之间存在线性关系,在这种情况下配出的直线方程才有意义。

相关系数 r 与回归系数 b 的相互关系为

$$r = \frac{\sum(x-\bar{x})(y-\bar{y})}{\sqrt{(x-\bar{x})^2(y-\bar{y})^2}} = \frac{n\sum xy - (\sum x)(\sum y)}{\sqrt{n\sum x^2 - (\sum x)^2}\sqrt{n\sum y^2 - (\sum y)^2}}$$

$$r = \frac{\sigma_{xy}^2}{\sigma_x \sigma_y}$$

其中

$$\sigma_x = \sqrt{\frac{\sum(x-\bar{x})^2}{n}} = \sqrt{\frac{n\sum x^2 - (\sum x)^2}{n}}$$

$$\sigma_y = \sqrt{\frac{\sum(y-\bar{y})^2}{n}} = \sqrt{\frac{n\sum y^2 - (\sum y)^2}{n}}$$

$$\sigma_{xy} = \sqrt{\frac{\sum(x-\bar{x})(y-\bar{y})}{n}} = \sqrt{\frac{n\sum xy - (\sum x)(\sum y)}{n}}$$

$$b = \frac{n\sum xy - (\sum x)(\sum y)}{n\sum x^2 - (\sum x)^2}$$

$$r = \frac{n\sum xy - (\sum x)(\sum y)}{n\sum x^2 - (\sum x)^2} \times \frac{\sqrt{n\sum x^2 - (\sum x)^2}}{\sqrt{n\sum y^2 - (\sum y)^2}} = b\frac{\sigma_x}{\sigma_y}$$

本 章 小 结

相关关系是指社会经济现象间确实存在的但不严格的依存关系。按照变量之间的相关程度,可以分为完全相关、不完全相关和不相关;按照变量之间的相互关系的方向不同,可以分为正相关和负相关;按照相关关系涉及的变量的多少,可以分为单相关和复相关;按照变量之间相互关系的表现形式的不同,可以分为线性相关和非线性相关。

判断变量之间的相关关系的性质与强度通常用的方法包括相关表法、相关图法和相关系数法。相关系数的计算包括积差法。利用相关系数可进行相关程度和类型的判断。

回归分析是相关分析的深入和延续,是对自变量和因变量的变动趋势拟合数学模型进行定量推算的统计分析方法。只有一个因变量和一个自变量的线性回归模型,就是一元线性回归模。简单直线回归模型可根据最小二乘法(即最小平方法)进行拟合计算,并进行显著性检验。

相关与回归既有区别又有密切的联系。相关分析以测度两个变量之间的线性关联力度为其主要目的,并不给出变量之间的因果关系,对称地对待任何变量,用相关系数表示两个随机变量的相关程度和相关方向。相关分析不能指出两个变量相互关系的具体形式;回归分析通过建立回归方程来估计变量与变量之间的因果关系,用判定系数来度量回归方程式对观察资料的拟合优度。二者相辅相成。

思考与练习

1. 相关关系与函数关系有何区别与联系?
2. 相关分析与回归分析有何区别与联系?
3. 简单相关系数与简单直线回归参数有何区别与联系?
4. 总体回归模型与样本回归模型有何区别与联系?
5. 简单回归直线方程 $\hat{y}=a+bx$ 中参数 a、b 的含义是什么?

技 能 训 练

一、填空题

1. 相关关系是指现象间存在_____,但它们的_____。
2. 相关关系按相关方向划分,可分为_____和_____。
3. 根据相关系数的_____,可以判定相关方向;而根据相关系数的_____,可以判断相关的密切程度。
4. 相关系数的绝对值在_____之间,若等于_____,则称为完全相关;若等于_____,则称为不相关。
5. 建立回归方程的依据是_____。通常采用_____法计算参数值,并建立回归方程。
6. 线性回归方程 $\hat{y}=a+bx$,参数 b 称为_____,它反映因变量 y 随自变量 x 变动的_____。
7. 估计标准误差是衡量_____的统计分析指标;估计标准误差大,说明回归方程式代表性_____。
8. 相关系数与回归系数的关系为_____。
9. 相关系数与估计标准误差之间有关系式_____。

二、单项选择题

1. 区分函数关系与相关关系的根据在于(　　)。
   A. 是否有经济联系　　　　　　　　B. 关系值是否固定

C. 是否有相依关系　　　　　　　　D. 表现形式是否是线性的

2. 若变量 x 与 y 的相关系数等于 -1，则表明这两个变量(　　)。
   A. 不相关　　　B. 低度相关　　　C. 完全正相关　　　D. 完全负相关

3. 若一变量的值一般随另一变量值的增大而增大，则这两个变量为(　　)。
   A. 正相关　　　B. 负相关　　　C. 直线相关　　　D. 曲线相关

4. 回归分析的目的在于研究(　　)。
   A. 变量间的相关方向　　　　　　B. 变量间的相关密切程度
   C. 变量间的一般数量变化关系　　D. 变量间的函数关系

5. 在回归分析中，要求相关的两个变量(　　)。
   A. 都是确定型变量
   B. 自变量是确定型变量，因变量是随机变量
   C. 都是随机变量
   D. 因变量是确定型变量，自变量是随机变量

6. 设某种产品销售量 y（万吨）与价格 x（元）之间有回归方程 $y=82.31-0.64x$，则表明 x 提高 1 元时，y(　　)。
   A. 增加 82.31 万吨　　　　　　B. 增加 82.31 个百分点
   C. 减少 0.64 万吨　　　　　　D. 减少 0.64 个百分点

7. 相关系数和回归系数都可用来说明(　　)。
   A. 变量间的相关方向　　　　　　B. 变量间的相关密切程度
   C. 变量间的数量变化关系　　　　D. 变量间的关系表现形式

8. 相关系数大，则估计标准误差(　　)。
   A. 小　　　B. 大　　　C. 不变　　　D. 大小不一变

9. 已知 $r=0.3713$，$\sigma_y=5.2817$，$\sigma_x=2.8766$，则唯一可能正确的回归方程是(　　)。
   A. $y=12.4328-3.713x$　　　　B. $y=12.4328+0.202x$
   C. $y=12.4238+0.6817x$　　　D. $y=12.4238-0.6817x$

10. 当所有的观点 (x,y) 都在一条直线上时，则(　　)。
    A. 相关系数等于 0　　　　　　B. 相关系数绝对值等于 1
    C. 估计标准误差等于 1　　　　D. 回归系数绝对值等于 1

三、多项选择题

1. 下列关系中，属于相关关系的有(　　)。
   A. 身高与体重的关系　　　　　　B. 投资增长率与经济增长率的关系
   C. 圆的面积与半径的关系　　　　D. 商品需求量与价格
   E. 人的身高与学习成绩的关系

2. 相关系数具有以下性质(　　)。
   A. 绝对值不超过 1　　　　　　B. 没有计量单位

C. 有计量单位 D. 不受计量单位影响

E. 受计量单位影响

3. 下列相关种类中,不表示相关密切程度的有(　　)。

A. 正相关　　B. 负相关　　C. 直线相关　　D. 曲线相关

E. 高度相关

4. 对于相关分析与回归分析,下述(　　)的说法正确。

A. 前者不区分自变量与因变量,而后者区分自变量与因变量

B. 二者都不区分自变量与因变量

C. 前者涉及的都是随机变量,后者自变量是随机变量,因变量是确定变量

D. 前者涉及的都是随机变量,后者自变量是确定型变量,因变量是随机变量

5. 估计标准误差的作用在于(　　)。

A. 说明因变量实际值与平均数的离散程度

B. 说明因变量实际值对回归直线的离散程度

C. 反映回归方程代表性的大小

D. 测量变量间关系的密切程度

E. 用以进行区间预测

四、判断题

1. 相关系数实质上刻画的是变量间的线性相关关系。　　　　　　　(　　)
2. 回归系数与变量的标准差成正比,与变量的标准差成反比。　　　(　　)
3. 相关分析是回归的基础,回归分析是相关分析的深入和发展。　　(　　)
4. 相关分析研究的是相关关系,而回归分析研究的是函数关系。　　(　　)
5. 回归分析是用一条直线来描述两个变量的相依关系。　　　　　　(　　)
6. 用最小二乘法建立的回归方程具有最小误差平方和,因而可随意使用。(　　)
7. 相关系数与回归系数是正比关系。　　　　　　　　　　　　　　(　　)
8. 相关系数小,则回归方程的估计标准误差大,于是回归方程的代表性强。(　　)
9. 估计标准误差大,则预测精确度高;估计标准误差小,则预测精确度低。(　　)
10. 在分析回归中,既可用自变量推算因变量,也可用因变量推算自变量。(　　)

五、应用题

1. 已知:$n=6$,$\sum x=21$,$\sum y=426$,$\sum x^2=79$,$\sum y^2=30\,268$,$\sum xy=4\,181$,试求:

(1) 相关系数。

(2) y 对 x 的直线回归方程。

(3) 估计标准误差。

2. 已知两个相关变量 x 和 y 的均值分别为 5.233 1 和 1.865 2,方差分别是 18.867 和 2.326 9,它们的协方差为 5.908 5,试求:

(1) 相关系数。

(2) 因变量 y 对 x 自变量的线性回归方程，并求估计标准误差。

3. 设某地区居民 2015～2020 年人均收入销售额如表 8.3 所示。

表 8.3　某地区居民 2015～2020 年人均收入及商品销售额

年份	2015	2016	2017	2018	2019	2020
人均收入/元	3 000	3 400	4 000	4 200	4 500	5 000
商品销售额/百万元	10	11	15	14	17	20

(1) 判断人均收入与商品销售额之间的相关关系形式。

(2) 用最小二乘法建立直线回归方程。

(3) 当人均收入为 5 000 元时，预计销售额为多少？

4. 某企业产品产量与单位成本如表 8.4 所示。

表 8.4　某企业产品产量与单位成本

月	1	2	3	4	5	6
产量/千件	2	2.5	3	5	4	4
单位成本/(元/件)	75	73	72	68	69	70

(1) 建立直线回归方程，并指出产量每增加 2 000 件，单位成本平均下降多少元？

(2) 假设产量为 8 000 件，单位成本为多少元？

第九章

统计技能实训

实训任务一　拟定统计调查方案

一、实训目的

组织学生针对社会热点问题进行项目调查,培养学生利用调查问卷有效收集数据的基本技能。调查问卷是收集第一手资料最普遍、最有效的工具,是开展统计调查活动的一项必需的基础性工作。通过实训,培养学生设计调查问卷的能力。

二、实训内容

结合第二章统计调查教学内容的学习,以项目小组为单位组织学生,对收集的社会热点问题进行讨论,确定其项目课题,实施项目调查。具体内容包括:

(1) 关注我国教育体制问题,如我国中小学生睡眠时间状况调查、高考文理分科情况调查等。

（2）关注我国大学生就业问题，如大学生就业专业对口状况调查、就业比例状况调查、专业工资状况调查等。

（3）关注与大学生日常生活密切相关的某些商品消费或使用状况问题，如化妆品消费调查、手机使用状况调查等。

（4）关注高职院校实施教学管理状况问题，如图书馆使用状况调查、大学生逃课状况及其原因调查等。

（5）关注我国社会经济问题，如城乡居民人均收入调查、社会零售商品价格调查等。

（6）关注国际社会经济、文化、环境等问题，如经济危机状况调查、环境状况调查等。

（7）参考题目：①大学生手机消费行为调查问卷；②大学生生活费收支状况调查问卷（学生也可自行拟定调查问卷题目）。

三、本节相关知识理论简述

调查问卷是一种特殊形式的调查表，主要用于非政府统计机构或个人的市场调查或社会调查。问卷有面访与自填两种形式。调查问卷的基本结构、问题类型、设计要求大致相同。

（一）基本结构

调查问卷的基本结构包括三部分：说明词、问句、作业记录。其中，问句是问卷的主体，包括：

（1）询问被调查者基本情况，目的在于以后分组分析。

（2）主题问句及备选答案是问卷的核心部分。主题问句可以设计成开放式和封闭式两种类型。

（二）基本要求

（1）主题明确。
（2）提问科学。
（3）逻辑性强。
（4）容量适度。

四、实训学时

3学时。

五、实训步骤

（一）确定调查课题

根据第一部分的项目实训结果来组织讨论，确定各项目小组的项目课题。

(二) 设计调查方案

各项目小组经过讨论,研究确定项目课题的调查任务与目的、调查对象和调查单位、调查项目和调查表、调查工作的组织实施计划等方面内容,组织编写社会调查方案。

(三) 设计调查问卷

针对社会调查方案设计调查问卷。

(四) 组织实施项目调查

条件允许下可以完成以下步骤。

(1) 因为学生要参加社会实践调查,所以要对其进行综合素质培训,内容包括:社交礼仪、营销观念、安全意识、职业素质等方面。通过培训使学生明确这不仅代表其个人行为,更代表小组行为,乃至系、院部行为,所以本次实训训练是一次有组织、有计划、有步骤、有成果的社会实践活动。

(2) 根据调查任务、调查目的、调查内容等确定调查方式。

(3) 申请调查经费,实施项目调查。

六、其他说明

实训标准与评估:

确定调查课题(10%),设计调查方案(30%),设计调查问卷(20%),组织实施项目调查(40%)。

实训任务二　运用 Excel 进行数据整理

一、实训目的

(1) 掌握 Excel 中基本的数据处理方法。
(2) 掌握用 Excel 作数据的频率分布表和直方图。
(3) 掌握用 Excel 作常用统计图。

二、实训要求

(1) 已学习教材相关内容,理解数据整理中的统计计算问题。

(2) 准备好相应数据。

三、实训学时

2学时。

四、实训内容和步骤

(一) 用 Excel 作数据的频率分布表和直方图

利用 Excel 处理数据,可以建立频率分布表和直方图。一般统计数据有两大类,即定性数据和定量数据。定性数据用代码转化为定量数据后再处理,这里就不涉及了,下面主要以定量数据为例来说明如何利用 Excel 进行分组,并作频率分布表和直方图。

【资料】 现有某管理局下属 40 个企业产值计划完成程度资料如下:

97	123	119	112	113	117	105	107	120	107
125	142	103	115	119	88	115	158	146	126
108	110	137	136	108	127	118	87	114	105
117	124	129	138	100	103	92	95	127	104

(1) 据此编制分布数列。(提示:产值计划完成程度是连续型变量。)
(2) 计算向上累计频数(率)。
(3) 画出次数分布直方图。

第一步:打开 Excel 界面,输入 40 个企业的数据,从上到下输入 A 列(也可分组排列)。
第二步:选择【工具】下拉菜单,如图 9.1 所示。

图 9.1 【工具】下拉菜单

第三步：选择【数据分析】选项，如果没有该功能则要先行安装。【数据分析】的具体安装方法：选择【工具】下拉菜单中【加载宏】，在出现的选项中选择【分析工具库】，点【确定】就可自动安装。

第四步：在分析工具中选择【直方图】，如图9.2所示。

第五步：当出现【直方图】对话框时，在【输入区域】方框内键入"A2：A41"或"＄A＄2：＄A＄41"（＄符号起到固定单元格坐标的作用，表示的是绝对地址），40个数据已输入该区域内，如果是分组排列的，则应选择整个分组区域。在【接收区域】方框内键入"C2：C9"或"＄C＄2：＄C＄9"，所有数据分成8组（主要根据资料的特点，决定组数、组距和组限），把各组的上限输入该区域内。在【输出区域】方框内键入"E2"或"＄E＄2"，也可重新建表在其他位置。对话框中，还选择【累积百分率】、【图表输出】（见图9.3）。最后点【确定】，就可得到结果。

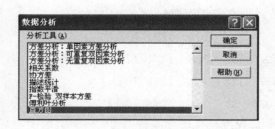

图9.2 【数据分析】对话框

图9.3 【直方图】对话框

对话框内主要选项的含义。

输入区域：在此输入待分析数据区域的单元格范围。

接收区域（可选）：在此输入接收区域的单元格范围，该区域应包含一组可选的用来计算频数的边界值。这些值应当按升序排列。只要存在的话，Excel就将统计在各个相邻边界值之间的数据出现的次数。如果省略此处的接收区域，则Excel将在数据组的最小值和最大值之间创建一组平滑分布的接收区间。

标志：如果输入区域的第一行或第一列中包含标志项，则选中此复选框；如果输入区域没有标志项，则清除此复选框，Excel将在输出表中生成适宜的数据标志。

输出区域：在此输入计算结果显示的单元格地址。如果不输入具体位置，那么将覆盖已有的数据，Excel会自动确定输出区域的大小并显示信息。

柏拉图：选中此复选框，可以在输出表中同时显示按升序、降序排列频率数据。如果此复选框被清除，那么Excel将只按升序来排列数据。

累积百分率：选中此复选框，可以在输出结果中添加一列累积百分比数值，并同时在直方图表中添加累积百分比折线。如果清除此选项，则会省略以上结果。

图表输出：选中此复选框，可以在输出表中同时生成一个嵌入式直方图表。有关结果如图9.4所示。

完整的结果通常包括三列和一个频数分布图,第一列是数值的区间范围,第二列是数值分布的频数(不是频率),第三列是频数分布的累积百分比。

直方图是用矩形的宽度和高度来表示频数分布的图形。绘制直方图时,将所研究的变量放在横轴上,频数或频率放在纵轴上。每组的频数或频率在图上就是一个长方形,长方形的底在横轴上,宽度是组距,长方形的高就是对应的频数或频率。应当注意,图 9.4 实际上是一个条形图,而不是直方图,若要把它变成直方图,则可按以下步骤操作。

用鼠标左键单击图中任一直条形,然后右键单击,在弹出的快捷菜单中选取【数据系列格式】,弹出【数据系列格式】对话框。在对话框中选择【选项】标签,把【分类间距】宽度改为 0,按确定后即可得到直方图,如图 9.5 所示。

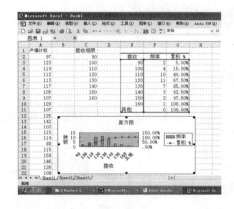

图 9.4 输出结果

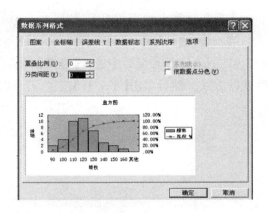

图 9.5 直方图

(二)用 Excel 作常用统计图

Excel 有较强的作图功能,可根据需要选择各类型的图形。Excel 提供的统计图有多种,包括柱形图、条形图、折线图、饼图、散点图、面积图、环形图、雷达图、曲面图、气泡图、股价图、圆柱图、圆锥图等,各种图的作法大同小异。

1. 饼图的绘制

饼图也称圆形图,是用圆形及圆内扇形的面积来表示数值大小的图形。饼图主要用于表示总体中各组成部分所占的比例,对于研究结构性问题十分有用。

【资料】 据中国互联网络信息中心某年底的统计,我国网民的年龄分布如表 9.1 所示,根据资料利用 Excel 绘制饼图。

表 9.1 我国网民的年龄分布结构表

年龄	比重/%
18 岁以下	14.90
18~24 岁	38.90
25~30 岁	18.40

续表

年龄	比重/%
31～35 岁	10.10
36～40 岁	7.50
41～50 岁	7.00
51～60 岁	2.40
60 岁以上	0.80

先把数据输入到工作表中,如图 9.6 所示,可按下面的步骤操作。

第一步:选择【插入】下拉菜单,选择【图表】。

第二步:在图表类型中选择【饼图】,然后在子图表类型中选择一种类型,我们选用系统默认的方式。然后单击【下一步】按钮,打开【源数据】对话框,如图 9.7 所示。

图 9.6　数据输入

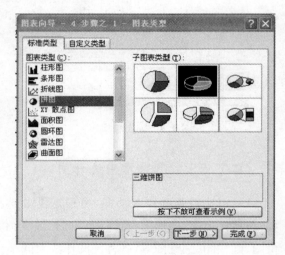

图 9.7　图表类型选择

第三步:在图表【源数据】对话框中填入数据所在区域,单击【下一步】,在图表选项中,对【标题】【图例】和【数据标志】进行适当处理。如果修改图形,则可用鼠标双击图表,然后用鼠标双击需要修改的部分,并进行修改。

可得图 9.8 所示的饼图。

2. 折线图的绘制

折线图主要用于比较几类数据变动的方向和趋势,表现数据在不同时期发展变化的不同趋势。

【资料】　根据某地区 2016～2020 年外贸货物进出口总额(见表 9.2),绘制折线图,描述该地区近年来货物进出口总额的变化趋势。

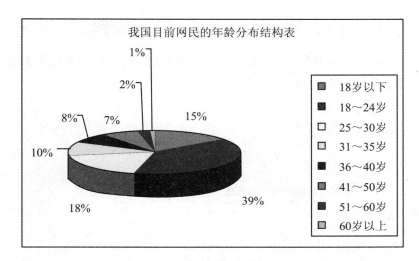

图 9.8　饼图

表 9.2　某地区 2016～2020 年外贸货物进出口总额

单位：亿美元

年份	2016	2017	2018	2019	2020
进出口总额	17 605	21 766	25 633	22 075	29 727
出口总额	9 690	12 205	14 307	12 016	15 779
进口总额	7 915	9 561	11 326	10 059	13 948

第一步：资料输入工作表后，选择"A2:F5"区域，如图 9.9 所示。

图 9.9　输入、选择工作表

第二步：点击【插入】菜单，点击【推荐的图表】按钮，弹出【插入图标】对话框，点击【所有图表】选项卡，在左边的列表框中选择【折线图】，在右边选择【带数据标记的折线图】，如图 9.10 所示，点击【确定】按钮，得到图 9.11。

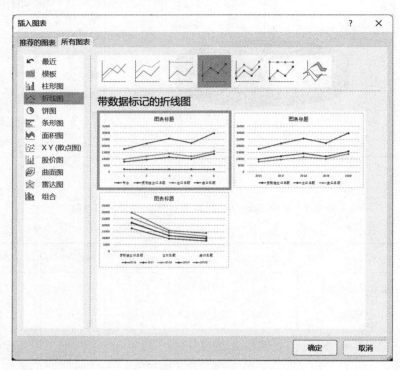

图 9.10　插入、选择折线图

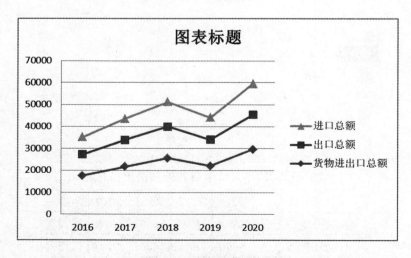

图 9.11　确定形成折线图

第三步：在图 9.12 中点击"图表标题"，将其改为"2016~2020 年某地区货物外贸进出口总额"，得到最终的统计图，如图 9.12 所示。

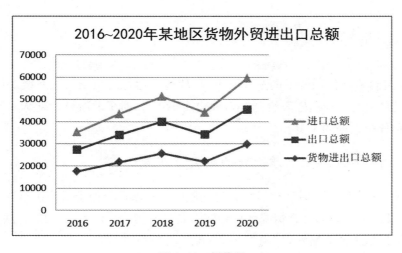

图 9.12 折线图

实训任务三　统计整理和分析(绘制统计表和统计图)

一、实训目的

掌握运用 Excel 统计软件进行统计数据的整理、显示和分析的实际操作技能。对调查数据进行统计分组、次数分配、编制次数分布表、绘制出统计图,计算出相应的样本指标,并依据样本指标对总体的相应参数作出推断。

二、理论精要回顾

统计分组、次数分配、编制次数分布表、绘制统计图相关理论知识。

三、实训内容

(1) 使用 Excel 编制品质数列的频数分布表。
(2) 使用 Excel 编制变量数列的频数分布表。
(3) 绘制统计图(条形图或柱形图、饼图、曲线图等)。
(4) 对样本数据进行描述分析,并根据样本指标对总体相应参数进行推断。

四、实训指导

Excel 是美国微软公司开发的在 Windows 环境下运行的电子表格系统。Excel 软件集数据的编辑整理、统计分析、图表绘制等多种功能于一身,对于非统计专业人员来说,是非常强大的处理和分析数据的工具。

(一)使用 Excel 编制品质数列的频数分布表

【例 9.1】 某电视台一财经栏目每日对抽取的 100 家证券投资机构进行调查,调查的问题是"您对明日上证指数的涨跌情况如何预测",备选答案为"A. 看涨 B. 看跌 C. 看平"。某日的调查结果如表 9.3 所示,试用 Excel 编制一张频数分布表。

表 9.3 100 家机构对股指涨跌的预测结果

	A	B	C	D	E	F	G	H	I	J
1	A	B	A	A	C	B	A	A	A	C
2	C	A	A	C	B	B	A	A	A	A
3	C	A	A	C	B	B	C	A	A	A
4	B	C	C	A	A	B	B	A	A	C
5	C	A	C	B	A	A	B	C	C	A
6	A	B	C	B	A	B	A	B	C	B
7	A	A	B	C	B	C	A	A	A	C
8	B	A	A	A	B	C	B	B	A	A
9	B	C	C	A	A	B	A	B	C	A
10	A	B	C	A	A	C	B	A	A	C

首先要将各类别指定一个代码来表示,如"1. A,2. B,3. C"。然后将类别代码输入到 Excel 工作表中。Excel 现在把代码视作数值型数据,把类别代码单独作为一列,作为"接受区域",将代码输入到工作表的 C2:C4。

因为需要"数据分析"功能,第一次使用时需做准备工作:

(1)点击【工具】→【加载宏】,此时弹出【加载宏】对话框。

(2)在弹出的【加载宏】对话框中,点选【分析工具库】,再点击【确定】按钮,系统会自动加载上【数据分析】(如果加载不上,说明在安装 Excel 时没有完全安装,则需要使用 Office 光盘进行加载)。

以下是用 Excel 产生频数分布表的步骤:

(1)将股指涨跌的预测结果放在 A 列,然后分别替换成 1、2、3。

(2)选择【工具】下拉菜单,并选择【数据分析】。从其对话框【分析工具】列表中选择【直方图】,回车打开其对话框。

(3)对命令对话框进行相应设置。本例【输入区域(I)】为"B2:B101";【接收区域(B)】为

"C2:C4",即分类标志的区域;在输出选项中可根据自己的需要确定,本例选择【输出区域】并键入"D2"(意思是结果从本工作表 D2 位置开始输出结果)。选择【图表输出】,然后回车确定。输出结果如图 9.13 所示。

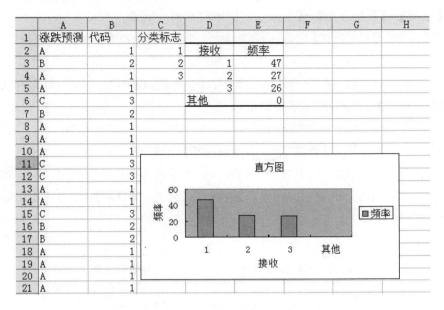

图 9.13 Excel 输出频数分布图

(4)为了把输出结果转化为易读的形式,应将结果进一步修改和修饰。这里可以将频数分布表中的"接收"改为标题"涨跌情况",将"频率"改为"频数",将代码 1、2、3 用相应名称"看涨""看跌""看平"来代替,并将"其他"去掉,换以相应的"合计"内容,输出表可整理如表 9.4 所示。

表 9.4 100 家机构对股指涨跌预测结果的频数分布

涨跌情况	频数/家	比重/%
看涨	47	47
看跌	27	27
看平	26	26
合计	100	100

(二)使用 Excel 编制变量数列的频数分布表

有两种编制方法。

1. 利用 Excel 中的统计函数 FREQUENCY 来创建频数分布表和直方图

创建频数分布表的步骤:

(1)选择与接受区域相临近的单元格区域,作为频数分布表输出的区域。

(2)选择统计函数中的【FREQUENCY】函数。

(3) 在对话框 Data-array 后输入数据区域,在 Bins-array 后输入各组上限的实际值。

(4) 同时按下"Ctrl-Shift-Enter"组合键,即得到频数分布。

2. 利用 Excel 中【直方图】工具制作频数分布表

(1)【工具】→【数据分析】→【直方图】,回车打开其对话框。

(2) 在【直方图】对话框的【输入区域(I)】输入数据,【接收区域(B)】输入各组上限的实际值。

(3) 在输出选项中输入任意单元格。本例在【输出区域】中键入"D1",同时单击【累积百分率】和【图表输出】复选框,回车确定即可。

(4) 进一步修改表格和修饰图形。

直接输出的是柱形图,与要求不符,需要进行相应的修改。

修改的方法:点中图中的某个柱形,单击右键,在弹出的菜单中选择【数据系列格式】,在弹出【数据系列格式】对话框中,点击【选项】按钮,将【分类间距】调整为 0,点击【确定】即可。应用举例参见例 9.2。

【例 9.2】

表 9.5 某车间职工按月工资额分组的频数分布表

月工资额/元	职工人数/人	频率/%
800～900	3	15
900～1 000	6	30
1 000～1 100	3	15
1 100～1 200	2	10
1 200～1 300	6	30
合计	20	100

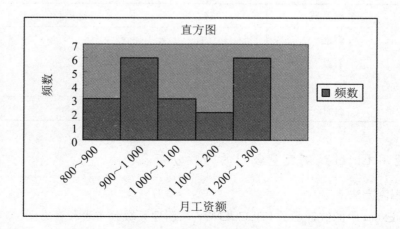

图 9.14 某车间职工月工资额分布的直方图

（三）使用 Excel 绘制统计图

Excel 能够提供多种统计图，如柱形图、条形图、折线图、饼图、散点图、圆环图、气泡图、面积图、圆锥图等。

【例 9.3】 根据例 9.1 中得到的表 9.4 中 100 家机构对股指涨跌预测结果的频数分布，介绍绘制柱形图和饼图的方法。

1. 柱形图

Excel 绘制柱形图的步骤如下。

第一步：点击【图表向导】，弹出【图表向导-4 步骤之 1-图表类型】对话框。

第二步：在【图表类型】中选择【柱形图】，在【子图表类型】中选择具体样式；点击【下一步】，弹出【图表向导-4 步骤之 2-图表源数据】对话框。在对话框中，输入数据区域。

第三步：点击【下一步】，弹出【表向导-4 步骤之 3-图表源数据】对话框。对该对话框中的项目进行适当的选择，点击【完成】即可，然后作相应修改，结果如图 9.15 所示。

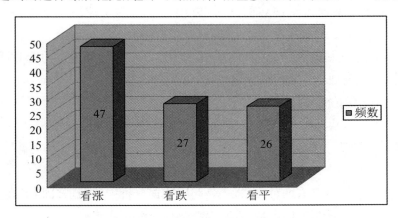

图 9.15　100 家机构对股指的预测结果

2. 饼图

Excel 绘制饼图的步骤同柱形图。绘制的饼图如图 9.16 所示。

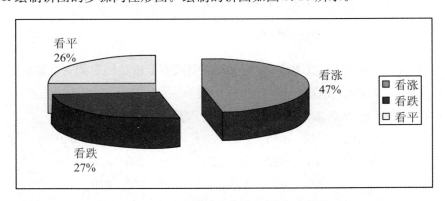

图 9.16　100 家机构对股指预测结果的比例构成

实训任务四　统计整理方法应用

一、实训目的

通过本项目实训,使学生掌握应用统计软件(Excel)对统计调查收集得到的原始资料或次级资料进行分组、汇总,使之条理化、系统化的统计整理工作技能。

二、实训内容

结合第三章统计整理教学内容的学习,以项目小组为单位组织学生,需要完成以下内容:

(1) 将相关原始资料输入到 Excel 文本中,应用 Excel 中数据分析功能对调查数据资料进行分组汇总,使之条理化、系统化,完成统计整理工作过程。

(2) 用 Excel 绘制统计图。

三、实训步骤

用 Excel 进行统计分组有两种方法,一是利用数据分析中的【直方图】工具(第一部分介绍此功能),二是利用 FREQUENCY 函数(第二部分介绍此功能)。

注意:第一种功能需要使用 Excel 扩展功能,需要安装完整版的 Excel,要安装数据分析功能,步骤依次是【工具】→【加载宏】→【分析工具库和分析工具库-VBA 函数】。操作完这三个步骤,再回去点击【工具】,就会有【数据分析】的菜单选项了。

(一) 利用 Excel 完成统计整理

将原始资料输入到 Excel 文本中,应用 Excel 中数据分析功能对调查数据资料进行分组汇总,使之条理化、系统化,完成统计整理工作过程。

【例 9.4】　某企业 40 名工人日产量(单位:件)资料如下:

660	650	580	640	700	550	590	480	450	560
590	650	460	480	490	500	540	550	560	450
560	490	600	620	680	650	570	560	570	590
460	580	580	700	570	740	590	690	580	570

第一步:启动 Excel,新建一个工作簿 Book 1,准备用 Excel 进行统计分组。

第二步：在工作表 Sheet 1 上的(A1～A41)矩形区域内输入 40 名工人的日产量数据的资料，选中数据资料，进行数据排序，如图 9.17 所示。

选定 A2～A41 单元格内的数据，点击【↑】(升序)，如图 9.18 所示。

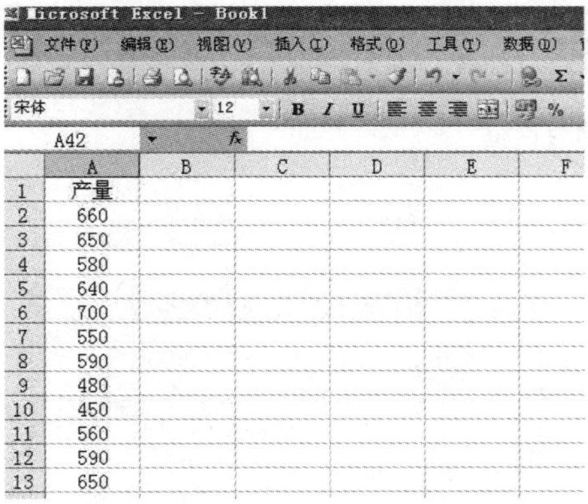

图 9.17　输入资料

图 9.18　升序排列

按照之前分好的组，利用 Excel 的直方图功能计算出各组的人数，如图 9.19 所示。

第三步：因为 Excel 不会执行"上限不在内"原则，并且不会认除了数字之外的符号，每组只要输入本组的极限点。例如，第一组 500 以下，上限 500 不在本组内，所以让计算机执行的话，要输入"499"作为计算机执行的上限。下列各组以此类推。最后一组没有上限，但是我们排序之后知道最大值为 750，所以 750 作为最后一组的极限点。三组数据输入 C8～C10，如图 9.20 所示。

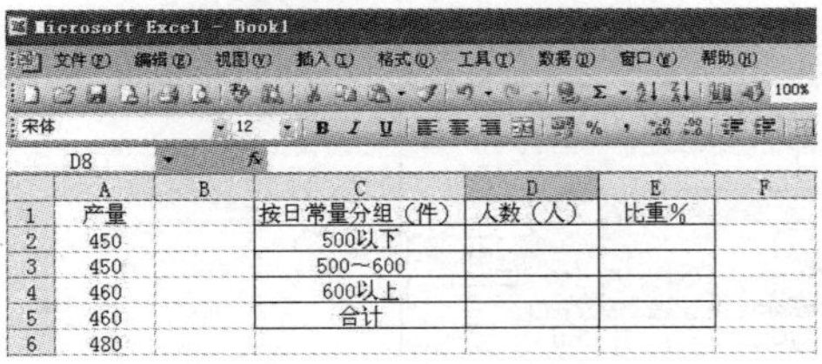

图 9.19　输入资料并数据排序

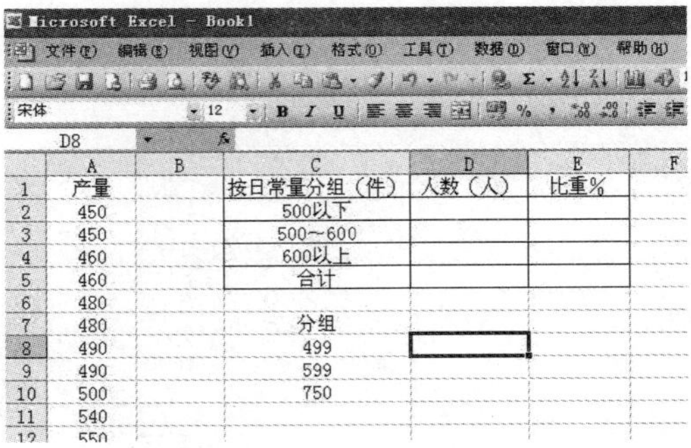

图 9.20　设置极限点

第四步：点击【工具】菜单，选择【数据分析】选项，打开如图 9.21 的对话框。选择【直方图】，点击【确定】。

第五步：在图 9.22 的各个区域按图 9.23 要求输入。

输入区域是指要处理的数据所在位置，接收区域是指哪些区域接收并处理数据。

此例中，要处理的 40 个数据在 A2～A41 单元格上，把 40 个数据分到三组去，这三组的内容在 C8～C10。

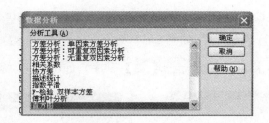

图 9.21 【数据分析】对话框

图 9.22 【直方图】对话框

图 9.23 输入相关数据

对于输出区域的说明：因为不知道输出的具体内容有多大，所以选择在空白地方的一个单元格即可，输出时计算机会自动以这个区域为起点来扩展显示结果。

选择【图表输出】，可以得到直方图；选择【累积百分率】，系统将在直方图上添加累积频率折线；选择【柏拉图】，可以得到按降序排列的直方图。现只选择【图表输出】。

第六步：然后点击【确定】，出现图 9.24 所示的直方图。

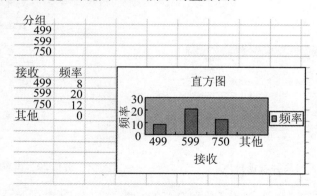

图 9.24 输出直方图

第七步：点击图 9.24 中的直方图的蓝色条柱，然后右击，在出现的对话框中，选择【数据系列格式】，出现图 9.25。然后选择【选项】，如图 9.26 所示，按照图中要求操作，把分类间距改为 0。

第八步：直方图中"频率"的文字方向要更改，选定【频率】，然后右击，选择【坐标轴标题格式】，文字方向如图 9.27 所示。

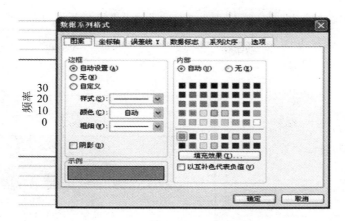

图 9.25 【数据系列格式】对话框

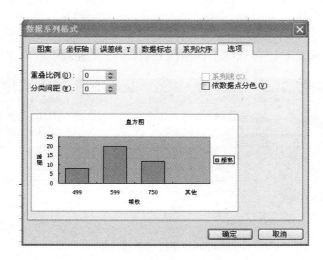

图 9.26 修改分类间距

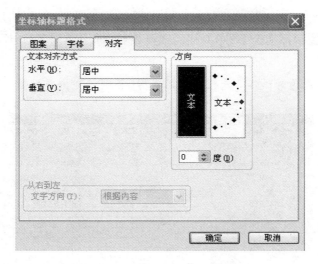

图 9.27 更改"频率"文字方向

把图 9.24 中的"接收"改为"分组","频率"改为"频数","直方图"改为"某生产小组 40 名工人日产量直方图","接收"改为"日产量分组(件)","频率"改为"频数",如图 9.28 所示。

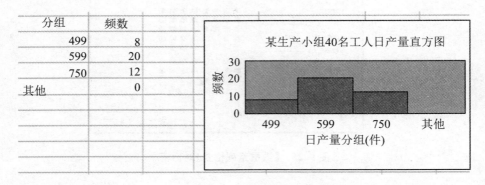

分组	频数
499	8
599	20
750	12
其他	0

图 9.28 更改后的效果图

第九步：由上述操作可以得到三组各组的人数，可以完成表中的内容填写（见图 9.29）。

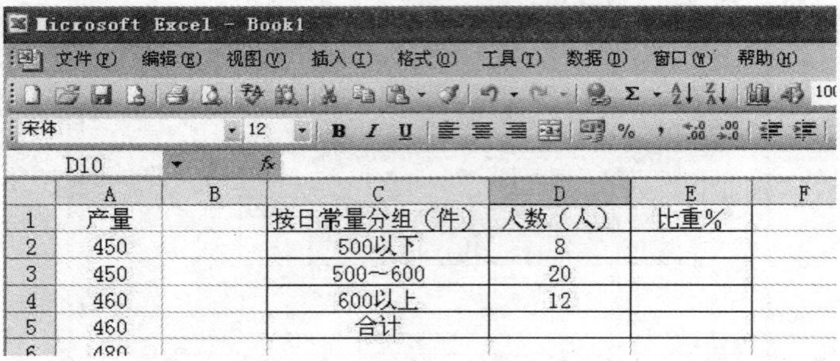

图 9.29 最终的表格效果

第十步：选定 D5，然后点击【Σ】，就可以计算合计了，计算各组的比重，可以先算第一组，在 E2 输入"＝D2/40＊100"，如图 9.30 所示，然后回车，即可得到结果，其他组利用填充功能，在 E2 位置按住鼠标拖至 E5 单元格后放开鼠标，即可得到 E3～E5 单元格的频率（见图 9.31）。

注意：在输入公式的时候不要忘记先输入等号，否则不会出现数值。

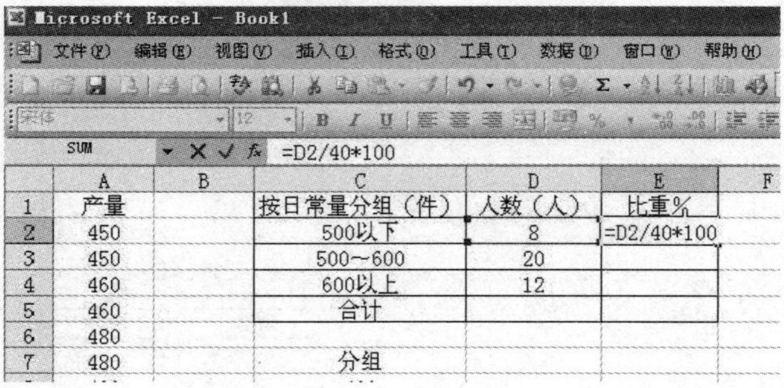

图 9.30 计算比重

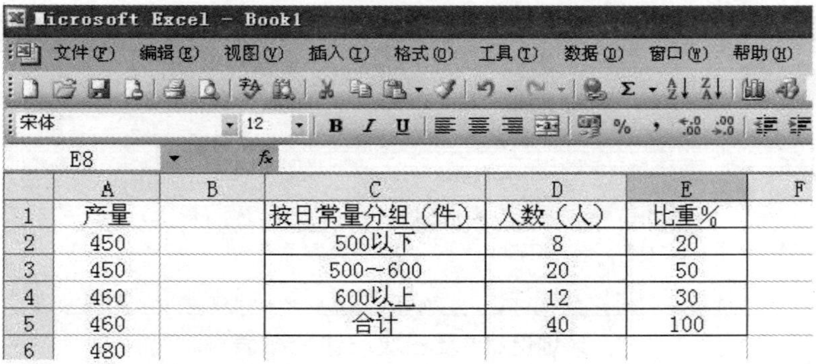

图 9.31 填充效果

第十一步:完成以上十步操作会得到图 9.32。

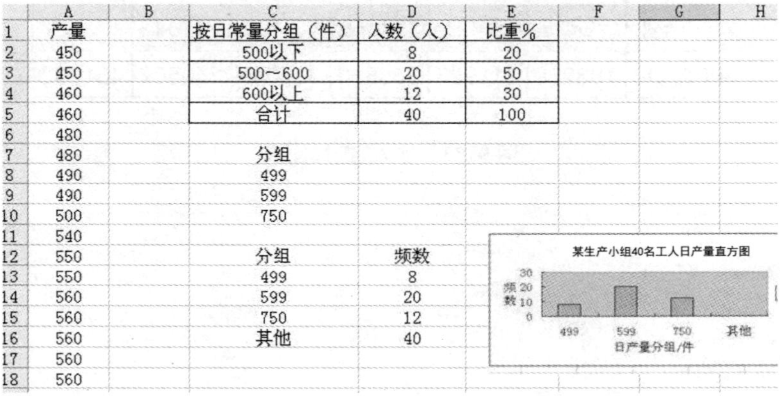

图 9.32 效果图

然后以"利用直方图功能计算频数"重命名 Sheet 1,以自己的班别、名字、学号(第三章)命名 Book 1 并保存。接着完成第二项内容。

(二)用 Excel 绘制统计图

第一步:打开刚才的以自己的班别、名字、学号命名的 Book 1,将 Sheet 3 重命名为"绘制统计图"。

第二步:选定如图 9.33 所示的区域"A2:G5"。

第三步:点击【插入】菜单,点击【推荐的图表】按钮,弹出插入图标对话框,点击【所有图表】选项卡,在左边的列表框中选择【柱形图】,在簇状柱形图中选择图 9.34 中的选项,按【确定】按钮。

第四步:在图 9.35 中点击"图表标题",将其改为"某地区 GDP 及三次产业分布",得到最终的统计图,如图 9.36 所示。

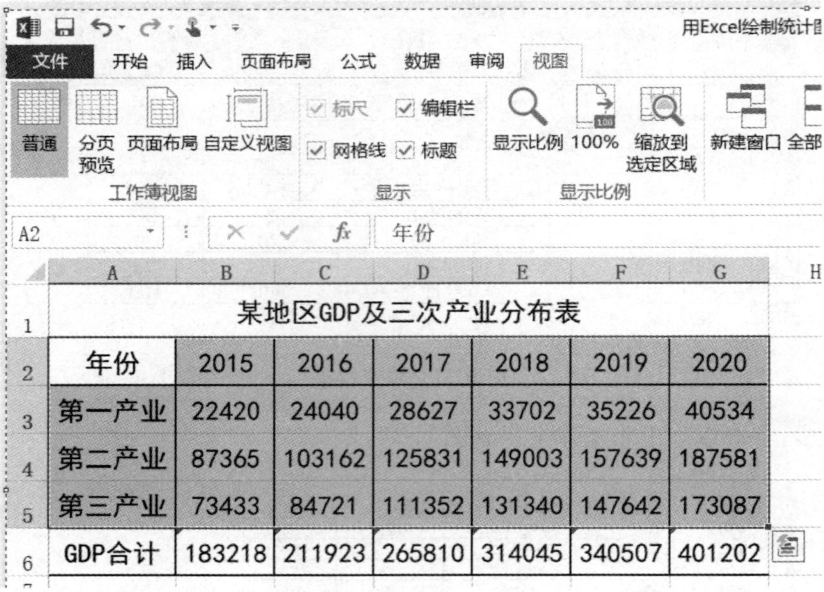

用Excel绘制统计
文件
开始
插入
页面布局
公式
数据
审阅
视图
普通
分页预览
页面布局
自定义视图
工作簿视图
标尺
编辑栏
网格线
标题
显示
显示比例
100%
缩放到选定区域
显示比例
新建窗口
全部
A2
年份
某地区GDP及三次产业分布表
年份 2015 2016 2017 2018 2019 2020
第一产业 22420 24040 28627 33702 35226 40534
第二产业 87365 103162 125831 149003 157639 187581
第三产业 73433 84721 111352 131340 147642 173087
GDP合计 183218 211923 265810 314045 340507 401202

图 9.33 输入、选择图表

插入图表
推荐的图表
所有图表
最近
模板
柱形图
折线图
饼图
条形图
面积图
X Y (散点图)
股价图
曲面图
雷达图
组合
簇状柱形图
图表标题
图表标题
图表标题
确定
取消

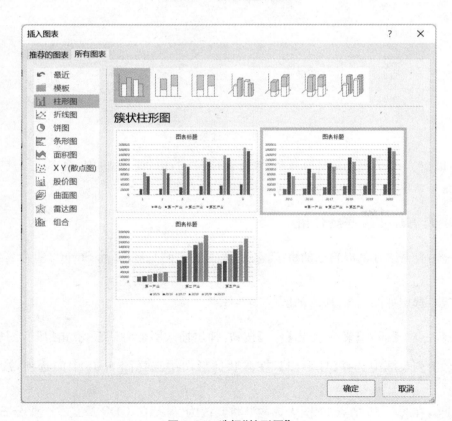

图 9.34 选择“柱形图”

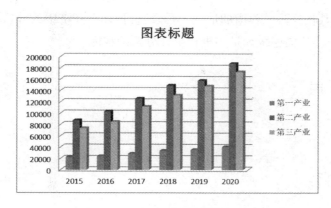

图 9.35　形成柱状图

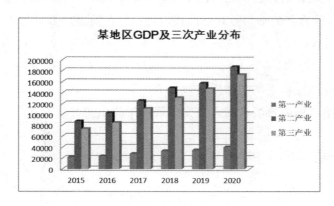

图 9.36　最终统计图

四、实训组织要求

根据项目课题实施步骤确定实训地点，完成"整理项目资料"项目实训训练：
(1) 先在课前完成项目资料手工整理。
(2) 然后在电子实训室将手工整理的项目资料输入 Excel 文本中，完成电子资料整理。

实训任务五　用 Excel 计算描述统计量

一、实训目的

所有的统计指标都可以称为综合指标。根据综合指标数字的表现形式，可将综合指标分为三大类，即总量指标、相对指标和平均指标。通过本实训的学习，了解各种综合指标的特点和应用场合及其在经济工作中的地位,掌握综合指标在经济中的分析方法,以及掌握应用统计软件(Excel)计算描述统计量和进行统计分析的技能。

二、实训学时

4 学时。

三、实训内容

(1) 结合第四章综合指标教学内容的学习,以项目小组为单位,将根据某企业甲车间 30 名工人日产量资料,计算各类平均数和标准差,日产量(单位:件)资料如下:

36 49 34 47 33 43 38 42 32 34 38 46 43 39 35
30 26 42 41 36 44 40 37 37 25 45 29 43 31 36

(2) 利用函数计算加权平均数和标准差。
(3) 要求利用第二项内容所教的方法完成第四章的相关习题。

四、实训步骤

(一) 利用"描述统计"分析工具计算描述统计量

本功能需要使用 Excel 扩展功能。

第一步:启动 Excel,新建一个工作簿,以自己的班别、姓名、学号(第四章)重命名。
第二步:在工作表 Sheet 1 上将 30 名工人日产量数据资料输入到 A1~A30 单元格,如图 9.37 所示。

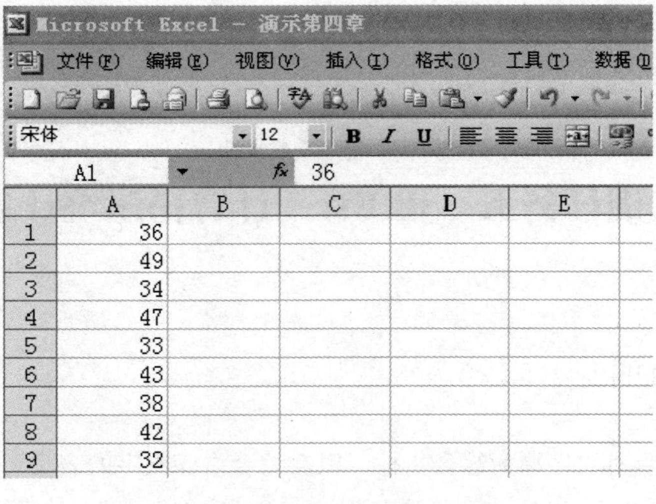

图 9.37 输入 30 名工人日产量数据

第二步：在工具菜单中选择【数据分析】选项，从其对话框中选择【描述统计】，单击【确定】按钮后，打开【描述统计】对话框，在输入区域中输入"＄A＄1：＄A＄30"，在输出区域中输入"＄C＄1"，其他复选项可根据需要选定，如图9.38、图9.39所示。

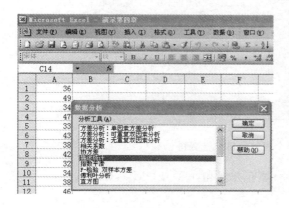
图9.38 【数据分析】选项

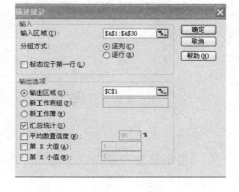
图9.39 【描述统计】对话框

第三步：单击【确定】按钮，出现如图9.40的数据排列。

图9.40 统计的数据

（二）利用函数计算加权平均数和标准差

根据甲、乙两个班组工人日产量资料，计算平均数、标准差及标准差系数。

第一步：将原始数据输入自己的班别、姓名、学号（第四章），重命名工作簿的Sheet 2，如图9.41所示。

第二步：以甲班的数据为例计算以下几个方面内容：

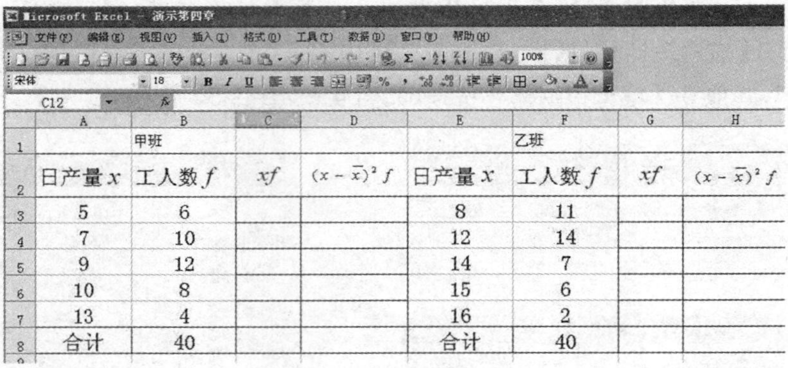

图 9.41　输入两个班组的日产量资料

(1) 各组日生产量总数 xf：C3＝A3＊B3，填充并求和，C8＝SUM(C3:C7)。

(2) 日产量平均数：
$$C11 = C8/B8 = 8.5(件)$$

(3) $(x-\bar{x})^2 f$：D3＝B3＊(A3－\$C\$11)^2，填充并求和，D8＝SUM(D3:D7)。

(4) 标准差：
$$C12＝SQRT(D8/B8)＝2.22(件)$$

(5) 变异系数：
$$C13＝C12/C11＊100)＝26.77\%$$

同样的方法可以操作计算乙班的有关数据，如图 9.42 所示。

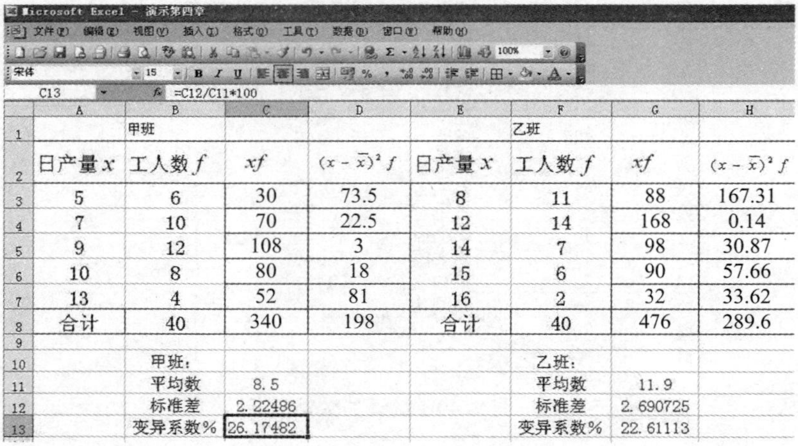

图 9.42　计算结果图

第三步：保存，发送到老师指定的邮箱。

五、实训组织要求

需在电子实训室完成"用 Excel 计算描述统计量"的项目实训训练。

实训任务六　用 Excel 进行动态数列分析

一、实训目的

通过本项目实训训练，使学生掌握应用统计软件（Excel）统计整理项目资料，并运用动态数列分析方法对项目课题进行统计分析的技能。

二、实训学时

4 学时。

三、实训内容

结合第五章动态数列分析教学内容的学习，以项目小组为单位，利用例题：我国 2001～2020 年国内生产总值（GDP）资料计算四期、五期移动平均数。

四、实训步骤

第一步：启动 Excel，新建一个工作簿，以自己的班别、姓名、学号重命名。
第二步：在工作表 Sheet1 上将 20 年 GDP 数据资料输入到 A1～A21 单元格，如图 9.43 所示。

	A	B	C	D	E
1	年份	GDP	四期移动平均	四期移正平均	五期移动平均
2	2001	110863.10			
3	2002	121717.40			
4	2003	137422.00			
5	2004	161840.20			
6	2005	187318.90			
7	2006	219438.50			
8	2007	270092.30			
9	2008	319244.60			
10	2009	348517.70			
11	2010	412119.30			
12	2011	487940.20			
13	2012	538580.20			
14	2013	592963.20			
15	2014	643563.10			
16	2015	688858.20			
17	2016	746395.10			
18	2017	832035.90			
19	2018	919281.10			
20	2019	990865.10			
21	2020	1015986.00			

图 9.43　输入 20 年 GDP 数据

第三步：单击【工具】菜单，选择【数据分析】选项。打开【数据分析】对话框，从其【分析工具】列表中选择【移动平均】选项，单击【确定】按钮，如图 9.44 所示。

图 9.44　选择【移动平均】

第四步：打开【移动平均】对话框后，按照图 9.45 显示中的内容操作。

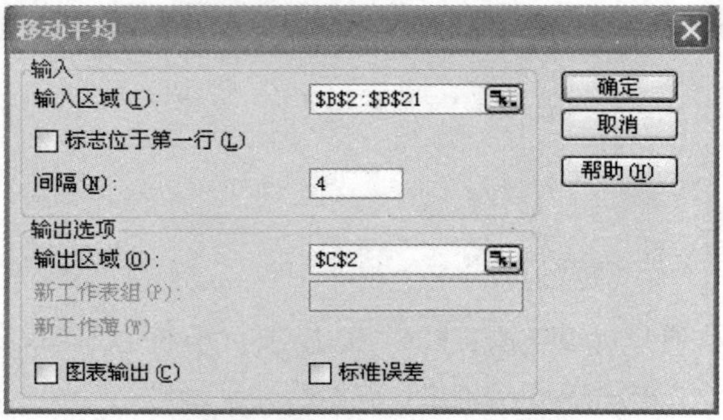

图 9.45　【移动平均】对话框

第五步：单击【确定】按钮后，出现的结果如图 9.46 所示。

	A	B	C	D	E
1	年份	GDP	四期移动平均	四期移正平均	五期移动平均
2	2001	110863.10			
3	2002	121717.40			
4	2003	137422.00			
5	2004	161840.20	132960.68		
6	2005	187318.90	152074.63		
7	2006	219438.50	176504.90		
8	2007	270092.30	209672.48		
9	2008	319244.60	249023.58		
10	2009	348517.70	289323.28		
11	2010	412119.30	337493.48		
12	2011	487940.20	391955.45		
13	2012	538580.20	446789.35		
14	2013	592963.20	507900.73		
15	2014	643563.10	565761.68		
16	2015	688858.20	615991.18		
17	2016	746395.10	667944.90		
18	2017	832035.90	727713.08		
19	2018	919281.10	796642.58		
20	2019	990865.10	872144.30		
21	2020	1015986.00	939542.03		

图 9.46　四期移动平均数

第六步:从图 9.46 中,我们可以发现,结果显示的位置不对,我们进行调整,第一个数据 132 960.68 应该在 C3 单元格。如图 9.47 所示。

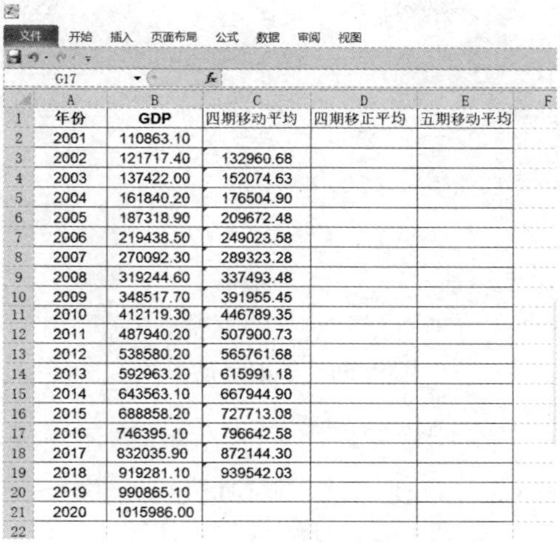

图 9.47 调整位置

第七步:四期移动移正操作。单击【工具】→【数据分析】→【移动平均】。如图 9.48 所示。

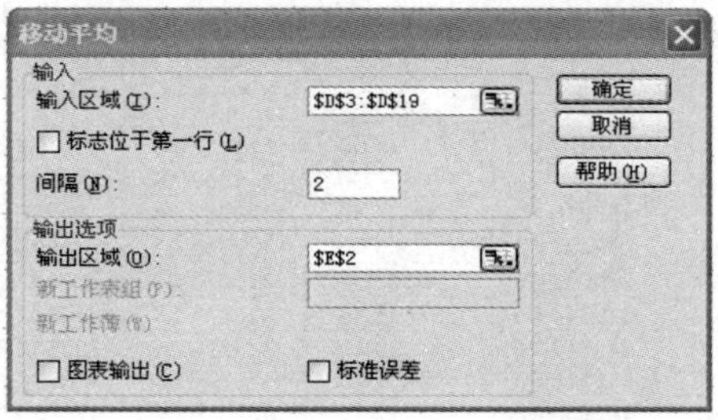

图 9.48 四期移动平均

第八步:单击【确定】,出现图 9.49 所示结果。

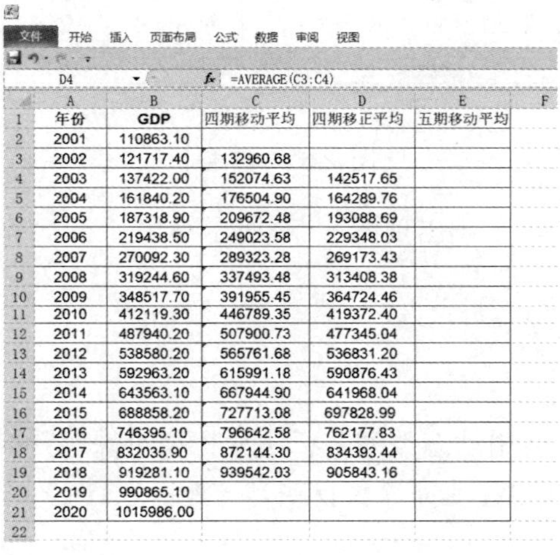

图 9.49 操作后的结果

第九步：五期移动平均操作，操作方法和四期移动平均类似。如图 9.50 所示。

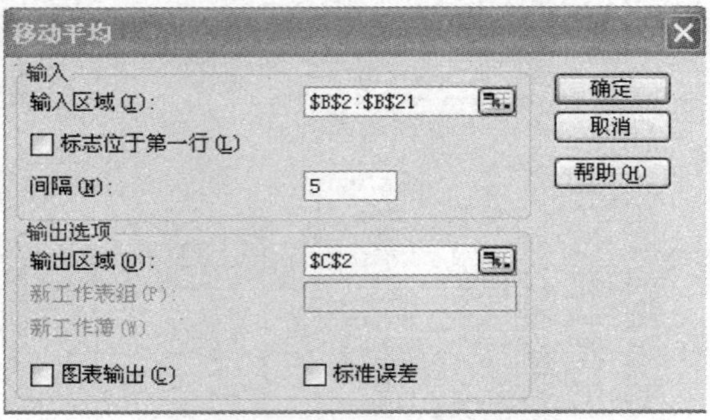

图 9.50　五期移动平均

第十步：单击【确定】后，我们同样发现结果显示的位置不正确，我们进行调整，第一个数据 143832.32 应该在 E4 单元格。我们依然要对其进行改正。

第十一步：单击【确定】，出现图 9.51 所示结果。

	A	B	C	D	E
1	年份	GDP	四期移动平均	四期移正平均	五期移动平均
2	2001	110863.10			
3	2002	121717.40	132960.68		
4	2003	137422.00	152074.63	142517.65	143832.32
5	2004	161840.20	176504.90	164289.76	165547.40
6	2005	187318.90	209672.48	193088.69	195222.38
7	2006	219438.50	249023.58	229348.03	231586.90
8	2007	270092.30	289323.28	269173.43	268922.40
9	2008	319244.60	337493.48	313408.38	313882.48
10	2009	348517.70	391955.45	364724.46	367582.82
11	2010	412119.30	446789.35	419372.40	421280.40
12	2011	487940.20	507900.73	477345.04	476024.12
13	2012	538580.20	565761.68	536831.20	535033.20
14	2013	592963.20	615991.18	590876.43	590380.98
15	2014	643563.10	667944.90	641968.04	642071.96
16	2015	688858.20	727713.08	697828.99	700763.10
17	2016	746395.10	796642.58	762177.83	766026.68
18	2017	832035.90	872144.30	834393.44	835487.08
19	2018	919281.10	939542.03	905843.16	900912.64
20	2019	990865.10			
21	2020	1015986.00			
22					

图 9.51　结果 1

如果在图表选项中打“√”，则出现图 9.52 所示结果。

五、实训组织要求

(1) 需在实训室完成“运用动态数列分析法分析项目课题”的项目实训训练。

(2) 学生在课堂上利用 Excel 计算教材相关习题。

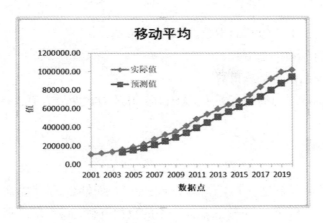

图 9.52 结果 2

实训任务七　用 Excel 指数计算并进行因素分析

一、实训目的

通过本项目实训训练,使学生掌握应用统计软件(Excel),掌握指数计算并进行因素分析的技能。

二、实训学时

4 学时。

三、实训内容

结合第六章指数分析教学内容的学习,按照如下资料进行有关计算。

【资料】 某商场商品价格和销售量如表 9.6 所示。

表 9.6　某商场商品价格和销售量

商品名称	计量单位	商品价格/元		商品销售量	
		基期	报告期	基期	报告期
手套	双	22.0	19.8	120	120
玩具	个	11.0	11.0	220	240
日记本	本	4.0	3.8	110	131

(1) 计算三种商品的销售总额指数。

(2) 计算三种商品物价总指数。

(3) 计算三种商品销售量总指数。

(4) 分析三种指数之间的经济关系(从绝对数和相对数两个方面进行分析)。

四、实训步骤

第一步:启动 Excel,新建一个工作簿,以自己的班别、姓名、学号重命名。

第二步:在工作表 Sheet 1 上输入上述表中的数据资料,如图 9.53 所示。

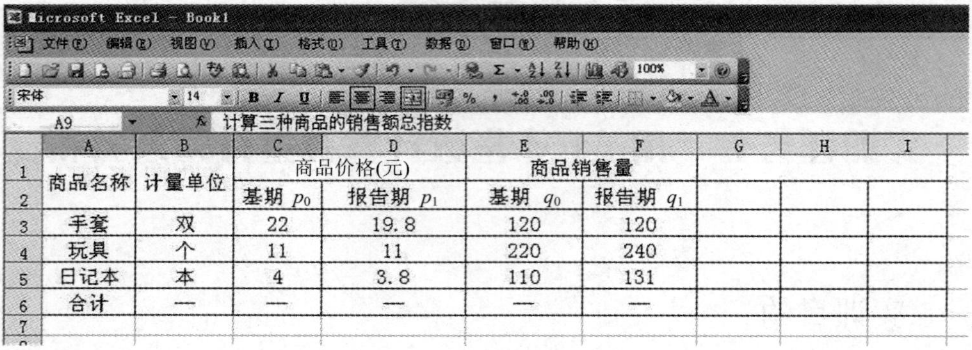

商品名称	计量单位	商品价格(元)		商品销售量	
		基期 p_0	报告期 p_1	基期 q_0	报告期 q_1
手套	双	22	19.8	120	120
玩具	个	11	11	220	240
日记本	本	4	3.8	110	131
合计	—	—	—	—	—

图 9.53 输入工作表内容

第三步:计算销售额,在 G3 中输入"=C3 * E3"(输入公式前不要忘记等号),回车后即可得到第一组的数值。其他组利用填充功能,选定 G3 并按住鼠标拖至 G5,即可到其他组的数值。在 H3 中输入"=D3 * F3",按照前述方法计算各个 p_1q_1。在 I3 中输入"=C3 * F3",按照前述方法计算各个 p_0q_1,如图 9.54 所示。

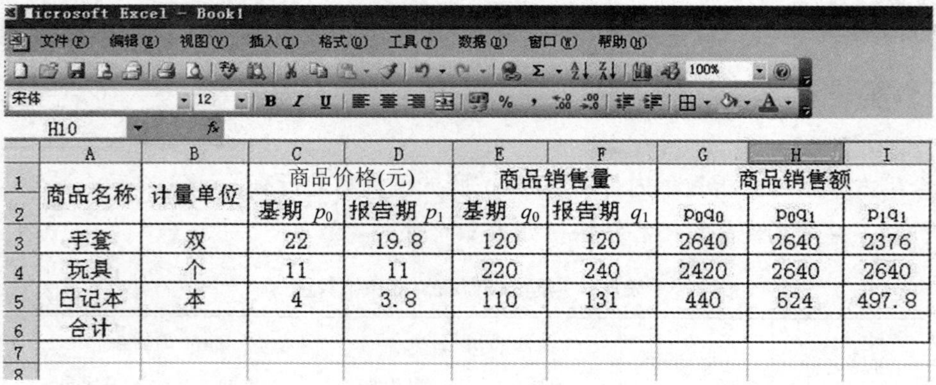

商品名称	计量单位	商品价格(元)		商品销售量		商品销售额		
		基期 p_0	报告期 p_1	基期 q_0	报告期 q_1	p_0q_0	p_0q_1	p_1q_1
手套	双	22	19.8	120	120	2640	2640	2376
玩具	个	11	11	220	240	2420	2640	2640
日记本	本	4	3.8	110	131	440	524	497.8
合计								

图 9.54 计算销售额

第四步:在不需要数据的计算的栏里要填上"—"符号(统计表中不允许有空格),计算 $\sum p_0q_0$、$\sum p_1q_1$、$\sum p_0q_1$ 。选定 G6,点击【Σ】,回车,即可得到结果,其他如 $\sum p_1q_1$、

$\sum p_0q_1$，按同样方法操作，如图 9.55 所示。

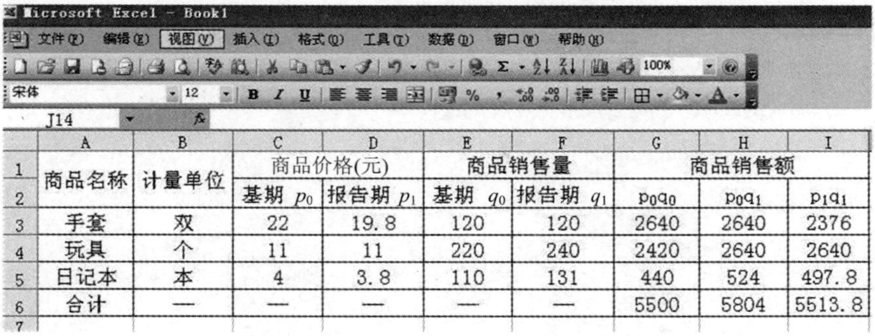

	A	B	C	D	E	F	G	H	I
1	商品名称	计量单位	商品价格(元)		商品销售量		商品销售额		
2			基期 p_0	报告期 p_1	基期 q_0	报告期 q_1	p_0q_0	p_0q_1	p_1q_1
3	手套	双	22	19.8	120	120	2640	2640	2376
4	玩具	个	11	11	220	240	2420	2640	2640
5	日记本	本	4	3.8	110	131	440	524	497.8
6	合计	—	—	—	—	—	5500	5804	5513.8

图 9.55 添加"—"符号并计算

第五步：计算三种商品的销售额总指数，$k_{pq}=\dfrac{\sum p_1q_1}{\sum p_0q_0}$，在 E9 中输入"＝H6/G6"，回车即可到结果；计算三种商品的物价总指数，$k_p=\dfrac{\sum p_1q_1}{\sum p_0q_1}$，在 E12 中输入"＝H6/I6"，回车即可到结果；计算三种商品的销售量总指数，$k_q=\dfrac{\sum p_0q_1}{\sum p_0q_0}$，在 E15 中输入"＝I6/G6"，回车即可到结果，如图 9.56 所示。

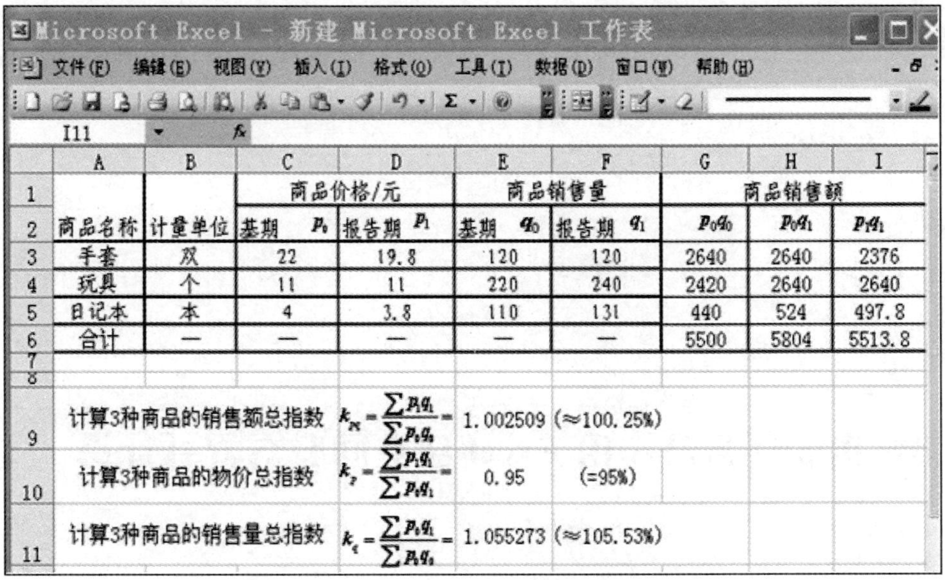

	A	B	C	D	E	F	G	H	I
1	商品名称	计量单位	商品价格/元		商品销售量		商品销售额		
2			基期 p_0	报告期 p_1	基期 q_0	报告期 q_1	p_0q_0	p_0q_1	p_1q_1
3	手套	双	22	19.8	120	120	2640	2640	2376
4	玩具	个	11	11	220	240	2420	2640	2640
5	日记本	本	4	3.8	110	131	440	524	497.8
6	合计	—	—	—	—	—	5500	5804	5513.8
7									
8									
9	计算3种商品的销售额总指数			$k_{pq}=\dfrac{\sum p_1q_1}{\sum p_0q_0}=$	1.002509	(≈100.25%)			
10	计算3种商品的物价总指数			$k_p=\dfrac{\sum p_1q_1}{\sum p_0q_1}=$	0.95	(=95%)			
11	计算3种商品的销售量总指数			$k_q=\dfrac{\sum p_0q_1}{\sum p_0q_0}=$	1.055273	(≈105.53%)			

图 9.56 计算总指数

第六步：先找出绝对数方面的关系，再进行绝对分析；同样先找出相对数方面的关系，再进行相对数分析，如图 9.57 所示。

绝对数方面

三种商品报告期比基期增加的销售额为：

$$\sum p_1q_1 - \sum p_0q_0 = 5\,513.8 - 5\,500 = 13.8(万元)$$

由于三种商品价格变动而影响总销售额的变动额：

$$\sum p_1q_1 - \sum p_0q_1 = 5\,513.8 - 5\,804 = -290.8(万元)$$

由于三种商品销售量变动而影响总销售额的变动额：

$$\sum p_0q_1 - \sum p_0q_0 = 5\,804 - 5\,500 = 304(万元)$$

因素分析

相对数分析：$100.25\% = 95\% \times 105.53\%$

绝对数分析：$13.8 = -290.8 + 304$

综合说明：三种商品总销售额报告期比基期增加了 0.25%，绝对额增加了 13.8 万元，是由于三种商品价格下跌了 5% 使总销售额减少了 290.8 万元，以及由于三种商品销售量增加了 5.53% 使总销售额增加了 304 万元，两因素共同作用的结果。

图 9.57　分析结果

第七步：完成上述操作，保存，然后按照所教的计算方法课堂内完成课后习题。

五、实训组织要求

需在电子实训室完成"运用指数分析法分析项目课题"的项目实训训练。

六、其他说明

实训标准与评分：

第一、二步骤（10%），第三步骤（20%），第四步骤（10%），第五步骤（20%），第六步骤（30%）。

实训任务八　用 Excel 建立回归方程并计算

一、实训目的

通过本项目实训训练，使学生掌握应用统计软件（Excel），以及运用相关与回归分析法对项目课题的经统计整理后的项目资料进行统计分析的技能。

二、实训学时

4 学时。

三、实训内容

结合第八章相关与回归分析教学内容的学习,以项目小组为单位,计算如下资料。

【资料】 某地区 8 个工业企业产品销售资料如表 9.7 所示。

表 9.7 某地区 8 个工业企业产品销售情况

企业编号	产品销售额 x/万元	利润额 y/万元
1	170	8.1
2	220	12.5
3	390	18
4	430	22
5	480	26
6	650	40
7	950	64
8	1000	69

(1) 绘制销售额和销售利润之间的相关图,计算相关系数。
(2) 建立回归直线方程(以销售额为自变量),并解释斜率的含义。
(3) 当销售额为 500 万元时,利润为多少?

四、实训步骤

第一步:启动 Excel,新建一个工作簿,以自己的班别、姓名、学号重命名。

第二步:在工作表 Sheet 1 上输入上述表中的数据资料,如图 9.58 所示。

第三步:选择数据区域 B3~C10,点击工作表 Sheet 1 工具栏中的【插入】,选择【XY 散点图】,如图 9.59 所示。

第四步:点击【确定】,出现图 9.60 所示的散点图。

第五步:点击 Excel 表工具栏中的【设计】,选择喜欢的图形式样,点击【确定】后出现图 9.61。

	A	B	C
1	某地区8个工业企业产品销售情况		
2	企业编号	产品销售额（万元）x	利润额（万元）y
3	1	170	8.1
4	2	220	12.5
5	3	390	18
6	4	430	22
7	5	480	26
8	6	650	40
9	7	950	64
10	8	1000	69

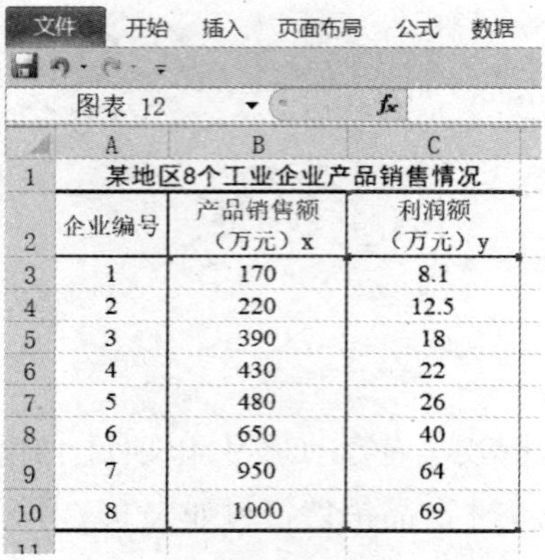

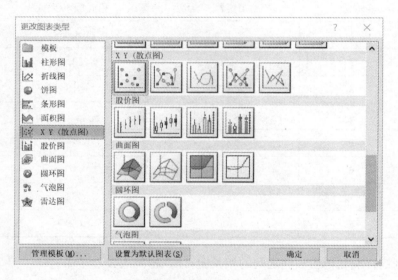

图 9.58　输入数据资料

图 9.59　选择【XY 散点图】

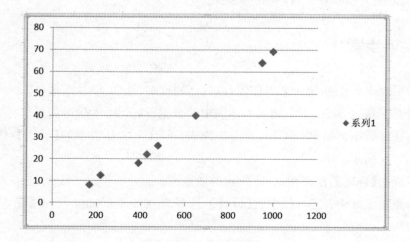

图 9.60　【XY 散点图】

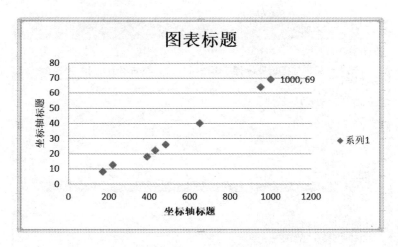

图 9.61　选择图形式样

第六步：输入图表标题名称，输入横、纵坐标轴标题名称，完成相关关系图的操作。如图 9.62 所示。

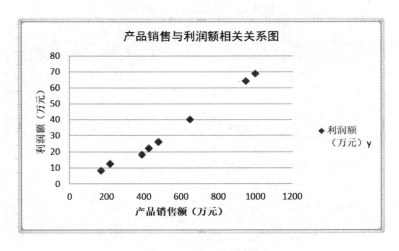

图 9.62　相关关系图效果

第七步：计算相关系数。光标选定任意存放相关系数的单元格，点击 Excel 表工具栏中的【公式】，然后点击【插入函数 f_x】，在选择类别中选择【统计】函数，再选择相关系数函数"CORREL"，如图 9.63 所示。

第八步：点击【确定】按钮后出现图 9.64，然后按图 9.64 所示选择两组数据：B3～B10，C3～C10。点击【确定】，即可到相关系数。如图 9.65 所示。

第九步：建立一元线性回归方程。先建立模型"$y=a+bx$"，计算截距 a，选定存放截距 a 的单元格，单击【插入】菜单，选择【函数】选项，再选择类别中选择【统计】函数，在【选择函数】中选取【求线性回归拟合方程的截距】的函数"INTERCEPT"，然后单击【确定】按钮，如图 9.66、图 9.67 所示。

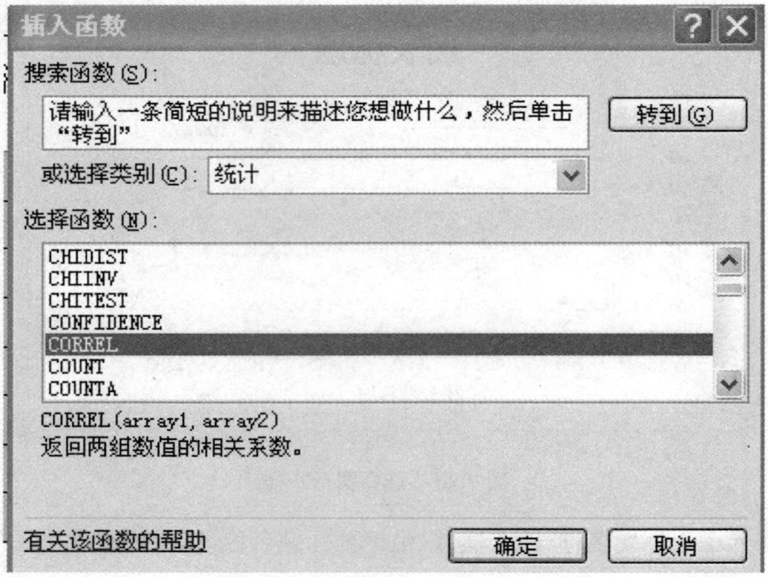

图 9.63 【插入函数】对话框

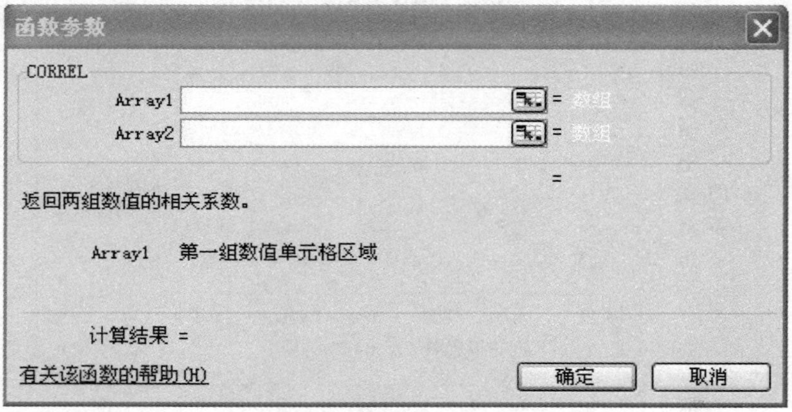

图 9.64 【函数参数】对话框 1

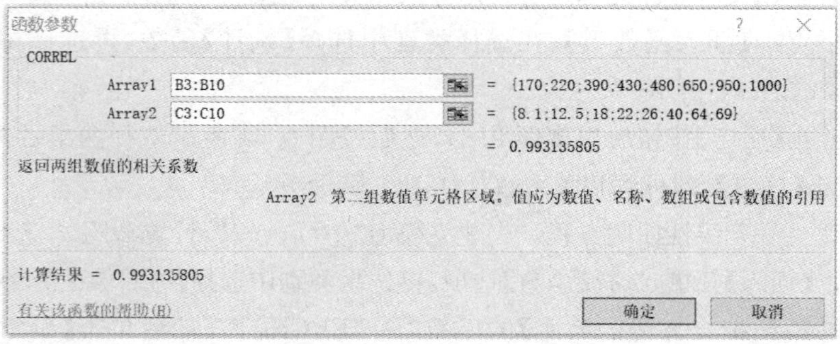

图 9.65 【函数参数】对话框 2

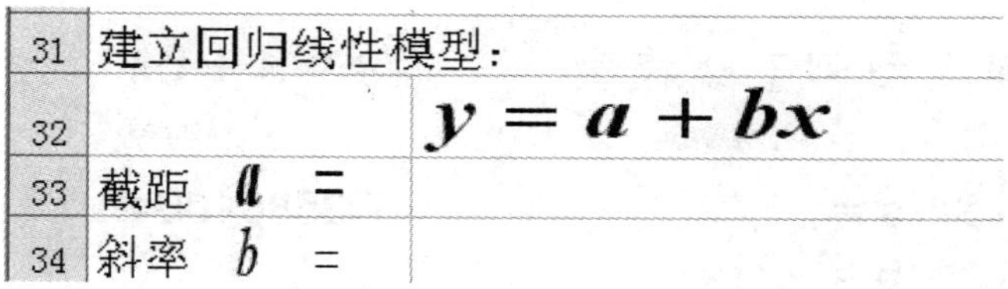

31	建立回归线性模型：	
32		$y = a + bx$
33	截距 a	=
34	斜率 b	=

图 9.66　建立模型

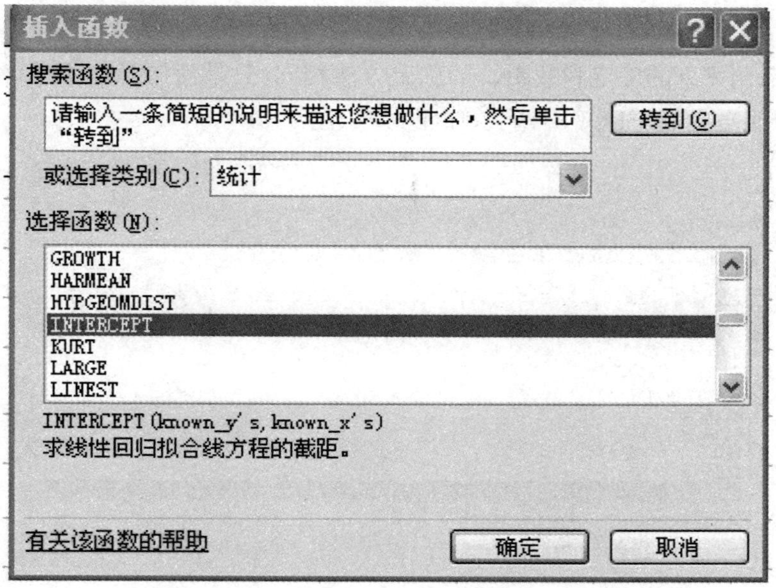

图 9.67　选择"INTERCEPT"函数

第十步：进入【函数参数】设置对话框，在【Known_y's】和【Known_x's】中分别导入或输入因变量 Y 和自变量 X 的取值范围，单击【确定】，即可到截距 a 的计算结果，如图 9.68、图 9.69 所示。

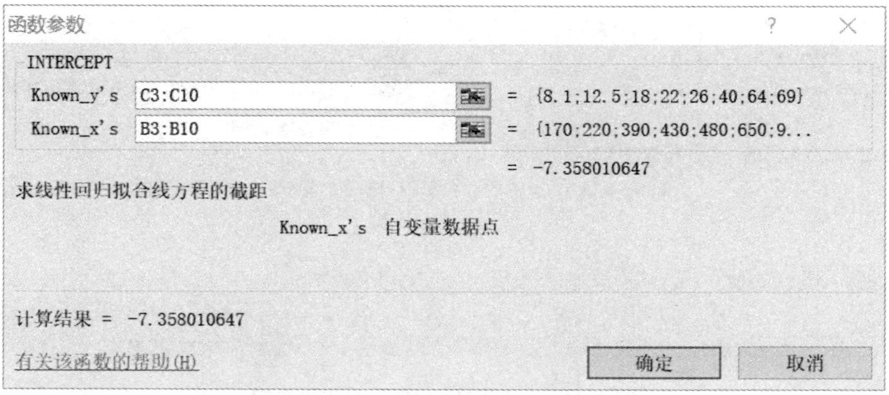

图 9.68　输入"INTERCEPT"取值范围

建立回归直线模型	y = a + bx
截距 a =	-7.358010647
斜率 b =	

图 9.69　截距 a 的计算结果

第十一步：斜率 b 的确定和截距 a 的确定方法相同，只是使用函数不用，确定直线的斜率要使用统计函数中的"SLOPE"函数，如图 9.70、图 9.71 所示。

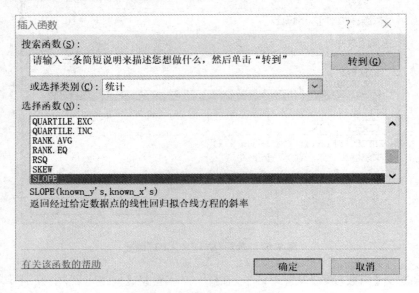

图 9.70　选择"SLOPE"函数

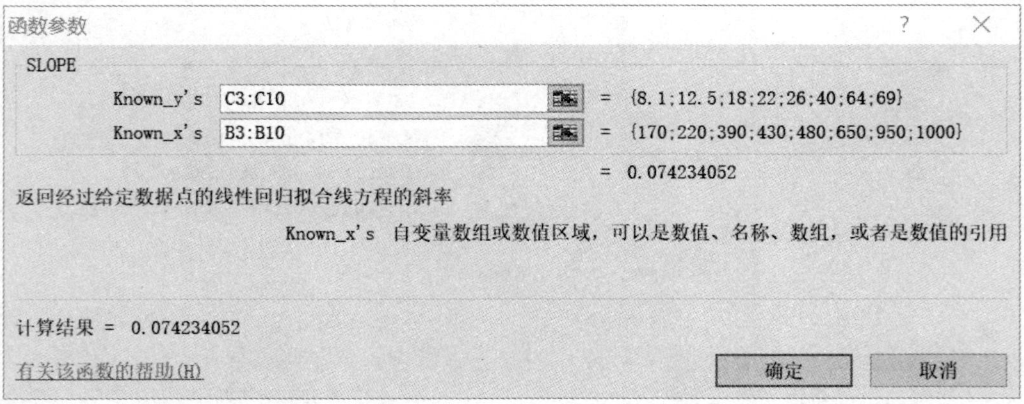

图 9.71　选择"SLOPE"函数取值范围

第十二步：单击【确定】后，即可得到斜率 b 的计算结果，于是得出所求的一元直线回归方程,如图 9.72 所示。

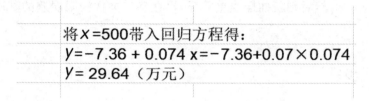

图 9.72　一元直线回归方程结果

第十三步:通过上述直线回归方程,可以预测销售利润额 y 值,如图 9.73 所示。

将 x=500带入回归方程得:
$y=-7.36+0.074x=-7.36+0.07×0.074$
$y=29.64$（万元）

图 9.73　一元直线回归方程预测

第十四步:保存文件,发到老师指定的邮箱,然后课堂内完成课本的练习题。

五、实训组织要求

在电子实训室完成"运用相关与回归分析法分析项目课题"的项目实训训练。

六、其他说明

实训标准与评估:
第一、二步骤(共 15%),第三至第九步骤(各 5%),第十至十四步骤(各 10%)。

实训任务九　进行抽样估计

一、实训目的

由于全面调查的范围广,工作量大,需要耗费大量的人力、物力和财力,而且有时也不需要或不可能进行全面调查,但又要了解客观现象的总体情况,就可以采用抽样调查的方式取得调查资料。因此,通过本项目实训训练,使学生掌握应用统计软件(Excel)整理项目调查取得的项目资料,并运用抽样推断原理对全及总体进行抽样估计的技能。

二、实训学时

2学时。

三、实训内容

结合第八章抽样推断教学内容的学习,以项目小组为单位,首先将统计整理后的项目资料计算样本均值指标,然后判断抽样误差状况,再在确定抽样极限误差的基础上,对全及总体进行抽样估计。

四、实训步骤

(1) 根据样本数据计算样本均值或样本成数。
(2) 根据样本均值或样本成数计算样本标准差。
(3) 根据样本标准差计算抽样平均误差。
(4) 在确定抽样极限误差的基础上,对全及总体进行抽样估计,以说明总体现象的一般规律或水平。

五、实训组织要求

需在电子实训室完成"进行抽样估计"的项目实训训练。

六、其他说明

实训标准与评估:
第一步骤(20%),第二步骤(20%),第三步骤(30%),第四步骤(30%)。

附 表

附表一 标准正态分布表

$$\Phi(x) = \int_{-\infty}^{x} \frac{1}{\sqrt{2\pi}} e^{-\frac{t^2}{2}} dt = P(X \leqslant x)$$

$$\phi(-x) = 1 - \phi(x)$$

x	0	0.01	0.02	0.03	0.04	0.05	0.06	0.07	0.08	0.09
0	0.500 0	0.504 0	0.508 0	0.512 0	0.516 0	0.519 9	0.523 9	0.527 9	0.531 9	0.535 9
0.1	0.539 8	0.543 8	0.547 8	0.551 7	0.555 7	0.559 6	0.563 6	0.567 5	0.571 4	0.575 3
0.2	0.579 3	0.583 2	0.587 1	0.591 0	0.594 8	0.598 7	0.602 6	0.606 4	0.610 3	0.614 1
0.3	0.617 9	0.621 7	0.625 5	0.629 3	0.633 1	0.636 8	0.640 4	0.644 3	0.648 0	0.651 7
0.4	0.655 4	0.659 1	0.662 8	0.666 4	0.670 0	0.673 6	0.677 2	0.680 8	0.684 4	0.687 9
0.5	0.691 5	0.695 0	0.698 5	0.701 9	0.705 4	0.708 8	0.712 3	0.715 7	0.719 0	0.722 4
0.6	0.725 7	0.729 1	0.732 4	0.735 7	0.738 9	0.742 2	0.745 4	0.748 6	0.751 7	0.754 9
0.7	0.758 0	0.761 1	0.764 2	0.767 3	0.770 3	0.773 4	0.776 4	0.779 4	0.782 3	0.785 2
0.8	0.788 1	0.791 0	0.793 9	0.796 7	0.799 5	0.802 3	0.805 1	0.807 8	0.810 6	0.813 3
0.9	0.815 9	0.818 6	0.821 2	0.823 8	0.826 4	0.828 9	0.835 5	0.834 0	0.836 5	0.838 9
1	0.841 3	0.843 8	0.846 1	0.848 5	0.850 8	0.853 1	0.855 4	0.857 7	0.859 9	0.862 1
1.1	0.864 3	0.866 5	0.868 6	0.870 8	0.872 9	0.874 9	0.877 0	0.879 0	0.881 0	0.883 0
1.2	0.884 9	0.886 9	0.888 8	0.890 7	0.892 5	0.894 4	0.896 2	0.898 0	0.899 7	0.901 5
1.3	0.903 2	0.904 9	0.906 6	0.908 2	0.909 9	0.911 5	0.913 1	0.914 7	0.916 2	0.917 7
1.4	0.919 2	0.920 7	0.922 2	0.923 6	0.925 1	0.926 5	0.927 9	0.929 2	0.930 6	0.931 9
1.5	0.933 2	0.934 5	0.935 7	0.937 0	0.938 2	0.939 4	0.940 6	0.941 8	0.943 0	0.944 1
1.6	0.945 2	0.946 3	0.947 4	0.948 4	0.949 5	0.950 5	0.951 5	0.952 5	0.953 5	0.953 5
1.7	0.955 4	0.956 4	0.957 3	0.958 2	0.959 1	0.959 9	0.960 8	0.961 6	0.962 5	0.963 3
1.8	0.964 1	0.964 8	0.965 6	0.966 4	0.967 2	0.967 8	0.968 6	0.969 3	0.970 0	0.970 6
1.9	0.971 3	0.971 9	0.972 6	0.973 2	0.973 8	0.974 4	0.975 0	0.975 6	0.976 2	0.976 7
2	0.977 2	0.977 8	0.978 3	0.978 8	0.979 3	0.979 8	0.980 3	0.980 8	0.981 2	0.981 7
2.1	0.982 1	0.982 6	0.983 0	0.983 4	0.983 8	0.984 2	0.984 6	0.985 0	0.985 4	0.985 7

续表

2.2	0.9861	0.9864	0.9868	0.9871	0.9874	0.9878	0.9881	0.9884	0.9887	0.9890
2.3	0.9893	0.9896	0.9898	0.9901	0.9904	0.9906	0.9909	0.9911	0.9913	0.9916
2.4	0.9918	0.9920	0.9922	0.9925	0.9927	0.9929	0.9931	0.9932	0.9934	0.9936
2.5	0.9938	0.9940	0.9941	0.9943	0.9945	0.9946	0.9948	0.9949	0.9951	0.9952
2.6	0.9953	0.9955	0.9956	0.9957	0.9959	0.9960	0.9961	0.9962	0.9963	0.9964
2.7	0.9965	0.9966	0.9967	0.9968	0.9969	0.9970	0.9971	0.9972	0.9973	0.9974
2.8	0.9974	0.9975	0.9976	0.9977	0.9977	0.9978	0.9979	0.9979	0.9980	0.9981
2.9	0.9981	0.9982	0.9982	0.9983	0.9984	0.9984	0.9985	0.9985	0.9986	0.9986
x	0	0.1	0.2	0.3	0.4	0.5	0.6	0.7	0.8	0.9
3	0.9987	0.9990	0.9993	0.9995	0.9997	0.9998	0.9998	0.9999	0.9999	1.0000

附表二 正态分布概率表

$$\Phi(u) = \frac{1}{\sqrt{2\pi}} e^{-\frac{1}{2}u^2}$$

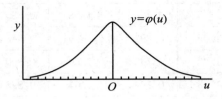

t	F(t)	t	F(t)	t	F(t)	t	F(t)
0.00	0.000 0	0.23	0.181 9	0.46	0.354 5	0.69	0.509 8
0.01	0.008 0	0.24	0.189 7	0.47	0.361 6	0.70	0.516 1
0.02	0.016 0	0.25	0.197 4	0.48	0.368 8	0.71	0.522 3
0.03	0.023 9	0.26	0.205 1	0.49	0.375 9	0.72	0.528 5
0.04	0.031 9	0.27	0.212 8	0.50	0.382 9	0.73	0.534 6
0.05	0.039 9	0.28	0.220 5	0.51	0.389 9	0.74	0.540 7
0.06	0.047 8	0.29	0.228 2	0.52	0.396 9	0.75	0.546 7
0.07	0.055 8	0.30	0.235 8	0.53	0.403 9	0.76	0.552 7
0.08	0.063 8	0.31	0.243 4	0.54	0.410 8	0.77	0.558 7
0.09	0.071 7	0.32	0.251 0	0.55	0.417 7	0.78	0.564 6
0.10	0.079 7	0.33	0.258 6	0.56	0.424 5	0.79	0.570 5
0.11	0.087 6	0.34	0.266 1	0.57	0.431 3	0.80	0.576 3
0.12	0.095 5	0.35	0.273 7	0.58	0.438 1	0.81	0.582 1
0.13	0.103 4	0.36	0.281 2	0.59	0.444 8	0.82	0.587 8
0.14	0.111 3	0.37	0.288 6	0.60	0.451 5	0.83	0.593 5
0.15	0.119 2	0.38	0.296 1	0.61	0.458 1	0.84	0.599 1
0.16	0.127 1	0.39	0.303 5	0.62	0.464 7	0.85	0.604 7
0.17	0.135 0	0.40	0.310 8	0.63	0.471 3	0.86	0.610 2
0.18	0.142 8	0.41	0.318 2	0.64	0.477 8	0.87	0.615 7
0.19	0.150 7	0.42	0.325 5	0.65	0.484 3	0.88	0.621 1
0.20	0.158 5	0.43	0.332 8	0.66	0.490 7	0.89	0.626 5
0.21	0.166 3	0.44	0.340 1	0.67	0.497 1	0.90	0.631 9

续表

t	$F(t)$	t	$F(t)$	t	$F(t)$	t	$F(t)$
0.22	0.1741	0.45	0.3473	0.68	0.5035	0.91	0.6372
0.92	0.6424	1.25	0.7887	1.58	0.8859	1.91	0.9439
0.93	0.6476	1.26	0.7923	1.59	0.8882	1.92	0.9451
0.94	0.6528	1.27	0.7959	1.60	0.8904	1.93	0.9464
0.95	0.6579	1.28	0.7995	1.61	0.8926	1.94	0.9476
0.96	0.6629	1.29	0.8030	1.62	0.8948	1.95	0.9488
0.97	0.6680	1.30	0.8064	1.63	0.8969	1.96	0.9500
0.98	0.6729	1.31	0.8098	1.64	0.8990	1.97	0.9512
0.99	0.6778	1.32	0.8132	1.65	0.9011	1.98	0.9523
1.00	0.6827	1.33	0.8165	1.66	0.9031	1.99	0.9534
1.01	0.6875	1.34	0.8198	1.67	0.9051	2.00	0.9545
1.02	0.6923	1.35	0.8230	1.68	0.9070	2.02	0.9566
1.03	0.6970	1.36	0.8262	1.69	0.9099	2.04	0.9587
1.04	0.7017	1.37	0.8293	1.70	0.9109	2.06	0.9606
1.05	0.7063	1.38	0.8324	1.71	0.9127	2.08	0.9625
1.06	0.7109	1.39	0.8355	1.72	0.9146	2.10	0.9643
1.07	0.7154	1.40	0.8385	1.73	0.9164	2.12	0.9660
1.08	0.7199	1.41	0.8415	1.74	0.9181	2.14	0.9676
1.09	0.7243	1.42	0.8444	1.75	0.9199	2.16	0.9692
1.10	0.7287	1.43	0.8473	1.76	0.9216	2.18	0.9707
1.11	0.7330	1.44	0.8501	1.77	0.9233	2.20	0.9722
1.12	0.7373	1.45	0.8529	1.78	0.9249	2.22	0.9736
1.13	0.7415	1.46	0.8557	1.79	0.9265	2.24	0.9749
1.14	0.7457	1.47	0.8584	1.80	0.9281	2.26	0.9762
1.15	0.7499	1.48	0.8611	1.81	0.9297	2.28	0.9774
1.16	0.7540	1.49	0.8638	1.82	0.9312	2.30	0.9786
1.17	0.7580	1.50	0.8664	1.83	0.9328	2.32	0.9797
1.18	0.7620	1.51	0.8690	1.84	0.9342	2.34	0.9807
1.19	0.7660	1.52	0.8715	1.85	0.9357	2.36	0.9817

续表

t	$F(t)$	t	$F(t)$	t	$F(t)$	t	$F(t)$
1.20	0.7690	1.53	0.8740	1.86	0.9371	2.38	0.9827
1.21	0.7737	1.54	0.8764	1.87	0.9385	2.40	0.9836
1.22	0.7775	1.55	0.8789	1.88	0.9399	2.42	0.9845
1.23	0.7813	1.56	0.8812	1.89	0.9412	2.44	0.9853
1.24	0.7850	1.57	0.8836	1.90	0.9426	2.46	0.9861
2.48	0.9869	2.66	0.9922	2.84	0.9955	3.20	0.9986
2.50	0.9876	2.68	0.9926	2.86	0.9958	3.40	0.9993
2.52	0.9883	2.70	0.9931	2.88	0.9960	3.60	0.99968
2.54	0.9889	2.72	0.9935	2.90	0.9962	3.80	0.99986
2.56	0.9895	2.74	0.9939	2.92	0.9965	4.00	0.99994
2.58	0.9901	2.76	0.9942	2.94	0.9967	4.50	0.999993
2.60	0.9907	2.78	0.9946	2.96	0.9969	5.00	0.999999
2.62	0.9912	2.80	0.9949	2.98	0.9971		
2.64	0.9917	2.82	0.9952	3.00	0.9973		

附表三　累计法速度查对表(摘选)

平均每年增长率/%	各年发展水平总和为基期的百分率				
	1年	2年	3年	4年	5年
0.1	100.10	200.30	300.60	401.00	501.50
0.2	100.20	200.60	301.20	402.00	503.00
0.3	100.30	200.90	301.80	403.00	504.50
0.4	100.40	201.20	302.40	404.00	506.01
0.5	100.50	201.50	303.01	405.03	507.56
0.6	100.60	201.80	303.61	406.03	509.06
0.7	100.70	202.10	304.21	407.03	510.57
0.8	100.80	202.41	304.83	408.07	512.14
0.9	100.90	202.71	305.44	409.09	513.67
1.0	101.00	203.01	306.04	410.10	515.20
1.1	101.10	203.31	306.64	411.11	516.73
1.2	101.20	203.61	307.25	412.13	518.27
1.3	101.30	203.92	307.87	413.17	519.84
1.4	101.40	204.22	308.48	414.20	521.40
1.5	101.50	204.52	309.09	415.23	522.96
1.6	101.60	204.83	309.71	416.27	524.53
1.7	101.70	205.13	310.32	417.30	526.10
1.8	101.80	205.43	310.93	418.33	527.66
1.9	101.90	205.74	311.55	419.37	529.24
2.0	102.00	206.04	312.16	420.40	530.80
2.1	102.10	206.34	312.17	421.44	532.39
2.2	102.20	206.65	313.40	422.50	534.00
2.3	102.30	206.95	314.01	423.53	535.57
2.4	102.40	207.26	314.64	424.60	537.20
2.5	102.50	207.56	315.25	425.63	538.77
2.6	102.60	207.87	315.88	426.70	540.40
2.7	102.70	208.17	316.49	427.73	541.97
2.8	102.80	208.48	317.12	428.80	543.61

续表

平均每年增长率/%	各年发展水平总和为基期的百分率				
	1年	2年	3年	4年	5年
2.9	102.90	208.78	317.73	429.84	545.20
3.0	103.00	209.09	318.36	430.91	546.84
3.1	103.10	209.40	319.00	432.00	548.50
3.2	103.20	209.70	319.61	433.04	550.10
3.3	103.30	210.01	320.24	434.11	551.74
3.4	103.40	210.32	320.88	435.20	553.41
3.5	103.50	210.62	321.49	436.24	555.01
3.6	103.60	210.93	322.12	437.24	556.65
3.7	103.70	211.24	322.76	438.41	558.34
3.8	103.80	211.54	323.37	439.45	559.94
3.9	103.90	211.85	324.01	440.54	561.61
4.0	104.00	212.16	324.65	441.64	563.31
4.1	104.10	212.47	325.28	442.72	564.98
4.2	104.20	212.78	325.92	443.81	566.65
4.3	104.30	213.08	326.54	444.88	568.31
4.4	104.40	213.39	327.18	445.98	570.01
4.5	104.50	213.70	327.81	447.05	571.66
4.6	104.60	214.01	328.45	448.15	573.36
4.7	104.70	214.32	329.09	449.25	575.06
4.8	104.80	214.63	329.73	450.35	576.76
4.9	104.90	214.94	330.37	451.46	578.48
5.0	105.00	215.25	331.01	452.56	580.19
5.1	105.10	215.56	331.65	453.66	581.89
5.2	105.20	215.87	332.29	454.76	583.60
5.3	105.30	216.18	332.94	455.89	585.36
5.4	105.40	216.49	333.58	456.99	587.06
5.5	105.50	216.80	334.22	458.10	588.79
5.6	105.60	217.11	334.86	459.29	590.50

续表

平均每年增长率/%	各年发展水平总和为基期的百分率				
	1年	2年	3年	4年	5年
5.7	105.70	217.42	333.51	460.33	592.26
5.8	105.80	217.74	336.17	461.47	594.04
5.9	105.90	218.05	336.82	462.60	595.80
6.0	106.00	218.36	337.46	463.71	597.54
6.1	106.10	218.67	338.11	464.84	599.30
6.2	106.20	218.98	338.75	465.95	601.04
6.3	106.30	219.30	339.42	467.11	602.84
6.4	106.40	219.61	340.07	468.24	604.61
6.5	106.50	219.92	340.71	469.35	606.35
6.6	106.60	220.24	341.38	470.52	608.18
6.7	106.70	220.55	342.03	471.65	609.95
6.8	106.80	220.86	342.68	472.78	611.73
6.9	106.90	221.18	343.35	473.95	613.56
7.0	107.00	221.49	343.99	475.07	615.33
7.1	107.10	221.80	344.64	476.20	617.10
7.2	107.20	222.12	345.31	477.37	618.94
7.3	107.30	222.43	345.96	478.51	620.74
7.4	107.40	222.75	346.64	479.70	622.61
7.5	107.50	223.06	347.29	480.84	624.41
7.6	107.60	223.38	347.96	482.01	626.25
7.7	107.70	223.69	348.51	483.15	628.05
7.8	107.80	224.01	349.28	484.32	629.89
7.9	107.90	224.32	349.94	485.48	631.73
8.0	108.00	224.64	350.61	486.66	633.59
8.1	108.10	224.96	351.29	487.85	635.47
8.2	108.20	225.27	351.94	489.00	637.30
8.3	108.30	225.59	352.62	490.19	639.18
8.4	108.40	225.91	353.29	491.37	641.05

续表

平均每年增长率/%	各年发展水平总和为基期的百分率				
	1年	2年	3年	4年	5年
8.5	108.50	226.22	353.95	492.54	642.91
8.6	108.60	226.54	354.62	493.71	644.76
8.7	108.70	226.86	355.30	494.91	646.67
8.8	108.80	227.17	355.96	496.08	648.53
8.9	108.90	227.49	356.63	497.26	650.41
9.0	109.00	227.81	357.31	498.47	652.33
9.1	109.10	228.13	357.99	499.67	654.24
9.2	109.20	228.45	358.67	500.87	656.15
9.3	109.30	228.76	359.33	502.04	658.02
9.4	109.40	229.08	360.01	503.25	659.95
9.5	109.50	229.40	360.69	504.45	661.87
9.6	109.60	229.72	361.37	505.66	663.80
9.7	109.70	230.04	362.05	506.86	665.72
9.8	109.80	230.36	362.73	508.07	667.65
9.9	109.90	230.68	363.42	509.30	669.62
10.0	100.00	231.00	364.10	510.51	671.56
10.1	110.10	231.32	364.78	511.72	673.50
10.2	110.20	231.64	365.47	512.95	675.47
10.3	110.30	231.96	366.15	514.16	677.42
10.4	110.40	232.28	366.84	515.39	679.39
10.5	110.50	232.60	367.52	516.61	681.35
10.6	110.60	232.92	368.21	517.84	683.33
10.7	110.70	233.24	368.89	519.05	685.28
10.8	110.80	233.57	369.60	520.32	687.32
10.9	110.90	233.89	370.29	521.56	689.32
11.0	111.00	234.21	370.97	522.77	691.27
11.1	111.10	234.53	371.66	524.01	693.27
11.2	111.20	234.85	372.35	525.25	695.27

参 考 文 献

[1] 李洁明,祁新娥. 统计学原理[M]. 7版. 上海:复旦大学出版社,2017.
[2] 董云展. 统计学[M]. 2版. 北京:高等教育出版社,2014.
[3] 栗方忠. 统计学原理[M]. 7版. 大连:东北财经大学出版社,2017.
[4] 庞皓. 统计学[M]. 6版. 成都:西南财经大学出版社,2020.
[5] 孙静娟. 统计学[M]. 4版. 北京:清华大学出版社,2021.
[6] 黄良文,陈恩仁. 统计学原理[M]. 4版. 北京:中央广播电视大学出版社,2018.
[7] 张建同. 应用统计学[M]. 3版. 北京:清华大学出版社,2020.